# 事業保険の基礎

村井志郎［著］　エヌエヌ生命［監修］

財経詳報社

i

# 推薦のことば

　本書は，事業保険に係る税務上の取扱いを解説した書籍である。事業保険とは契約者を法人とする生命保険をいうが，事業保険が事業活動に極めて有用であることは多言を要しない。もっとも，事業保険はその適切な活用をもってして初めて有用となるのであって，保険契約を締結すれば企業活動のリスクが無限定に減殺されるようなものでないことは当然である。すなわち，保険の活用方法の理解や知識なかりせば，保険のメリットを十分に活かすことはできないのである。そのためには，事業保険とはどのような制度設計になっているかを保険数理の理解から出発して，じっくり研究する必要があるのであるが，その理解には相当の時間と労力が必要となる。時間と労力をかけて事業保険制度を勉強しなければ十分に保険のメリットを得ることができないというのでは，それこそ事業に保険を活用するチャンスを失ってしまうであろう。

　そのような点を乗り越える書籍がここに登場した。

　本書は，事業保険についての基礎的な理解にまさにうってつけの内容となっている。また，本書は，簡単な事例を使った計算方法の提示など経理処理の具体的手法の解説から，条文を適宜参照するなど法的観点からの解説をも交えた実務専門書でもある。その上で，実務家や一般の読者にとっての読みやすさ，理解しやすさを第一義的に位置付け，平易な表現による丁寧な制度説明が展開されている点が本書の特徴である。「痒い所に手が届く」ように，記載振りや記載内容に十分な配慮が施された書籍であるといえよう。事業保険をどのように活用することができるのか，的確な例が示されており，難解な保険制度をかくも分かりやすく説明するその説明能力の高さに脱帽させられる。

　具体的に本書は，次の構成で成り立っている。

　第1章から第3章までが事業保険に関する記述であり，ここでは，事業保険の基礎的理解から出発して，事業保険の税務上の取扱いが明記されている。特に，第2章では事業保険に係る課税上の取扱いの変遷が示されており，近年の通達改正など租税専門家をはじめとする実務家にとって，しっかりとキャッチ

アップしておかなければならない情報が分かりやすく整理されている。

　第4章から第6章においては，個人向け保険にまで説明を広げている。事業保険の解説書であるという位置付けを採りながらも，関連する保険制度の取扱いをもその射程範囲とし，保険税務の理解へのワンストップ化が図られている。読者にとっての利便性に配慮した構成といえよう。

　本書は，エヌエヌ生命保険株式会社の村井志郎氏の執筆によるものであるが，彼とは，機会があって，一般社団法人アコード租税総合研究所の保険税務検討委員会等で長い間，一緒に研究させていただいてきた。既に，そこでの研究成果として，数冊の書籍（酒井克彦編著・監修『クローズアップ保険税務』（財経詳報社2017），同『クローズアップ事業承継税制』（財経詳報社2020），同『裁判例からみる保険税務』（大蔵財務協会2021））を世に問うてきたが，村井氏には，その都度多大なるお力添えをいただいている。保険会社の職員である村井氏が保険制度に詳しいのはもちろんのこと，課税実務にも精通されており，また，大学院において租税法の研究をしてこられただけあって大変な租税法通でもある。その村井氏の豊富な知識・経験が，この度，本書を通じて広く多くの実務家を助けることになると確信するところである。

　保険会社の関係者，中小企業の経営者や担当者，税理士や会計事務所職員など，事業保険に関わる皆さんに対して，ここに強く本書を推薦する次第である。


　　令和4年2月
　　　　　　　　　中央大学法科大学院教授・法学博士　酒井克彦

# はじめに

　エヌエヌ生命保険株式会社は，「中小企業サポーター」として，中小企業とその経営者，そこで働く方々のための生命保険を提案しています。

　本書は，主に事業保険（契約者を法人とする生命保険）を有効に活用するためのヒントになる内容をまとめたものです。事業保険の活用例，保険料や保険金等の取扱い（保険税務）について，具体的な例に基づいて記述しました。主な読者として生命保険募集人を想定していますが，中小企業やその経営者，会計事務所等，事業保険に関わる多くの方々にとって，事業保険の基本的な内容を理解するための素材となることを意図して作成しています。

　本書は法律・税務等の専門書ではありません。一般的な情報を記載しており，特定の個人や組織が置かれている状況に対応するものではありません。記載されている法令，税務，各種の制度等は書籍作成時の情報に基づくものであり，将来的に内容が変更されている場合があります。法的な判断を行う際には弁護士等の専門家に，税務処理等の具体的な判断をする際には，税理士等の専門家，所轄税務署等にご相談くださいますようお願い致します。

　本書を作成するにあたり，財経詳報社の宮本社長に多大なるご協力をいただきました。また，中央大学法科大学院の酒井克彦教授に推薦の言葉をお寄せいただきました。新日本保険新聞社の榊原正則様には常日頃より様々なご助言をいただいており，本書の内容にも一部反映されております。

　関係各位の皆さまには，心より御礼申し上げます。

令和4年1月

エヌエヌ生命保険株式会社　村井　志郎

# 目　　次

　本書で紹介するエヌエヌ生命の商品内容（保険料等）については本書作成時（2021年10月20日現在）のもので，将来変更となっている場合があります。

　税務については，本書作成時に施行中の税制を参照しています。将来的に税制の変更などにより，実際の取扱いと記載されている内容が異なる場合がありますのでご注意ください。また，経理処理の方法は，実務において複数の考え方が存在するケースがあります。具体的な税務処理を行う場合は，税理士などの専門家，または所轄税務署にご相談ください。

# 第1章　事業保険の基本

## 1　事業保険とは

　事業保険とは，契約者を法人とする生命保険です。法人保険，経営者保険と呼ばれる場合もあります。

　├ 事業保険　契約者を法人とする定期保険，第三分野保険，養老保険，終身保険等

〔例〕

| 契約者 | 被保険者 | 保険金受取人 |
|---|---|---|
| 法　人 | 役　員 | 法　人 |

　└ 個人保険　契約者を個人とする定期保険，第三分野保険，養老保険，終身保険等

〔例〕

| 契約者 | 被保険者 | 保険金受取人 |
|---|---|---|
| 夫 | 夫 | 妻 |

　生命保険に加入した後，契約者を法人から個人に変更すること，個人から法人に変更することもできます。したがって，契約当初は事業保険だったものが保険期間の途中から個人保険になるケース，その反対に，個人保険だったものが事業保険になるケースもあります。

　本書では，事業保険を中心に解説していきます。

　✍　第三分野保険とは，生命保険（第一分野）と損害保険（第二分野）の中間に位置する
　　疾病や傷害を保障する保険のことで，具体的には，医療保険，がん保険，介護保険，傷
　　害保険などのことを指します。

　✍　契約者，被保険者，定期保険等の用語は第6章で説明しています。

### 【コラム「日本の中小企業」】

　日本の中小企業は約357万者。全企業数のうち99.7％を占め，約3,200万人がそこで働いています。（出所）総務省・経済産業省「平成28年経済センサス」

　中小企業基本法では次のように定義されています。

| 業種分類 | 中小企業基本法の定義 |
|---|---|
| 製造業その他 | 資本金の額又は出資の総額が3億円以下の会社又は常時使用する従業員の数が300人以下の会社及び個人 |
| 卸売業 | 資本金の額又は出資の総額が1億円以下の会社又は常時使用する従業員の数が100人以下の会社及び個人 |
| 小売業 | 資本金の額又は出資の総額が5千万円以下の会社又は常時使用する従業員の数が50人以下の会社及び個人 |
| サービス業 | 資本金の額又は出資の総額が5千万円以下の会社又は常時使用する従業員の数が100人以下の会社及び個人 |

　なお，税法上の中小法人とは資本金の額等が1億円以下であるもの又は資本等を有しないものをいい，資本金の額等が5億円以上である法人等との間にその法人等による完全支配関係がある法人等を除きます。

　大企業と比べても全く遜色がないほどの技術力があったり，広く海外に事業を展開したり，毎年大きな利益を出している会社もあれば，個人事業とほとんど変わらないような規模の会社もあります。

　そして，多くの中小企業が様々な目的で事業保険を活用しています。

## 2　事業保険の有効な使い方

　多くの中小企業が様々な目的で事業保険に加入しています。代表的な加入例を確認しましょう。

　　✎　加入例の保険種類・保険料・解約返戻金等は，本書作成日現在におけるエヌエヌ生命の商品を参考にしています。保険料等の金額は，万円未満を切捨てて表記しています。

### (1)　借入金への対策
　経営者に万一のことがあった場合でも，金融機関からの借入金等の返済が滞らないように事業保険で準備します。

〔例〕

借入金への対策

〈契約形態〉

| 契約者 | 法　人 |
|---|---|
| 被保険者 | 経営者 |
| 保険金受取人 | 法　人 |

無解約返戻金型定期保険
（特定疾病保険料払込免除特則）
・保険金額　10,000 万円（年金支払特約）
・契約年齢　50 歳 男性
・保険期間・保険料払込期間　90 歳迄
・口振月払保険料　14 万円
・解約返戻金　なし

契約　　　保険期間・保険料払込期間　　満了

　中小企業の経営者は，当該企業の「大黒柱」です。経営者でありながら一番の営業担当者であり，日々の資金繰りや金融機関との折衝，従業員の採用活動すらも自らが先頭に立って行っているというケースも珍しくありません。

　その経営者に万一のことがあった場合，会社の売上が大きく減少，資金繰りが悪化し，借入金の返済等が滞ってしまう可能性があります。会社が返済できなければ，その請求の矛先は，会社の債務に対する連帯保証人という地位を経営者から相続してしまった遺族に向かうことが考えられます。

　このような事態を回避するためのリスクマネジメントとして，事業保険を利用します。被保険者である経営者が死亡した場合，会社は受け取った保険金を借入金等の債務の返済に充てます。契約例の保険種類は保険期間が長期の無解

約返戻金型定期保険としましたが，借入金の返済期間等に保険期間を合わせた定期保険，収入保障保険等が使われる場合もあります。

〔経営者の役割のイメージ〕

新規顧客の獲得
重要顧客の対応
クレーム対応
資金繰り
金融機関との折衝
社員の採用
会社債務の個人保証 等

中小企業の経営者

万一のことがあると…
・顧客離れ
・売上減少
・債務の返済
・資金繰りの悪化
・社内の混乱
・従業員の退職 等

✐　無解約返戻金型定期保険は，保険期間を通じて解約返戻金がないため，その分定期保険と比べて保険料が割安となっています。特定疾病保険料払込免除特則が付加されている場合，特定疾病により所定の状態に該当したときは，将来の保険料の払込みが免除されます。

✐　中小企業の経営者は，会社の債務に対して連帯保証をしている場合があります。経営者が死亡した場合，連帯保証人としての地位は相続人等が引き継ぐことになります。

✐　保証人は，主たる債務者がその債務を履行しないときに履行をする責任を負うものとされていますが（民法446①），連帯保証人の場合は保証人と異なり，催告の抗弁権（民法452），検索の抗弁権（民法453），分別の利益（民法456）が認められないとされています。

✐　会社が受け取る死亡保険金にかかる税金も考慮する必要があります。無解約返戻金型定期保険のように，会社が保険料の全額を損金に算入している事業保険の場合，会社が受け取る保険金の全額が収益として計上されることになります。このようなケースでは，法人税分を加味し必要な保障額を1.49倍して保険金額を設定することを検討します。

---

### 【コラム「中小企業の資金繰り」】

資金の一定期間の収入と支出を把握し，そのバランスを適切に管理することを「資金繰り」といいます。

「黒字倒産」という言葉があるように，黒字でも手元資金が無ければ倒産してしまう場合があります。その反対に，赤字でも手元資金に余裕があれば倒産することはありません。中国の故事にも，収入を把握しそれに見合った支出をすべきという意味の言葉（「入るを量りて出ずるを為す（いるをはかりていずるをなす）」）があるそうです。

資金繰りで重要なのは「手持ちの資金を増やすこと」に尽きます。そのためには資金繰り表を作成して入金と出金を把握すること，入金を増やし，早め，出金を減らし，遅くすることが重要とされています。

事業保険の保険金，給付金，契約者貸付，解約返戻金等は，中小企業の入金を増やし，いざという時の資金繰りをサポートできる可能性があります。

　（例）実効税率33％，金融機関からの借入金5,000万円とした場合の必要保障額
5,000万円×1.49＝保険金額7,450万円　※　1÷(1-0.33)≒1.49

## ⑵　資金繰りへの対策

　経営者に万一のことがあった場合でも，会社の運転資金が不足しないように
事業保険で準備します。

〔例〕

資金繰りへの対策

〈契約形態〉

| 契約者 | 法　人 |
|---|---|
| 被保険者 | 経営者 |
| 保険金受取人 | 法　人 |

```
定期保険
・保険金額　10,000 万円（年金支払特約）
・契約年齢　50 歳 女性
・保険期間・保険料払込期間　100 歳迄
・口振月払保険料　20 万円
・10 年目の解約返戻金　2,061 万円
```

契約　　保険期間・保険料払込期間　　満了

　中小企業の経営者が突然亡くなってしまった場合，会社の売上が減少し，そ
の会社に対する信用不安が広がってしまうことがあります。仕入先から現金で
の取引を求められたり，金融機関に新たな融資を拒絶されたりして，会社の運
転資金が急激に不足してしまう可能性も否定できません。

　このような事態を回避するため，資金繰り対策として事業保険を利用します。
経営者が死亡した直後，保険金を得ることで，会社は当面の資金繰りを確保す
ることが期待できます。契約例の保険種類は定期保険としました。経営者に万
一のことがあった場合，会社は１億円の保険金を受け取ります。また，年金支
払特約を付加することで，死亡保険金を一時金でなく年金として定期的に受け
取ることもできます。例えば，この特約を付加することで，１億円を一時金と
して受け取るのではなく，10年間にわたって毎年1,000万円ずつを受け取ります。
急に会社を引き継ぐことになった後継者に対して，資金的にも精神的にもかな
りの余裕をもたらしてくれるものになるでしょう。

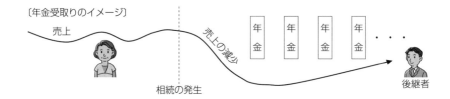

〔年金受取りのイメージ〕

事業保険に加入した後，経営の状態が思わしくなく，資金繰りに苦しんでいるという場合には，解約返戻金を利用することも考えられます。解約によって保障が消滅してしまうことは避けたいということであれば，解約返戻金を担保として保険会社から契約者貸付を受けることも可能です。令和2年以降の新型コロナウイルス感染症拡大の際には，相当数の中小企業が資金繰り改善のために生命保険会社の契約者貸付制度を利用しました。政府や自治体が用意した公的な融資制度等とは異なり，書類等の手続きが簡便で，請求から着金までの日数が大変短いという点に特徴があります。

> 運転資金をどれくらい準備しておくべきか，その会社の状況によっても異なりますが，1つの目安として「従業員の給与総額（月額）×12か月×必要年数」，「月間の固定費×必要月数」，「売上債権＋棚卸資産−買入債務」といった算式で計算されることが多いようです。
>
> 年金支払特約は，保険金を一時金ではなく年金として受け取るもので，契約者等の希望により付加することができます。特約のための保険料は発生しません。この特約の取扱いがない保険会社もあります。
>
> 契約者貸付とは，解約返戻金の範囲内で契約者が保険会社から貸し付けを受けることができる制度です。契約者は一定の金利を負担します。保険種類などによっては，利用できない場合があります。

## ⑶　資金繰りへの対策（経営者の病気に備える）

経営者が病気になり会社の指揮を執ることができず，業績が一時的に停滞してしまうような場合に備えます。

〔例〕

資金繰りへの対策（疾病）

〈契約形態〉

| 契約者 | 法　人 |
|---|---|
| 被保険者 | 経営者 |
| 保険金受取人 | 法　人 |

重大疾病保障保険
・保険金額　3,000万円（年金支払特約）
・契約年齢　50歳 男性
・保険期間・保険料払込期間　100歳迄
・口振月払保険料　9万円
・10年目の解約返戻金　768万円

契約　　保険期間・保険料払込期間　　満了

　経営者が大病をわずらい長期にわたっての治療や入院，通院が必要となる場合，経営者の不在が会社の業績に悪影響を及ぼしてしまう可能性があります。そのような場合に備えて，疾病を保障する事業保険を利用します。

　契約例の保険種類は重大疾病保障保険で，経営者ががん等に罹患した場合，会社に対して重大疾病保険金が支払われます。会社はその保険金を当面の資金繰りに充てることができます。年金支払特約を付加することで，一時金ではな

---

### 【コラム「日本のがん統計」】

　2018年にがんで亡くなった方は373,584人（男性218,625人，女性154,959人）とされています。

〔死亡数が多い部位（2018年）〕

| | 1位 | 2位 | 3位 | 4位 | 5位 |
|---|---|---|---|---|---|
| 男性 | 肺 | 胃 | 大腸 | 膵臓 | 肝臓 |
| 女性 | 大腸 | 肺 | 膵臓 | 胃 | 乳房 |

〔罹患数が多い部位（2017年）〕

| | 1位 | 2位 | 3位 | 4位 | 5位 |
|---|---|---|---|---|---|
| 男性 | 前立腺 | 胃 | 大腸 | 肺 | 肝臓 |
| 女性 | 乳房 | 大腸 | 肺 | 胃 | 子宮 |

（出所）国立がん研究センター「最新がん統計」

　CT，MRI，PET，内視鏡といった検査だけでなく，最近では「線虫」という生物を使ったがん検査も実用化されました。最新技術の発達により，これまで以上の早期の発見が期待されています。

く年金として保険金を受け取ることもできます。

　近年では医療の発達により，経営者が重大な疾病に罹患したとしても，適切な治療によって経営に復帰することができるケースが少なくありません。死亡ではなく，経営者の疾病により会社に一時金もしくは年金が支払われるという事業保険も，多くの中小企業に利用されるようになっています。

　　✎　重大疾病保障保険とは，悪性新生物（がん），急性心筋梗塞，脳卒中により所定の状態に該当した時に重大疾病保険金が支払われる保険です。同じ種類の保険でも，保険会社により名称や保障の範囲が異なる場合があります。


## ⑷　役員借入金への対策

　経営者からの借入金（役員借入金）の返済資金を準備するため，事業保険を利用します。

〔例〕

役員借入金への対策

〈契約形態〉

| 契約者 | 法　人 |
|---|---|
| 被保険者 | 経営者 |
| 保険金受取人 | 法　人 |

無解約返戻金型定期保険
（特定疾病保険料払込免除特則）
・保険金額　3,000万円（年金支払特約）
・契約年齢　60歳 男性
・保険期間・保険料払込期間　90歳迄
・口振月払保険料　8万円
・解約返戻金　なし

契約　　　保険期間・保険料払込期間　　　満了

　中小企業の経営者は，自らの会社に資金を貸し付けている場合があります。経営者としては，会社の資金繰りのため一時的に貸し付けたつもりが徐々に増えてしまい，今では高額な貸付金になっている，ということもあり得ます。これを放置していたとしても，経営者の存命中は特段の問題は生じませんが，経営者に万一のことがあった場合，相続における大きな問題として一気に表面化することになります。

〔役員借入金のイメージ〕

貸付

中小企業　　被相続人（経営者）　　相続人

相続

　会社の中心である経営者が突然亡くなってしまった場合，経営状態が悪化し，その会社に役員借入金の返済余力がなくなってしまう可能性があります。他方，遺族にとって経営者が残した会社への貸付金は相続財産であり，額面通りの金額で相続税の課税対象になります。会社から返済されるかどうかも分からない債権であるにもかかわらず，相続税の負担が先行して発生するということにもなりかねません。貸付金は，遺産分割等において別段の定めがない限り，相続発生と同時に各相続人が法定相続分を相続することになります。相続人の1人が後継者として会社を継ぐことになった，という場合であっても，他の相続人は自らの相続分の範囲で貸付金を相続することになりますので，会社に返済余力があるかどうかにかかわらず，貸付金の返済を求めていくことになりましょう。貸付金が残されていたことが，後継者にとって経営上の大きな負荷になってしまうことが考えられます。

　そこで，役員借入金の返済資金を準備するために，事業保険を利用します。経営者に万一のことがあった場合，会社は受け取った保険金で役員借入金を遺族に返済します。遺族はそれを相続税の支払い等に充てることができます。

　契約例は保険種類を無解約返戻金型定期保険としましたが，重大疾病保障保険等の疾病を保障する保険種類を利用することも考えられます。経営者ががん等に罹患した場合，法人は受け取った保険金を役員借入金の返済に充てます。返済を受けた経営者は，それを自らの治療費に充てることができます。高額な医療費がかかる疾病の場合，このような形で経営者の手元資金が増えることは治療への力強いサポートになるでしょう。役員借入金が消滅することで，会社への貸付金が相続財産になり，遺族が相続税を負担することになる可能性を回避することが期待できます。

　✎　役員借入金は，会社側の視点からは借入金（債務），経営者側の視点からは貸付金（債権）です。会社の資金が不足したときに経営者が個人的に補填したり，会社の経費を経営者が立て替えたりすることによって発生することがあります。

　✎　契約例では年金支払特約が付加されていますが，保険金の支払事由が発生した際に，保険金を一時金として受け取ることを選択することもできます。

### (5)　自社株への対策

　経営者に万一のことがあった場合，相続によって経営者が保有していた自社株が分散してしまうことを防ぐために，事業保険によって自社株の買取り資金

を準備します。

〔例〕

自社株への対策

〈契約形態〉

| 契約者 | 法　人 |
|---|---|
| 被保険者 | 経営者 |
| 保険金受取人 | 法　人 |

無解約返戻金型定期保険
（特定疾病保険料払込免除特則）
・保険金額　10,000万円（年金支払特約）
・契約年齢　60歳 女性
・保険期間・保険料払込期間　90歳迄
・口振月払保険料　14万円
・解約返戻金　なし

契約　　　保険期間・保険料払込期間　　　満了

---

### 【コラム「中小企業の株価の評価方法」】

自社株（取引相場のない株式）を，相続・贈与等で取得した株主が，

経営支配力を持っている同族株主　➡　原則的評価方式

それ以外の株主　➡　特例的評価方式

1　原則的評価方式

　総資産価額，従業員数，取引金額により大会社・中会社・小会社に区分します。

(1)　大会社

　原則として，類似業種比準方式により評価します。類似業種比準方式は，類似業種の株価を基に，評価する会社の一株当たりの「配当金額」，「利益金額」，「純資産価額（簿価)」の三つで比準して評価する方法です。

(2)　小会社

　小会社は，原則として，純資産価額方式によって評価します。純資産価額方式は，会社の総資産や負債を原則として相続税の評価に洗い替えて，その評価した総資産の価額から負債や評価差額に対する法人税額等相当額を差し引いた残りの金額により評価する方法です。

(3)　中会社

　中会社は，大会社と小会社の評価方法を併用して評価します。

2　特例的な評価方式

　配当還元方式で評価します。配当還元方式は，その株式を所有することによって受け取る一年間の配当金額を，一定の利率（10%）で還元して元本である株式の価額を評価する方法です。

　これ以外にも「特定の評価会社」の場合等，評価方法には様々なルールがあります。詳細は国税庁ホームページ等でご確認ください。なお，M&A等の場面では，また別の評価方法が使われることがあります。

　中小企業の自社株の価値は，会社が順調に成長するにつれて徐々に高額化します。会社が円熟期を迎え，経営者が事業の承継を意識し始めたころには，経営者が保有していた自社株を後継者に贈与することも，後継者が経営者から買い取ることも困難なくらい高額になってしまうことがあります。何の対処もしないまま，経営者に万一のことがあった場合，高額化した自社株のために，遺族が相続税の支払いに苦しむ可能性があります。

〔自社株価値上昇のイメージ〕

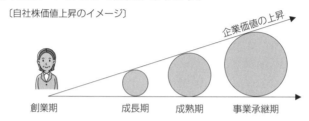

　事業保険を利用して，経営者に万一のことがあった場合に会社が遺族から自社株を買い取るための資金を準備します。経営者が死亡した場合，会社は受け取った死亡保険金を，遺族から自社株を買い取るための資金に充てます。これによって遺族は相続税の納税資金を用意すること，会社は自社株が分散することを防ぐことができます。このような形で会社が保有した自社株は一般的に金庫株と呼ばれています。事業保険を用いた金庫株の取得は，経営者が突然亡くなってしまった場合の手段として有効です。

　ただし，金庫株には議決権がないため（会社法308②），会社が自社株を取得することで議決権者の構成が変化し，会社の経営権の行方にも変化が生じる可能性があります。また，金庫株を行うためには様々な手続きや法務上，税務上の難しい知識も必要です。自社株の承継には他にも様々な方法がありますので，急な相続に備えるためにはこのような方法もあるということを念頭に置きながら，その会社や経営者の意向に合わせた様々な方法を，早い段階から余裕を持って検討しておくことが必要でしょう。

　✍　会社法308条2項は，「株式会社は自己株式については議決権を有しない」としています。

　✍　株主総会の決議には，「普通決議」「特別決議」「特殊決議」があります。議決権の過半数を確保すれば普通決議を，3分の2以上を確保すれば特別決議を可決することができます。一般的には，総議決権の過半数（できれば3分の2以上）の議決権を持つことにより，安定した経営が可能になるといわれています。

✍　自社株の買取りは，剰余金の分配可能額（税引後利益の累積）の範囲内に制限されています（会社法461）。

✍　自社株の承継のために利用できる制度として「法人版事業承継税制」があります。非上場株式等に係る贈与税・相続税について，一定の要件のもと，納税が猶予されます。制度の詳細は中小企業庁，国税庁ホームページ等でご確認ください。

## (6)　役員退職金への対策

中小企業の経営者，役員の退職金を事業保険で計画的に準備します。

〔例〕

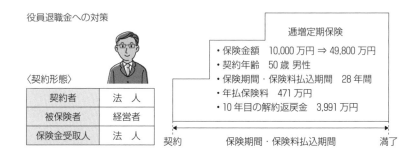

役員退職金への対策

〈契約形態〉

| 契約者 | 法　人 |
|---|---|
| 被保険者 | 経営者 |
| 保険金受取人 | 法　人 |

逓増定期保険

・保険金額　10,000 万円 ⇒ 49,800 万円
・契約年齢　50 歳 男性
・保険期間・保険料払込期間　28 年間
・年払保険料　471 万円
・10 年目の解約返戻金　3,991 万円

契約　　　保険期間・保険料払込期間　　　満了

　中小企業の役員の退職金はその金額が数千万円にもなるケースがある一方で，そのための準備が計画的に行われていないということが珍しくありません。事前に資金の手当てが行われていない中で，役員が突然亡くなってしまうような場合，会社として退職金の支払いが困難となることが考えられます。一方，遺族側の視点に立てば，10か月以内の相続税の申告，支払い等を見据える中で，会社には退職金の円滑な支払いを求めたいということになります。

　役員の退職金を準備するために，多くの会社で事業保険が利用されています。役員が突然死亡した場合，会社が受け取る死亡保険金の全部または一部を役員の退職金の支払いに充てます。役員が勇退する場合，生命保険契約を解約し，会社が受け取る解約返戻金の全部または一部を役員の退職金の支払いに充てます。役員との話し合いにより，事業保険を解約せず，契約者を会社から役員個人に変更することで，退職金として現物支給することも考えられます。

　役員の退職金は，従業員の退職金と比べると準備が後回しにされがちですが，このように事業保険を利用することで計画的に準備することができます。契約例の保険種類は逓増定期保険としました。契約後，段階的に増加する死亡保障

に加え，保険契約を解約した場合，一定額の解約返戻金が発生します（解約返戻金は契約後増加し，最終的にはゼロになります）。長期平準定期保険，生活障害定期保険等，同じような性質を持つ保険種類を利用することも考えられます。

　🖉　逓増定期保険は，契約後，保険金額が所定の割合で増加しますが，契約者が保険会社に支払う保険料は一定です。エヌエヌ生命のように，主契約ではなく特約として，逓増定期保険を取り扱う保険会社もあります。

　🖉　相続税の申告と納税は，被相続人が死亡したことを知った日の翌日から10か月以内に行うものとされています（相続税法27①，33）。

　🖉　法人が役員に支給する退職金で適正な額のものは，損金の額に算入されます。その退職金の損金算入時期は，原則として，株主総会の決議等によって退職金の額が具体的に確定した日の属する事業年度となります。ただし，法人が退職金を実際に支払った事業年度において，損金経理をした場合は，その支払った事業年度において損金の額に算入することも認められます（法人税基本通達9-2-28）。

　🖉　原則として，役員の遺族が受け取る死亡退職金はみなし相続財産として相続税の課税対象（相続税法3①二）に，役員が勇退時に受け取る退職金は退職所得（所得税法30①）として所得税等の課税対象になります。

### (7)　福利厚生への対策

役員・従業員に万一のことがあった場合の保障，退職金等を事業保険で準備します。

〔例〕

福利厚生への対策

〈契約形態〉

| 契約者 | 法　人 |
| --- | --- |
| 被保険者 | 役員・従業員全員 |
| 死亡保険金受取人 | 被保険者の遺族 |
| 満期保険金受取人 | 法　人 |

養老保険
・保険金額　500万円（全員一律）
・契約年齢　40歳，計10名
　　　　　　（男性5名，女性5名）
・保険期間・保険料払込期間　65歳迄
・年払保険料　合計222万円

満期保険金

契約　　　保険期間・保険料払込期間　　　満了

従業員の退職金は，中小企業退職金共済，確定拠出型年金，自己資金等で準備することができます。強制加入の社会保険とは別に，従業員向けの弔慰金・見舞金規程を定めている中小企業もあります。

これらの福利厚生制度を運営するために，事業保険を利用することもできます。養老保険に加入することで，死亡保険金を従業員の死亡退職金・弔慰金等

に，契約満了時に法人に支払われる満期保険金や解約した場合に支払われる解約返戻金を従業員の退職金に充てます。このような事業保険は「福利厚生プラン」と呼ばれ，中小企業には古くから利用されています。会社が支払う保険料の2分の1を資産に計上，残り2分の1を期間の経過に応じて損金に算入することから（法人税基本通達9-3-4(3)），「ハーフタックスプラン」と呼ばれることもあります。

　最近では，従業員の福利厚生のために養老保険ではなく定期保険等を利用する会社も少なくないようです。定期保険には満期保険金がありませんが，同じ死亡保険金額で比べた場合，保険料が割安になるため，会社の保険料負担を軽減することができます。

　　📝　養老保険の福利厚生プランでは，被保険者の普遍的な加入が求められます。役員や特定の使用人のみを被保険者としている場合や役員・使用人の全部又は大部分が同族関係者である場合は，保険料の2分の1を資産に計上，残りの2分の1はその被保険者に対する給与とされます。具体的な取扱い等については第3章で説明しています。

## (8)　廃業への対策

　後継者の不在等により，経営者が死亡した場合，会社を継続することができなくなってしまうようなケースでは，経営者に万一のことがあった際の廃業資金を事業保険で準備します。

　〔例〕

廃業への対策

〈契約形態〉

| 契約者 | 法　人 |
|---|---|
| 被保険者 | 経営者 |
| 保険金受取人 | 法　人 |

無解約返戻金型定期保険
（特定疾病保険料払込免除特則）
・保険金額　3,000万円（年金支払特約）
・契約年齢　60歳　男性
・保険期間・保険料払込期間　90歳迄
・口振月払保険料　8万円
・解約返戻金　なし

契約　　保険期間・保険料払込期間　　満了

　近年では「事業承継」という言葉が広く使われていますが，後継者が不在で，会社を第三者に売却することも考えておらず，「私が死んだらこの会社は終わり」と口にする経営者も決して少なくありません。

　経営者にも様々な考え方があり，それ自体に異を唱えることはできませんが，

　ここで忘れていただきたくないのは，廃業するにもそれなりにお金がかかる，ということです。借入金の返済，買掛金の精算，賃借している事務所の原状回復，事業用機器等の処分のための費用，廃業までの間に支払わなければならない従業員の賃金，廃業時の退職金等，挙げれば切りがありません。経営者に万一のことがあった場合，残された遺族がこれらを支払いに対応しつつ，廃業までの手続きに奔走することになります。

廃業するにもお金がかかる

後継者不在
M&A？

├ 借入金等の返済
├ 機械設備等の廃棄
├ オフィスの原状回復
└ 従業員への割増退職金　等

---

## 【コラム「中小企業の後継者不在率」】

　経営者が60代の企業でも約半分が後継者不在とされています。
　「事業承継」は後継者が存在することで初めて成立します。親族内承継，MBO（Management Buyout），M&A（Mergers and Acquisitions）等，様々な方法がありますが，将来の事業承継に備え，その方向性を決定することが経営者にとって極めて重要な責務といえるでしょう。

〔社長年齢別に見た，後継者決定状況〕

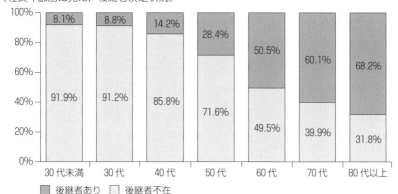

■ 後継者あり　□ 後継者不在

資料：(株)帝国データバンク「全国・後継者不在企業動向調査（2019年）」

（出所）中小企業庁「2020年版中小企業白書，小規模企業白書」

　このような廃業のための資金を準備する手段として，事業保険を利用します。経営者に万一のことがあった場合，会社に支払われる死亡保険金を，廃業のための資金に充てることになります。

　「廃業もタダではできない」というのは経営者が見落としがちな視点です。会社の資産を売却することで廃業資金を捻出できるという考え方もあるのかもしれませんが，会社の経営に携わっていなかった遺族が資産の売却を急ぐ中で，期待通りの金額で売却することが難しいであろうことも，容易に想像することができます。

> 　「2025年までに70歳を超える中小企業・小規模事業者の経営者は約245万人であり，うち約半数の127万人が後継者未定である。これは日本企業全体の約3割に相当する。現状を放置し，中小企業の廃業が急増すると，10年間の累計で約650万人の雇用，約22兆円のGDPが失われるおそれがある。」(内閣府「新しい経済政策パッケージ（平成29年12月8日)」)

### (9)　事業保険の柔軟性

　ここまで事業保険の様々な使い方を確認してきましたが，1つの目的のために1つの事業保険に加入する，とは限りません。例えば，1つの事業保険について借入金対策と役員退職金への対策という2つの目的があったり，反対に1つの目的のためにあえて2つの事業保険に分けて加入したり，当初の目的は借入金対策だったのが，途中から廃業への対策に変化したりする場合があります。

〔2つの目的で加入〕
・資金繰り対策
・役員退職金対策

| 定期保険 |
| --- |

〔2つの保険に分けて加入〕
・資金繰り対策

| 無解約返戻金型定期保険 |
| --- |

| 定期保険 |
| --- |

〔当初の加入目的の変化〕
・借入金対策

保険金を減額

| 無解約返戻金型定期保険 |
| --- |

・廃業への対策

　保障がさらに必要になれば追加で加入すること，不要になれば解約することができます。会社にとって保険料の負担が重くなってきた場合は，払済保険への変更や保険金額を減額することで，保険料の負担を軽減することができます。急に資金が必要になったときには，保険会社の所定の条件により解約返戻金の範囲内で契約者貸付を受けることができます。このような加入後における柔軟性も，事業保険の大きな魅力の1つということができます。

　　✍　追加で加入したいという意思があっても，被保険者の年齢や健康状態等によっては事業保険に加入できない場合があります。

　　✍　払済保険への変更とは，保険料の払込みを中止して，その時点での解約返戻金をもとに，保険期間の変わらない保険金額の少ない保険に変更する方法です。無解約返戻金型定期保険等，保険種類等によっては払済保険への変更ができない場合があります。

## 3　保険税務の重要性

　生命保険では，契約者が保険料を支払い，保険会社が保険金を支払います。生命保険は「お金を動かすもの」であり，お金が動けば，何かしらの課税関係が生じることがあります。生命保険と税金は常に密接に関わっています。

　個人保険では，保険料が生命保険料控除の対象になり，死亡保険金には相続税等がかかります。

　事業保険では，会社が保険料を支払う場合，保険金を受け取る場合，解約返戻金を受け取る場合，保険金を減額する場合，払済保険に変更する場合等，様々な場面で経理処理が必要になり，会社の課税関係等に大きな影響を及ぼすことがあります。

　事業保険の被保険者が会社を退職することになり契約者等を会社から個人に変更する，会社を起業することになり個人保険の契約者等を個人から会社に変更する，このような場合にも経理処理が必要になり，何かしらの課税関係が生じることがあります。

〔法人の経理処理が必要になる場面の例〕

　事業保険の様々な場面に経理処理，保険税務が密接に関係するため，事業保険を理解するためには，それらに対する理解が必要です。

　次章以降では，事業保険を理解するために必要な保険税務の基礎知識，一般的な経理処理の考え方等について確認していきます。

〔法人が行う経理処理のイメージ〕

| 契約形態 | 契約者 | 被保険者 | 保険金・給付金受取人 |
|---|---|---|---|
| | 法　人 | 役員・従業員 | 法　人 |

〈仕訳例①〉

保険料を支払ったとき（保険料の全額を損金算入する場合）

| 借　方 | | 貸　方 | |
|---|---|---|---|
| 定期保険料<br>（費用の発生） | ＊＊＊万円 | 現金・預金<br>（資産の減少） | ＊＊＊万円 |

保険金・解約返戻金等を受け取ったとき

| 借　方 | | 貸　方 | |
|---|---|---|---|
| 現金・預金<br>（資産の増加） | ＊＊＊万円 | 雑収入<br>（収益の発生） | ＊＊＊万円 |

〈仕訳例②〉

保険料を支払ったとき（保険料の一部を資産計上する場合）

| 借　方 | | 貸　方 | |
|---|---|---|---|
| 前払保険料<br>（資産の増加） | ＊＊＊万円 | 現金・預金<br>（資産の減少） | ＊＊＊万円 |
| 定期保険料<br>（費用の発生） | ＊＊＊万円 | | |

保険金・解約返戻金等を受け取ったとき

| 借　方 | | 貸　方 | |
|---|---|---|---|
| 現金・預金<br>（資産の増加） | ＊＊＊万円 | 前払保険料<br>（資産の減少） | ＊＊＊万円 |
| | | 雑収入<br>（収益の発生） | ＊＊＊万円 |

✍ 支払った保険料の全額を損金に算入している場合は，受取った保険金等の全額を益金に算入します。保険料の一部又は全部を資産に計上している場合は，その額を取崩し，保険金等との差額を雑収入又は雑損失として処理します。

✍ 税理士法は「税理士又は税理士法人でない者は，この法律に別段の定めがある場合を除くほか，税理士業務を行つてはならない。」と規定し（税理士法52条），税理士又は税

　理士法人でない者が，原則として「税理士業務（税務代理，税務署類の作成，税務相談）」を行うことを禁止しています。具体的な税務処理を行う場合は，税理士などの専門家，または所轄税務署にご相談ください。

# 第2章　事業保険の税務の変遷

## 1　令和元年における事業保険税務の見直し

### (1)　経　緯

　令和元年，事業保険に係る税務取扱いについて大きな改正が行われました。

　平成31年2月13日，国税庁から生命保険会社各社に対して，法人向け定期保険・第三分野保険の保険料について，税務の取扱いの見直しを検討している旨の通知がありました。この情報が広まったのが翌14日だったこと，見直し案がそれまでの取扱いを大きく変更するものであったことから，一部では「バレンタインショック」と呼ばれることもあったようです。

　見直し案は平成31年4月11日にパブリックコメントという形で公示され，令和元年5月10日までが意見募集期間とされました。同年6月28日，見直し案の一部が修正され，定期保険及び第三分野保険に係る保険料の取扱いについて，「令和元年6月28日付課法2-13他2課共同『法人税基本通達等の一部改正について』（法令解釈通達）」が発遣され，取扱通達（法人税基本通達9-3-4等）の改正とともに，それまでの個別通達の廃止が行われました。

　定期保険又は第三分野保険の保険料については，令和元年7月8日以後の契約に係るものについて改正後の取扱いが適用，解約返戻金相当額のない短期払の定期保険又は第三分野保険の保険料については，令和元年10月8日以後の契約に係るものについて改正後の取扱いが適用されることになりました。

| 種　類 | 改正後の取扱い |
| --- | --- |
| 定期保険・第三分野保険の保険料 | 令和元年7月8日以後の契約に適用 |
| 解約返戻金相当額のない短期払の定期保険・第三分野保険の保険料 | 令和元年10月8日以後の契約に適用 |

　✍　解約返戻金相当額のない短期払の定期保険・第三分野保険には，ごく少額の払戻金のある契約を含みます（法人税基本通達9-3-5（注2）参照）。

　✍　パブリックコメントとは，国の行政機関が政令や省令などの案をあらかじめ公表し，

広く国民から意見や情報を募集する手続です。平成19年から平成20年にかけては逓増定期保険の保険料の取扱いについて，平成24年にはがん保険（終身保障タイプ）の保険料の取扱いについて，令和3年には保険契約等に関する権利の評価についてパブリックコメントが行われています。

✎　2019年は改元が行われた年で，平成31年は2019年1月から4月30日まで，令和元年は同年5月1日以降になります。

## (2)　改正の内容

　事業保険の保険料の取扱いは，保険会社の商品設計等に合わせる形で，それまでも度々見直しが行われていました。令和元年の見直しは，個別通達により各商品の取扱いを規定するというそれまでのやり方とは異なり，基本通達により定期保険・第三分野保険の取扱いを包括的に規定しています。

　改正の趣旨として，国税庁の資料では次のように述べられています。

> 　保険期間の前半において支払う保険料の中に相当多額の前払部分の保険料が含まれており，中途解約をした場合にはその前払部分の保険料の多くが返戻されるような保険については，個別通達により，その支払保険料の損金算入時期等に関する取扱いの適正化を図ってきました。
>
> 　今般の改正は，個別通達の発遣後相当年月を経過し，①保険会社各社の商品設計の多様化や長寿命化等により，それぞれの保険の保険料に含まれる前払部分の保険料の割合にも変化が見られること，②類似する商品であっても個別通達に該当するか否かで取扱いに差異が生じていること，③前払部分の保険料の割合が高い同一の商品であっても加入年齢や保険期間の長短により取扱いが異なること，④第三分野保険のうち個別通達に定めるもの以外はその取扱いが明らかではなかったことから，各保険商品の実態を確認して，その実態に応じた取扱いとなるよう資産計上ルールの見直しを行うとともに，類似する商品や第三分野保険の取扱いに差異が生じることのないよう定期保険及び第三分野保険の保険料に関する取扱いを統一するものです。
>
> 　なお，国税庁としては，今後とも引き続き定期保険及び第三分野保険の実態を注視してまいりたいと考えています。

課法2-13
課審6-10
査調5-3
令和元年6月28日

国税局長　殿
沖縄国税事務所長　殿

国税庁長官

# 法人税基本通達等の一部改正について（法令解釈通達）
# （定期保険及び第三分野保険に係る保険料の取扱い）

　　昭和44年5月1日付直審（法）25「法人税基本通達の制定について」（法令解釈通達）ほか1件の法令解釈通達の一部を別紙のとおり改正するとともに、次に掲げる通達を廃止したから、これによられたい。

　1　平成24年4月27日付課法2−5他1課共同「法人が支払う「がん保険」（終身保障タイプ）の保険料の取扱いについて（法令解釈通達）」

　2　平成13年8月10日付課審4−100他1課共同「法人契約の「がん保険（終身保障タイプ）・医療保険（終身保障タイプ）」の保険料の取扱いについて（法令解釈通達）

　3　平成元年12月16日付直審4−52他1課共同「法人又は個人事業者が支払う介護費用保険の保険料の取扱いについて」

　4　昭和62年6月16日付直法2−2「法人が支払う長期平準定期保険等の保険料の取扱いについて」

　5　昭和54年6月8日付直審4−18「法人契約の新成人病保険の保険料の取扱いについて」

（趣旨）

　　定期保険及び第三分野保険に係る保険料の取扱いについて、所要の見直しを行うために改正を行ったものである。

（注）　アンダーラインを付した箇所が、新設し、又は改正した箇所である。

## 第1　法人税基本通達関係

　昭和44年5月1日付直審（法）25「法人税基本通達の制定について」（法令解釈通達）のうち次の「改正前」欄に掲げるものをそれぞれ「改正後」欄のように改める。

　　　　　　　　（注）アンダーラインを付した場所は，改正部分である。

| 改　　正　　後 | 改　　正　　前 |
|---|---|
| **（養老保険に係る保険料）**<br>**9-3-4**　法人が，自己を契約者とし，役員又は使用人（これらの者の親族を含む。）を被保険者とする養老保険（被保険者の死亡又は生存を保険事故とする生命保険をいい，<u>特約</u>が付されているものを含むが，9-3-6に定める<u>定期付養老保険等</u>を含まない。以下<u>9-3-7の2</u>までにおいて同じ。）に加入してその保険料（令第135条《確定給付企業年金等の掛金等の損金算入》の規定の適用があるものを除く。以下9-3-4において同じ。）を支払った場合には，その支払った保険料の額（<u>特約に係る保険料の額</u>を除く。）については，次に掲げる場合の区分に応じ，それぞれ次により取り扱うものとする。<br>　(1)　死亡保険金（被保険者が死亡した場合に支払われる保険金をいう。以下<u>9-3-4</u>において同じ。）及び生存保険金（被保険者が保険期間の満了の日その他一定の時期に生存している場合に支払われる保険金をいう。以下9-3-4において同じ。）の受取人が当該法人である場合　その支払った保険料の額は，保険事故の発生又は保険契約の解除若しくは失効により当該保険契約が終了する時までは資産に計上するものとする。<br>　(2)　死亡保険金及び生存保険金の受取人が被保険者又はその遺族である場合　その支払った保険料の額は，当該役員又は使用人に対する給与とする。<br>　(3)　死亡保険金の受取人が被保険者の遺族で，生存保険金の受取人が当該法人である場合　その支払った保険料の額のうち，その2分の1に相当する金額 | **（養老保険に係る保険料）**<br>**9-3-4**　法人が，自己を契約者とし，役員又は使用人（これらの者の親族を含む。）を被保険者とする養老保険（被保険者の死亡又は生存を保険事故とする生命保険をいい，<u>傷害特約等の特約</u>が付されているものを含むが，9-3-6に定める<u>定期付養老保険</u>を含まない。以下<u>9-3-7</u>までにおいて同じ。）に加入してその保険料（令第135条《確定給付企業年金等の掛金等の損金算入》の規定の適用があるものを除く。以下9-3-4において同じ。）を支払った場合には，その支払った保険料の額（<u>傷害特約等の特約</u>に係る保険料の額を除く。）については，次に掲げる場合の区分に応じ，それぞれ次により取り扱うものとする。<br>　(1)　死亡保険金（被保険者が死亡した場合に支払われる保険金をいう。以下<u>9-3-5</u>までにおいて同じ。）及び生存保険金（被保険者が保険期間の満了の日その他一定の時期に生存している場合に支払われる保険金をいう。以下9-3-4において同じ。）の受取人が当該法人である場合　その支払った保険料の額は，保険事故の発生又は保険契約の解除若しくは失効により当該保険契約が終了する時までは資産に計上するものとする。<br>　(2)　死亡保険金及び生存保険金の受取人が被保険者又はその遺族である場合　その支払った保険料の額は，当該役員又は使用人に対する給与とする。<br>　(3)　死亡保険金の受取人が被保険者の遺族で，生存保険金の受取人が当該法人である場合　その支払った保険料の額のうち，その2分の1に相当する金額 |

は(1)により資産に計上し，残額は期間
の経過に応じて損金の額に算入する。
ただし，役員又は部課長その他特定の
使用人（これらの者の親族を含む。）
のみを被保険者としている場合には，
当該残額は，当該役員又は使用人に対
する給与とする。

**（定期保険及び第三分野保険に係る保険料）**
**9-3-5**　法人が，自己を契約者とし，役員
又は使用人（これらの者の親族を含む。）
を被保険者とする定期保険（一定期間内に
おける被保険者の死亡を保険事故とする生
命保険をいい，特約が付されているものを
含む。以下9-3-7の2までにおいて同じ。）
又は第三分野保険（保険業法第3条第4項
第2号《免許》に掲げる保険（これに類す
るものを含む。）をいい，特約が付されて
いるものを含む。以下9-3-7の2までにお
いて同じ。）に加入してその保険料を支払
った場合には，その支払った保険料の額
（特約に係る保険料の額を除く。以下9-3-5
の2までにおいて同じ。）については，
9-3-5の2《定期保険等の保険料に相当多
額の前払部分の保険料が含まれる場合の取
扱い》の適用を受けるものを除き，次に掲
げる場合の区分に応じ，それぞれ次により
取り扱うものとする。
　(1)　保険金又は給付金の受取人が当該法
　　人である場合　その支払った保険料の
　　額は，原則として，期間の経過に応じ
　　て損金の額に算入する。
　(2)　保険金又は給付金の受取人が被保険
　　者又はその遺族である場合　その支払
　　った保険料の額は，原則として，期間
　　の経過に応じて損金の額に算入する。
　　ただし，役員又は部課長その他特定の
　　使用人（これらの者の親族を含む。）
　　のみを被保険者としている場合には，
　　当該保険料の額は，当該役員又は使用
　　人に対する給与とする。

は(1)により資産に計上し，残額は期間
の経過に応じて損金の額に算入する。
ただし，役員又は部課長その他特定の
使用人（これらの者の親族を含む。）
のみを被保険者としている場合には，
当該残額は，当該役員又は使用人に対
する給与とする。

**（定期保険に係る保険料）**
**9-3-5**　法人が，自己を契約者とし，役員
又は使用人（これらの者の親族を含む。）
を被保険者とする定期保険（一定期間内に
おける被保険者の死亡を保険事故とする生
命保険をいい，傷害特約等の特約が付され
ているものを含む。以下9-3-7までにおい
て同じ。）に加入してその保険料を支払っ
た場合には，その支払った保険料の額（傷
害特約等の特約に係る保険料の額を除く。）
については，次に掲げる場合の区分に応じ，
それぞれ次により取り扱うものとする。

　(1)　死亡保険金の受取人が当該法人であ
　　る場合　その支払った保険料の額は，
　　期間の経過に応じて損金の額に算入す
　　る。
　(2)　死亡保険金の受取人が被保険者の遺
　　族である場合　その支払った保険料の
　　額は，期間の経過に応じて損金の額に
　　算入する。ただし，役員又は部課長そ
　　の他特定の使用人（これらの者の親族
　　を含む。）のみを被保険者としている
　　場合には，当該保険料の額は，当該役
　　員又は使用人に対する給与とする。

(注)　1　保険期間が終身である第三分野保険については，保険期間の開始の日から被保険者の年齢が116歳に達する日までを計算上の保険期間とする。

　　　2　(1)及び(2)前段の取扱いについては，法人が，保険期間を通じて解約返戻金相当額のない定期保険又は第三分野保険（ごく少額の払戻金のある契約を含み，保険料の払込期間が保険期間より短いものに限る。以下9-3-5において「解約返戻金相当額のない短期払の定期保険又は第三分野保険」という。）に加入した場合において，当該事業年度に支払った保険料の額（一の被保険者につき2以上の解約返戻金相当額のない短期払の定期保険又は第三分野保険に加入している場合にはそれぞれについて支払った保険料の額の合計額）が30万円以下であるものについて，その支払った日の属する事業年度の損金の額に算入しているときには，これを認める。

**（定期保険等の保険料に相当多額の前払部分の保険料が含まれる場合の取扱い）** （新　設）

**9-3-5の2**　法人が，自己を契約者とし，役員又は使用人（これらの者の親族を含む。）を被保険者とする保険期間が3年以上の定期保険又は第三分野保険（以下9-3-5の2において「定期保険等」という。）で最高解約返戻率が50％を超えるものに加入して，その保険料を支払った場合には，当期分支払保険料の額については，次表に定める区分に応じ，それぞれ次により取り扱うものとする。ただし，これらの保険のうち，最高解約返戻率が70％以下で，かつ，年換算保険料相当額（一の被保険者につき2以上の定期保険等に加入している

場合にはそれぞれの年換算保険料相当額の
合計額）が30万円以下の保険に係る保険料
を支払った場合については，9-3-5の例に
よるものとする。
  (1)　当該事業年度に次表の資産計上期間
　　　がある場合には，当期分支払保険料の
　　　額のうち，次表の資産計上額の欄に掲
　　　げる金額（当期分支払保険料の額に相
　　　当する額を限度とする。）は資産に計
　　　上し，残額は損金の額に算入する。
  (注)　当該事業年度の中途で次表の資産計
　　　上期間が終了する場合には，次表の資
　　　産計上額については，当期分支払保険
　　　料の額を当該事業年度の月数で除して
　　　当該事業年度に含まれる資産計上期間
　　　の月数（1月未満の端数がある場合に
　　　は，その端数を切り捨てる。）を乗じ
　　　て計算した金額により計算する。また，
　　　当該事業年度の中途で次表の資産計上
　　　額の欄の「保険期間の開始の日から，
　　　10年を経過する日」が到来する場合の
　　　資産計上額についても，同様とする。
  (2)　当該事業年度に次表の資産計上期間
　　　がない場合（当該事業年度に次表の取
　　　崩期間がある場合を除く。）には，当
　　　期分支払保険料の額は，損金の額に算
　　　入する。
  (3)　当該事業年度に次表の取崩期間があ
　　　る場合には，当期分支払保険料の額
　　　（(1)により資産に計上することとなる
　　　金額を除く。）を損金の額に算入する
　　　とともに，(1)により資産に計上した金
　　　額の累積額を取崩期間（当該取崩期間
　　　に1月未満の端数がある場合には，そ
　　　の端数を切り上げる。）の経過に応じ
　　　て均等に取り崩した金額のうち，当該
　　　事業年度に対応する金額を損金の額に
　　　算入する。

| 区　分 | 資産計上期間 | 資産計上額 | 取崩期間 |
|---|---|---|---|
| 最高解約返戻率50％超70％以下 | 保険期間の開始の日から，当該保険期間の100分の40相当期間を経過する日まで | 当期分支払保険料の額に100分の40を乗じて計算した金額 | 保険期間の100分の75相当期間経過後から，保険期間の終了の日まで |
| 最高解約返戻率70％超85％以下 | | 当期分支払保険料の額に100分の60を乗じて計算した金額 | |
| 最高解約返戻率85％超 | 保険期間の開始の日から，最高解約返戻率となる期間（当該期間経過後の各期間において，その期間における解約返戻金相当額からその直前の期間における解約返戻金相当額を控除した金額を年換算保険料相当額で除した割合が100分の70を超える期間がある場合には，その超えることとなる期間）の終了の日まで㊟　上記の資産計上期間が5年未満となる場合には，保険期間の開始の日から，5年を経過する日まで（保険期間が10年未満の場合には，保険期間の開始の日から，当該保険期間の100分の50相当期間を経過する日まで）とする。 | 当期分支払保険料の額に最高解約返戻率の100分の70（保険期間の開始の日から，10年を経過する日までは，100分の90）を乗じて計算した金額 | 解約返戻金相当額が最も高い金額となる期間（資産計上期間がこの表の資産計上期間の欄に掲げる㊟に該当する場合には，当該㊟による資産計上期間）経過後から，保険期間の終了の日まで |

(注)　1　「最高解約返戻率」，「当期分支払保険料の額」，「年換算保険料相当額」及び「保険期間」とは，それぞれ次のものをいう。

　　イ　最高解約返戻率とは，その保険の保険期間を通じて解約返戻率（保険契約時において契約者に示された解約返戻金相当額について，それを受けることとなるまでの間に支払うこととなる保険料の額の合計額で除し

た割合）が最も高い割合となる期間
におけるその割合をいう。

　　ロ　当期分支払保険料の額とは，その
支払った保険料の額のうち当該事業
年度に対応する部分の金額をいう。

　　ハ　年換算保険料相当額とは，その保
険の保険料の総額を保険期間の年数
で除した金額をいう。

　　ニ　保険期間とは，保険契約に定めら
れている契約日から満了日までをい
い，当該保険期間の開始の日以後1
年ごとに区分した各期間で構成され
ているものとして本文の取扱いを適
用する。

2　保険期間が終身である第三分野保険
については，保険期間の開始の日から
被保険者の年齢が116歳に達する日ま
でを計算上の保険期間とする。

3　表の資産計上期間の欄の「最高解約
返戻率となる期間」及び「100分の70
を超える期間」並びに取崩期間の欄の
「解約返戻金相当額が最も高い金額と
なる期間」が複数ある場合には，いず
れもその最も遅い期間がそれぞれの期
間となることに留意する。

4　一定期間分の保険料の額の前払をし
た場合には，その全額を資産に計上し，
資産に計上した金額のうち当該事業年
度に対応する部分の金額について，本
文の取扱いによることに留意する。

5　本文の取扱いは，保険契約時の契約
内容に基づいて適用するのであるが，
その契約内容の変更があった場合，保
険期間のうち当該変更以後の期間にお
いては，変更後の契約内容に基づいて
9-3-4から9-3-6の2の取扱いを適用す
る。

　　なお，その契約内容の変更に伴い，
責任準備金相当額の過不足の精算を行
う場合には，その変更後の契約内容に
基づいて計算した資産計上額の累積額

と既往の資産計上額の累積額との差額
について調整を行うことに留意する。
　6　保険金又は給付金の受取人が被保険
　者又はその遺族である場合であって，
　役員又は部課長その他特定の使用人
　（これらの者の親族を含む。）のみを被
　保険者としているときには，本文の取
　扱いの適用はなく，9-3-5の(2)の例に
　より，その支払った保険料の額は，当
　該役員又は使用人に対する給与となる。

**（定期付養老保険等に係る保険料）**
**9-3-6**　法人が，自己を契約者とし，役員
又は使用人（これらの者の親族を含む。）
を被保険者とする定期付養老保険等（養老
保険に定期保険又は第三分野保険を付した
ものをいう。以下9-3-7までにおいて同
じ。）に加入してその保険料を支払った場
合には，その支払った保険料の額（特約に
係る保険料の額を除く。）については，次
に掲げる場合の区分に応じ，それぞれ次に
より取り扱うものとする。
　(1)　当該保険料の額が生命保険証券等に
　　おいて養老保険に係る保険料の額と定
　　期保険又は第三分野保険に係る保険料
　　の額とに区分されている場合　それぞ
　　れの保険料の額について9-3-4，9-3-5
　　又は9-3-5の2の例による。
　(2)　(1)以外の場合　その保険料の額につ
　　いて9-3-4の例による。

**（特約に係る保険料）**
**9-3-6の2**　法人が，自己を契約者とし，
役員又は使用人（これらの者の親族を含
む。）を被保険者とする特約を付した養老
保険，定期保険，第三分野保険又は定期付
養老保険等に加入し，当該特約に係る保険
料を支払った場合には，その支払った保険
料の額については，当該特約の内容に応じ，
9-3-4，9-3-5又は9-3-5の2の例による。

**（定期付養老保険に係る保険料）**
**9-3-6**　法人が，自己を契約者とし，役員
又は使用人（これらの者の親族を含む。）
を被保険者とする定期付養老保険（養老保
険に定期保険を付したものをいう。以下
9-3-7までにおいて同じ。）に加入してその
保険料を支払った場合には，その支払った
保険料の額（傷害特約等の特約に係る保険
料の額を除く。）については，次に掲げる
場合の区分に応じ，それぞれ次により取り
扱うものとする。
　(1)　当該保険料の額が生命保険証券等に
　　おいて養老保険に係る保険料の額と定
　　期保険に係る保険料の額とに区分され
　　ている場合　それぞれの保険料の額に
　　ついて9-3-4又は9-3-5の例による。
　(2)　(1)以外の場合　その保険料の額につ
　　いて9-3-4の例による。

**（傷害特約等に係る保険料）**
**9-3-6の2**　法人が，自己を契約者とし，
役員又は使用人（これらの者の親族を含
む。）を被保険者とする傷害特約等の特約
を付した養老保険，定期保険又は定期付養
老保険に加入し，当該特約に係る保険料を
支払った場合には，その支払った保険料の
額は，期間の経過に応じて損金の額に算入
することができる。ただし，役員又は部課
長その他特定の使用人（これらの者の親族
を含む。）のみを傷害特約等に係る給付金

の受取人としている場合には，当該保険料の額は，当該役員又は使用人に対する給与とする。

**（保険契約の転換をした場合）**
**9-3-7**　法人がいわゆる契約転換制度によりその加入している養老保険，定期保険，第三分野保険又は定期付養老保険等を他の養老保険，定期保険，第三分野保険又は定期付養老保険等（以下9-3-7において「転換後契約」という。）に転換した場合には，資産に計上している保険料の額（以下9-3-7において「資産計上額」という。）のうち，転換後契約の責任準備金に充当される部分の金額（以下9-3-7において「充当額」という。）を超える部分の金額をその転換をした日の属する事業年度の損金の額に算入することができるものとする。この場合において，資産計上額のうち充当額に相当する部分の金額については，その転換のあった日に保険料の一時払いをしたものとして，転換後契約の内容に応じて9-3-4から9-3-6の2までの例（ただし，9-3-5の2の表の資産計上期間の欄の（注）を除く。）による。

**（払済保険へ変更した場合）**
**9-3-7の2**　法人が既に加入している生命保険をいわゆる払済保険に変更した場合には，原則として，その変更時における解約返戻金相当額とその保険契約により資産に計上している保険料の額（以下9-3-7の2において「資産計上額」という。）との差額を，その変更した日の属する事業年度の益金の額又は損金の額に算入する。ただし，既に加入している生命保険の保険料の全額（特約に係る保険料の額を除く。）が役員又は使用人に対する給与となる場合は，この限りでない。
　(注)1　養老保険，終身保険，定期保険，第三分野保険及び年金保険（特約が付加されていないものに限る。）か

**（保険契約の転換をした場合）**
**9-3-7**　法人がいわゆる契約転換制度によりその加入している養老保険又は定期付養老保険を他の養老保険，定期保険又は定期付養老保険（以下9-3-7において「転換後契約」という。）に転換した場合には，資産に計上している保険料の額（以下9-3-7において「資産計上額」という。）のうち，転換後契約の責任準備金に充当される部分の金額（以下9-3-7において「充当額」という。）を超える部分の金額をその転換をした日の属する事業年度の損金の額に算入することができるものとする。この場合において，資産計上額のうち充当額に相当する部分の金額については，その転換のあった日に保険料の一時払いをしたものとして，転換後契約の内容に応じて9-3-4から9-3-6までの例による。

**（払済保険へ変更した場合）**
**9-3-7の2**　法人が既に加入している生命保険をいわゆる払済保険に変更した場合には，原則として，その変更時における解約返戻金相当額とその保険契約により資産に計上している保険料の額（以下9-3-7の2において「資産計上額」という。）との差額を，その変更した日の属する事業年度の益金の額又は損金の額に算入する。ただし，既に加入している生命保険の保険料の全額（傷害特約等に係る保険料の額を除く。）が役員又は使用人に対する給与となる場合は，この限りでない。
　(注)1　養老保険，終身保険及び年金保険（定期保険特約が付加されていないものに限る。）から同種類の払済保

ら同種類の払済保険に変更した場合
に，本文の取扱いを適用せずに，既
往の資産計上額を保険事故の発生又
は解約失効等により契約が終了する
まで計上しているときは，これを認
める。
2　本文の解約返戻金相当額について
は，その払済保険へ変更した時点に
おいて当該変更後の保険と同一内容
の保険に加入して保険期間の全部の
保険料を一時払いしたものとして，
9-3-4から9-3-6までの例（ただし，
9-3-5の2の表の資産計上期間の欄
の（注）を除く。）により処理する
ものとする。
3　払済保険が復旧された場合には，
払済保険に変更した時点で益金の額
又は損金の額に算入した金額を復旧
した日の属する事業年度の損金の額
又は益金の額に，また，払済保険に
変更した後に損金の額に算入した金
額は復旧した日の属する事業年度の
益金の額に算入する。

険に変更した場合に，本文の取扱い
を適用せずに，既往の資産計上額を
保険事故の発生又は解約失効等によ
り契約が終了するまで計上している
ときは，これを認める。
2　本文の解約返戻金相当額について
は，その払済保険へ変更した時点に
おいて当該変更後の保険と同一内容
の保険に加入して保険期間の全部の
保険料を一時払いしたものとして，
9-3-4から9-3-6までの例により処理
するものとする。
3　払済保険が復旧された場合には，
払済保険に変更した時点で益金の額
又は損金の額に算入した金額を復旧
した日の属する事業年度の損金の額
又は益金の額に，また，払済保険に
変更した後に損金の額に算入した金
額は復旧した日の属する事業年度の
益金の額に算入する。

## 二　経過的取扱い

| 改　正　後 | 改　正　前 |
|---|---|
| **（経過的取扱い…改正通達の適用時期）**<br>　この法令解釈通達による改正後の取扱いは令和元年7月8日以後の契約に係る定期保険又は第三分野保険（9-3-5に定める解約返戻金相当額のない短期払の定期保険又は第三分野保険を除く。）の保険料及び令和元年10月8日以後の契約に係る定期保険又は第三分野保険（9-3-5に定める解約返戻金相当額のない短期払の定期保険又は第三分野保険に限る。）の保険料について適用し，それぞれの日前の契約に係る定期保険又は第三分野保険の保険料については，この法令解釈通達による改正前の取扱い並びにこの法令解釈通達による廃止前の昭和54 | （新　設） |

年6月8日付直審4-18「法人契約の新成人
病保険の保険料の取扱いについて」，昭和
62年6月16日付直法2-2「法人が支払う長
期平準定期保険等の保険料の取扱いについ
て」，平成元年12月16日付直審4-52「法人又
は個人事業者が支払う介護費用保険の保険
料の取扱いについて」，平成13年8月10日付
課審4-100「法人契約の「がん保険（終身
保障タイプ）・医療保険（終身保障タイプ）」
の保険料の取扱いについて（法令解釈通
達）」及び平成24年4月27日付課法2-5ほか
1課共同「法人が支払う「がん保険」（終身
保障タイプ）の保険料の取扱いについて
（法令解釈通達）」の取扱いの例による。

特に重要なポイントは次の3つです。

① 見直しの対象になった保険種類は，定期保険・第三分野保険です。

② 最高解約返戻率等により，保険料の取扱いが4つに区分されています。

③ 原則として，令和元年7月8日以後の契約に適用されます。

　見直しの対象になった保険種類は定期保険・第三分野保険ですので，養老保険や終身保険については，改正以後においても従前と同様の取扱いということになりました。

　最高解約返戻率等により，保険料の取扱いが4つに区分されましたので，定期保険・第三分野保険の保険料の取扱いを検討する際，改正以後の契約では常にこの最高解約返戻率を確認することが必要です。最高解約返戻率は，保険会社が契約時に提示する設計書等に記載されています。

　原則として，令和元年7月8日以後の契約に適用されることになりましたので，それよりも前に加入していた契約の保険料の取扱いは，令和元年7月8日以後も変わらないということになりました。

　✐　養老保険に係る法人税基本通達9-3-4等についても文面の一部が変更されていますが，それまでの保険料の取扱いを変更するものではありません。

　✐　最高解約返戻率とは，その保険の保険期間を通じて解約返戻率（保険契約時において契約者に示された解約返戻金相当額について，それを受けることとなるまでの間に支払われることになる保険料の額の合計額で除した割合）が最も高い割合となる期間におけるその割合をいいます。

　　✍　解約返戻金相当額のない短期払の定期保険・第三分野保険（ごく少額の払戻金のある
　　　契約を含みます。）の保険料については，令和元年10月8日以後の契約に係るものにつ
　　　いて改正後の取扱いが適用されることになりました。

　以上の改正により，令和元年7月8日を重要なメルクマールとして定期保
険・第三分野保険の保険料の取扱いは大きく変わることになりました。加入済
みの定期保険・第三分野保険の内容を確認する際には，常に「令和元年7月8
日以後の契約か，それより前の契約か」という点に留意する必要があります。
なお，改正通達の発遣に加えて，「定期保険及び第三分野保険に係る保険料の
取扱いに関するFAQ」が令和元年7月8日に，通達の「趣旨説明」が令和3年
5月31日に公表されています。特に「FAQ」では実際の取扱い，税務の考え方
等が分かり易く説明されていますので，実務において不明な点が生じた場合は
適宜内容を確認すべきでしょう。本書では第7章（161頁以降）に掲載していま
す。


〔最高解約返戻率の区分と保険料の経理処理のイメージ〕

**【ご契約形態】ご契約者：法人　被保険者：役員　保険金受取人：法人**
●お申込みされるご契約ごとの最高解約返戻率に応じて，経理処理の方法は以下のように異なります。
　最高解約返戻率が50%超の場合，ご契約日から一定期間，イメージ図に記載の割合に応じて，保険料の一部を前払保険料として資
　産計上します。資産計上された前払保険料は，保険期間後半で按分して取崩します。（法人税基本通達9-3-5，9-3-5の2）
　　　　　　　　　　　　　　　　　　　　　　　　　　　　　　　　　　　　　　　　　　※イメージ図

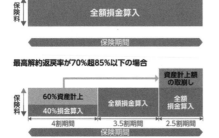

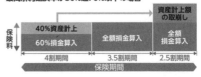

＊資産計上期間は以下①～③のいずれかの期間となります。
　① 契約日から最高解約返戻率となる期間まで
　② ①の期間経過後において「解約返戻金の増加分÷年換算保険料相当額」が7割超となる期間がある場合は，契約日からその期間の終わりまで
　③ ①または②の期間が5年未満の場合は，5年間（保険期間が10年未満の場合は，保険期間の1/2期間）
　また，資産計上額の取崩期間は，解約返戻金額が最も高い金額となる期間（上記③に該当する場合は③の期間）経過後から契約満了までとなります。

（出所）エヌエヌ生命商品パンフレットより抜粋

〔見直しによる経理処理の変化〕

〔例〕

保険種類　定期保険　　　　　保険期間・保険料払込期間　20年間
契約者・死亡保険金受取人　法人　　年払保険料　100万円
被保険者　役員（契約年齢50歳）　　最高解約返戻率　60％

※数値等は架空のものを使用しています。

〈仕訳例〉年払保険料の取扱い

【見直し前（令和元年7月7日以前の契約）】

　保険期間満了時の年齢が70歳以下，または契約年齢＋保険期間×2＝105以下の場合，保険料の全額を損金算入します。　※法人税基本通達9-3-5，平成20年2月28日課法2-3，課審5-18参照

［1年目〜20年目］

| 借　　　方 | | 貸　　　方 | |
|---|---|---|---|
| 定期保険料<br>（費用の発生） | 100万円 | 現金・預金<br>（資産の減少） | 100万円 |

【見直し後（令和元年7月8日以後の契約）】

　最高解約返戻率が50％超70％以下の場合，保険期間の当初100分の40相当期間は保険料の100分の40を資産計上し，保険期間の100分の75相当期間経過後に取り崩します。　※法人税基本通達9-3-5の2参照

［1年目〜8年目］

| 借　　　方 | | 貸　　　方 | |
|---|---|---|---|
| 前払保険料<br>（資産の増加） | 40万円 | 現金・預金<br>（資産の減少） | 100万円 |
| 定期保険料<br>（費用の発生） | 60万円 | | |

［9年目～15年目］

| 借　　　方 | | 貸　　　方 | |
|---|---|---|---|
| 定期保険料<br>（費用の発生） | 100万円 | 現金・預金<br>（資産の減少） | 100万円 |

［16年目～20年目］

| 借　　　方 | | 貸　　　方 | |
|---|---|---|---|
| 定期保険料<br>（費用の発生） | 164万円 | 現金・預金<br>（資産の減少） | 100万円 |
| | | 前払保険料<br>（資産の減少） | 64万円 |

✍　経理処理の詳細につきましては第3章をご参照ください。


## (3)　事業保険加入時の留意点

　令和元年の事業保険税務の改正と時を同じくして，生命保険募集人は事業保険を提案する際，契約者に対して「法人向け保険商品のご検討に際してご留意いただきたいこと」を提示することになりました。各保険会社は次のような書面を用意しています。

　✍　一般社団法人生命保険協会は，生命保険の募集用の資料等について，表示媒体や商品の特性に応じた適正かつ適切な表示を確保し，特に一般消費者に著しく優良・有利であるとの誤認を与えることを防ぐとともに，わかりやすい表示を確保するために，「生命保険商品に関する適正表示ガイドライン」を策定しています。同ガイドラインでは「法人向け保険に関する留意点」として以下の3点を提示しています。
　⑴　保険商品としての目的を明瞭に記載すること
　⑵　法人向け保険に関する税務上の留意点を明瞭に記載すること
　⑶　ご加入の検討時に，必ず「法人向け保険商品にかかる顧客向けの注意喚起情報」を確認する旨を明瞭に記載すること

〔エヌエヌ生命の場合〕【表面】

エヌエヌ生命保険株式会社

# 法人向け保険商品のご検討に際して
# ご留意いただきたいこと

 **法人向け保険商品の加入にあたっては、以下の点を確認の うえでお申し込みください。**

> 税務の取扱い等については、令和元年6月28日付「課法2-13 課審6-10 査調5-3 法人税基本通達等の一部改正について（法令解釈通達）」等に基づき記載しております。 今後、税務の取扱い等が変わる場合もございます。

**1** **法人向け保険は、被保険者様に万一のことがあった場合、 （死亡）保険金等を事業保障資金等の財源としてご活 用いただくための、「保障」等を目的とする商品です。**

※ お客さまニーズとの関係については、設計書やパンフレット等でもご確 認ください。

**2** **「支払保険料」を損金算入しても、「保険金」や「解約返戻 金」等は益金に算入されます。課税タイミングが変わる課 税の繰り延べに過ぎず、原則、節税効果はありません。**

※ 裏面も参照ください。

**3** **保険本来の趣旨を逸脱する保険加入、例えば、「保険料 の損金算入による法人税額の圧縮」のみを目的とする保 険加入はお勧めしておりません。**

1/2

【裏面】

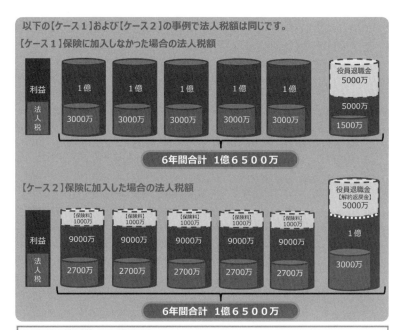

以下の【ケース1】および【ケース2】の事例で法人税額は同じです。

【ケース1】保険に加入しなかった場合の法人税額

| 利益 | 1億 | 1億 | 1億 | 1億 | 1億 | 役員退職金 5000万 |
| 法人税 | 3000万 | 3000万 | 3000万 | 3000万 | 3000万 | 5000万 1500万 |

6年間合計　1億6500万

【ケース2】保険に加入した場合の法人税額

| 利益 | 【保険料】1000万 9000万 | 【保険料】1000万 9000万 | 【保険料】1000万 9000万 | 【保険料】1000万 9000万 | 【保険料】1000万 9000万 | 役員退職金【解約返戻金】5000万 1億 |
| 法人税 | 2700万 | 2700万 | 2700万 | 2700万 | 2700万 | 3000万 |

6年間合計　1億6500万

※上記は以下の前提で試算したイメージ図となります。
【前提】・6年間を通じて毎年1億円の利益（実効税率30%）が発生、6年目に5000万円の役員退職金を支払い
・毎年1000万円の生命保険料を支払い全額損金算入＊、6年目に解約した際の返戻率は100%
＊2019年6月通達改正後の実際の損金算入額は、最高解約返戻率が100%の場合、保険期間の開始日から10年間は保険料の10%相当額となります。

■当資料に記載のお支払事由等は、概要や代表例を記載したものですので、あくまでも参考情報としてご覧ください。
■詳しいご検討にあたっては、「契約概要」・「注意喚起情報」・「ご契約のしおり・約款」を必ずご確認ください。
■当資料でご紹介しております商品の「契約概要」などを希望される場合には、お客様の取扱担当者にお申し出いただくか、最寄りのお客様窓口にご請求ください。

| 引受保険会社 | 募集代理店 |

エヌエヌ生命保険株式会社
https://www.nnlife.co.jp

NN-S19/06536

＊「法人向け保険商品のご検討に際してご留意いただきたいこと」は，本書作成日現在の内容です。将来変更になる可能性があります。

## 2　過去における取扱いの変遷

　事業保険に係る保険料等の取扱いは，過去において度々変更されています。その変遷を把握しておくことは，事業保険の理解にも役立ちますので，基本的な部分を確認しておきましょう。なお，ここでは概要だけを記述しています。それぞれの詳細につきましては本書の第3章の仕訳例や第7章の税務通達，国税庁のホームページ等を参照してください。

〔事業保険に関する主要な税務通達とその発遣時期〕

| | |
|---|---|
| 昭和50年 | がん保険（終身保障）の保険料に関する個別通達 |
| 昭和55年 | 養老保険，定期保険の保険料に関する法人税基本通達 |
| 昭和62年 | 長期平準定期保険の保険料に関する個別通達 |
| 平成8年 | 逓増定期保険の保険料に関する個別通達 |
| 平成13年 | がん保険（終身保障）・医療保険（終身保障）の保険料に関する個別通達 |
| 平成14年 | 払済保険への変更に関する法人税基本通達 |
| 平成18年 | 長期傷害保険（終身保障）の保険料に関する照会・回答 |
| 平成20年 | 逓増定期保険の保険料に関する個別通達＊ |
| 平成24年 | がん保険（終身保障）の保険料に関する個別通達＊ |
| 令和元年 | 定期保険・第三分野保険の保険料に関する法人税基本通達＊ |
| | 払済保険への変更に関する法人税基本通達＊ |
| 令和3年 | 保険契約等の権利の評価に関する所得税基本通達＊ |

　✐　通達とは，上級行政機関が関係下級行政機関及び職員に対して指揮監督権に基づいて行う命令であり，法人税基本通達（法令解釈通達）は，行政手続法第2条第8号に規定する「命令等」に当たるものとされています。

　✐　基本通達は，各税法の基本的に重要な事柄を網羅的に定めたものであり，多くの内容が盛り込まれているのが特徴です。個別通達は，その時々の事例の取扱い，税法改正時における取扱いを個々に定めたものです。

　✐　「＊」が付いているものは，発遣にあたりパブリックコメントが行われています。

　✐　表中には記載されていませんが，事業保険の実務上重要なものとして，「収入保障保険，年金払特約付養老保険（法人受取契約）の税務取扱い」に関する国税庁から生命保険協会に対する平成15年12月15日の連絡があります。支払事由発生前から保険金を年金で支払う旨の約定がある収入保障保険，年金特約付養老保険（法人受取契約）は，年金受け取りの都度，益金に計上しても差し支えないことが明らかにされました。ただし，年金支払開始時や年金支払開始後に年金の一部を一括受け取りした場合には，利益操作を抑制する観点から，その時点の未払年金現価を全額益金計上しなければならないものとさ

れています。

## (1)　定期保険

　昭和55年の法人税基本通達9-3-5では，法人が自己を契約者とし，役員又は使用人を被保険者とする定期保険に加入してその保険料を支払った場合，その支払った保険料の額は，期間の経過に応じて損金に算入すること等が規定されました。

　その後，保険期間が長期の定期保険が登場し，保険期間の前半に支払われる保険料に多額の前払部分が含まれるものが増えたことから，昭和62年の個別通達では，保険期間が長期になるものを長期平準定期保険と定義し，保険期間の開始から前半60％に相当する期間は，保険料の2分の1の金額を資産に計上することが規定されました。

　そして，令和元年の改正では，法人税基本通達9-3-5，同9-3-5の2により，その契約の最高解約返戻率等によって，保険料の資産計上額，損金算入額等が決定されることになりました。

　〔定期保険の取扱いの変遷〕

| 昭和55年 法人税基本通達9-3-5 | ▶ | 昭和62年 個別通達 | ▶ | 令和元年 法人税基本通達9-3-5, 9-3-5の2 |
|---|---|---|---|---|

　✍　保険金又は給付金の受取人が被保険者又はその遺族で，役員又は部課長その他特定の使用人のみを被保険者としている場合には，当該保険料の額は，当該役員又は使用人に対する給与とします（法人税基本通達9-3-5(2)但書）。

　✍　昭和62年の個別通達において，長期平準定期保険とは，その保険期間満了の時における被保険者の年齢が70歳を超え，かつ，当該保険に加入した時における被保険者の年齢に保険期間の2倍に相当する数を加えた数が105を超えるものとされました。

## (2)　逓増定期保険

　逓増定期保険の保険料の取扱いは，当初は定期保険の取扱いに準じて行われていましたが，平成8年の個別通達で独自の取扱いが規定され，保険料を損金に算入できる範囲が限定されました。その後10年余が経過し，逓増定期保険の商品設計の多様化等により，取扱いが取引実態と乖離している状況にあると認められたことから，平成20年の個別通達で再度の見直しが行われ，保険料を損

金に算入できる範囲がさらに制限されました。

　そして，令和元年の改正では，法人税基本通達9-3-5，同9-3-5の２により，その契約の最高解約返戻率等によって，保険料の資産計上額，損金算入額等が決定されることになりました。

〔逓増定期保険の取扱いの変遷〕

平成8年
個別通達　▶　平成20年
個別通達　▶　令和元年
法人税基本通達 9-3-5，9-3-5の２

　✍　逓増定期保険とは，保険期間の経過により保険金額が増加する定期保険です。一般的には主契約としての取扱いになりますが，エヌエヌ生命のように特約として取り扱う保険会社もあります。
　✍　各個別通達において逓増定期保険は次のように定義されています。
　〔平成8年個別通達〕保険期間の経過により保険金額が5倍までの範囲で増加する定期保険のうち，その保険期間満了の時における被保険者の年齢が60歳を超え，かつ，当該保険に加入した時における被保険者の年齢に保険期間の2倍に相当する数を加えた数が90を超えるものをいう。
　〔平成20年個別通達〕保険期間の経過により保険金額が5倍までの範囲で増加する定期保険のうち，その保険期間満了の時における被保険者の年齢が45歳を超えるものをいう。
　✍　平成8年の個別通達では，改正の趣旨について次のように述べられています。
　「定期保険は，満期保険金のない生命保険であるが，その支払う保険料が平準化されているため，保険期間の前半において支払う保険料の中に前払保険料が含まれている。特に保険期間が長期にわたる定期保険や保険期間中に保険金額が逓増する定期保険は，当該保険の保険期間の前半において支払う保険料の中に相当多額の前払保険料が含まれていることから，その支払保険料の損金算入時期等に関する取扱いの適正化を図ることとしたものである。」
　✍　既契約分の取扱いについて，平成8年の個別通達と平成20年の個別通達では後述のような違いがあります（45頁「(9)改正時の既契約分の取扱い」参照）。


### (3)　がん保険（終身保障タイプ）

　昭和50年の個別通達では，保険期間が終身のがん保険で，法人が自己を契約者及び保険金受取人として，役員又は使用人を被保険者とする場合の保険料は，その払込みの都度損金に算入することが規定されていました。

　平成13年の個別通達では，払込みの都度損金に算入することができる場合を，保険期間が終身で，かつ保険料払込期間が終身であるものに限定しました。

　さらに平成24年の個別通達では，加入時の年齢から105歳までの期間を計算上の保険期間とし，保険期間の当初50％に相当する期間は，保険料の2分の1

の金額を資産に計上することが規定されました。

　そして，令和元年の改正では，法人税基本通達9-3-5，同9-3-5の2により，その契約の最高解約返戻率等によって，保険料の資産計上額，損金算入額等が決定されることになりました。

〔がん保険（終身保障タイプ）の取扱いの変遷〕

| 昭和50年 | 平成13年 | 平成24年 | 令和元年 |
|---|---|---|---|
| 個別通達 | 個別通達 | 個別通達 | 法人税基本通達 9-3-5，9-3-5の2 |

　✍　平成24年の個別通達とは異なり，令和元年の改正では，保険期間が終身である第三分野保険については，保険期間の開始の日から被保険者の年齢が116歳に達する日までを計算上の保険期間とする，とされています。

## (4)　長期傷害保険（終身保障タイプ）

　保険期間を終身とする長期傷害保険の保険料の取扱いは，生命保険協会からの照会に対する国税庁の回答という形で平成18年に明確化されました。

　法人が自己を契約者・保険金受取人とし，役員又は使用人を被保険者として長期傷害保険に加入した場合，それまでは実務上，がん保険の取扱い等に準じて，保険料払込期間を終身とするものについては，保険料を払込みの都度損金に算入する取扱いが行われていました。国税庁からの回答では，105歳を計算上の保険期間満了時の年齢とし，保険期間の当初70％に相当する期間については保険料の4分の3に相当する金額を資産に計上し，残額を損金に算入することとされました。

　そして，令和元年の改正では，法人税基本通達9-3-5，同9-3-5の2により，その契約の最高解約返戻率等によって，保険料の資産計上額，損金算入額等が決定されることになりました。

〔長期傷害保険（終身保障タイプ）の取扱いの変遷〕

| 平成18年 | 令和元年 |
|---|---|
| 文書回答 | 法人税基本通達 9-3-5，9-3-5の2 |

　✍　平成18年の規定とは異なり，令和元年の改正では，保険期間が終身である第三分野保険については，保険期間の開始の日から被保険者の年齢が116歳に達する日までを計算上の保険期間とする，とされています。

## ⑸　解約返戻金相当額のない短期払の定期保険又は第三分野保険

　令和元年に改正された法人税基本通達9-3-5では，法人が解約返戻金相当額のない定期保険又は第三分野保険（ごく少額の払戻金のある契約を含み，保険料の払込期間が保険期間より短いものに限ります。）のうち給与課税の対象にならないものに加入した場合，当該事業年度に支払った保険料の額（一の被保険者につき2以上の解約返戻金相当額のない短期払の定期保険又は第三分野保険に加入している場合にはそれぞれについて支払った保険料の額の合計額）が30万円以下であるものについて，その支払った日の属する事業年度の損金の額に算入しているときはこれを認める，とされています。

　この通達が発遣されるまでは，平成24年のがん保険の個別通達等を参考に，支払った日の属する事業年度の損金の額に算入するという実務上の取扱いが行われていましたが，「30万円以下」という金額の制限が設けられました。

　　✍　令和元年の通達発遣時のパブリックコメントでは，その趣旨について次のように述べられています。

　　　「今般，廃止するがん保険通達において定めている「例外的取扱い」は，その取扱いを定めた当時に発売されていたがん保険が，払込期間と保険期間（終身）に著しい差異がないという実態であったことを前提に，給与課税の対象とならない保険期間が終身，かつ，保険契約の解約等において払戻金のないがん保険については，保険契約者である納税者の事務負担に配慮し，その支払った保険料の額について，厳格に期間の経過に応じて損金算入を求めなくても，課税所得の適正な期間計算を著しく損なうことがないとの考え方の下，その保険料の支払の都度，損金算入することを認めるというものでした。

　　　一方で，近年，保険期間が終身で保険料の払込期間が有期のがん保険であっても，法人経営者向けに，保険料の払込期間を著しく短期間に設定し，かつ，その支払保険料の額が高額なものが販売されている実態があり，そのような「例外的取扱い」の前提としていなかった保険料の払込期間と保険期間（終身）に著しい差異がある保険に係る支払保険料の額についてまで，「例外的取扱い」の対象となり，課税所得の適正な期間計算を著しく損なう結果が生じていました。

　　　加えて，同様の保険契約の解約等において払戻金のない有期払込の保険であっても，定期保険やがん保険以外の第三分野保険においては，「例外的取扱い」に類する取扱いを定めていないことから，保険商品間の取扱いに差異が生じていました。

　　　このような考えの下，改正案においては，定期保険及び第三分野保険に該当する保険商品間の取扱いの統一化を図る観点から，この「例外的取扱い」を存置せずに，廃止することとしていました。

　　　しかしながら，今般の改正により，経理処理として定着している「例外的取扱い」が一切認められないこととなれば，保険契約者である納税者の事務負担が過重となるのではないか等の御意見があったことを踏まえ，新たに，法人が，払戻金（解約返戻金相当額）のない短期払の定期保険又は第三分野保険（ごく少額の払戻金のある契約を含みま

す。）のうち，給与課税の対象とはならないものに加入した場合において，その事業年度に支払った保険料の額（一の被保険者につき2以上のこれらの保険に加入している場合にはそれぞれについて支払った保険料の額の合計額となります。）が30万円以下のものについては，厳格に期間の経過に応じて損金算入を求めなくても課税所得の適正な期間計算を著しく損なうことがないと考えられますので，その支払った日の属する事業年度において損金算入することを認めることとし，その旨を改正通達9-3-5の（注）2に定めました。

　なお，払戻金（解約返戻金相当額）のある定期保険又は第三分野保険については，課税所得の適正な期間計算を確保する観点から，従前の取扱いと同様に，上記の取扱いは適用しません。」


## (6)　養老保険

　昭和55年の法人税基本通達9-3-4では，法人が，自己を契約者とし，役員又は使用人を被保険者とする養老保険に加入してその保険料を支払った場合，支払った保険料を次のように取り扱うことが規定されました。

### ア　死亡保険金・満期保険金の受取人が法人の場合

資産に計上する。

### イ　死亡保険金・満期保険金の受取人が被保険者又はその遺族の場合

当該役員又は使用人に対する給与とする。

### ウ　死亡保険金受取人が被保険者の遺族，満期保険金受取人が法人の場合

　保険料の2分の1を資産，残額は期間の経過に応じて損金の額に算入する。ただし，役員又は部課長その他特定の使用人のみを被保険者としている場合には，当該残額は当該役員又は使用人に対する給与とする。

　この取扱いは，その後大きな見直しが行われることなく現在に至っています。

　　✍　実務上，ウ前段の契約形態のことを「福利厚生プラン」，「ハーフタックスプラン」と呼ぶ場合があります。従業員の退職金や弔慰金，見舞金等の資金を確保するために多くの中小企業で利用されています。


## (7)　終身保険

　終身保険の保険料の取扱いについて規定した通達等はありません。実務上は養老保険に準じた取扱いが行われています。

## (8)　払済保険への変更

　平成14年，法人税基本通達9-3-7の2により払済保険へ変更した場合の取扱いが明確化されました。法人が既に加入している生命保険を払済保険に変更した場合，原則として，その変更時における解約返戻金相当額とその保険契約により資産に計上している保険料の額との差額を，その変更した日の属する事業年度の益金の額又は損金の額に算入します。ただし，既に加入している生命保険の保険料の全額が役員又は使用人に対する給与となる場合は，この限りではありません。

　なお，平成14年の通達では（注）において，「養老保険，終身保険及び年金保険（定期保険特約が付加されていないものに限る。）から同種類の払済保険に変更した場合に，本文の取扱いを適用せずに，既往の資産計上額を保険事故の発生又は解約失効等により契約が終了するまで計上しているときは，これを認める」とされていました。令和元年の改正ではこの部分の一部が変更され，「養老保険，終身保険，定期保険，第三分野保険及び年金保険（特約が付加されていないものに限る。）から同種類の払済保険に変更した場合に，本文の取扱いを適用せずに，既往の資産計上額を保険事故の発生又は解約失効等により契約が終了するまで計上しているときは，これを認める」とされました。

〔払済保険への変更の取扱いの変遷〕

| 平成14年 | | 令和元年 |
|---|---|---|
| 法人税基本通達9-3-7の2 | ▶ | 法人税基本通達9-3-7の2（一部改定） |

　✍　払済保険への変更とは，保険料の払込みを中止して，その時点での解約返戻金をもとに，保険期間の変わらない保険金額の少ない保険に変更する方法です。付加している各種特約は消滅します。保険の種類などによっては，利用できない場合があります。

## (9)　改正時の既契約分の取扱い

　税務の取扱いが変更される場合，「それまでに加入した既契約の保険料は，今後どのように取り扱われることになるのか」ということが，実務において大変重要なポイントになります。

　以前の改正では，既契約分について「改正以後に保険料の支払期日が到来したものから改正後の取扱いを適用する」とされていました。このように規定された場合，それまでは保険料の全額を損金に算入していた既契約について，次

の支払期日からは保険料の一部を資産に計上しなければならない，というケースも発生するため，実務上の混乱も生じていました。

　この取扱いが変わったのが平成20年の逓増定期保険に関する個別通達です。この通達では，改正前の契約に係る保険料については，改正以後も従前の取扱いとすることが明記されました。平成24年のがん保険，令和元年の定期保険・第三分野保険に関する通達でも同様の取扱いが行われています。

　事業保険の税務を理解する上で，非常に重要なポイントです。


〔逓増定期保険〕

平成8年個別通達

（既契約分の取扱い）
　平成8年9月1日以前の契約に係る逓増定期保険（上記2の(2)の注2の適用を受けるものを含む。）の保険料については，同日以後にその支払期日が到来するものにつきこの通達の取扱いを適用する。

平成20年個別通達

（経過的取扱い…逓増定期保険に係る改正通達の適用時期）
　この法令解釈通達による改正後の取扱いは平成20年2月28日以後の契約に係る改正後の1(2)に定める逓増定期保険（2(2)の注2の適用を受けるものを含む。）の保険料について適用し，同日前の契約に係る改正前の1(2)に定める逓増定期保険の保険料については，なお従前の例による。

〔がん保険〕

平成13年個別通達

　平成13年9月1日以降にその保険に係る保険料の支払期日が到来するものからこれによられたい。

平成24年個別通達

　平成24年4月27日以後の契約に係る「がん保険」の保険料について適用する。

〔定期保険・第三分野保険〕

令和元年法人税基本通達9-3-5，9-3-5の２等

（経過的取扱い…改正通達の適用時期）
　この法令解釈通達による改正後の取扱いは令和元年7月8日以後の契約に係る定期保険又は第三分野保険（9-3-5に定める解約返戻金相当額のない短期払の定期保険又は第三分野保険を除く。）の保険料及び令和元年10月8日以後の契約に係る定期保険又は第三分野（9-3-5に定める解約返戻金相当額のない短期払の定期保険又は第三分野保険に限る。）の保険料について適用し，それぞれの日前の契約に係る定期保険又は第三分野保険の保険料については，この法令解釈通達による改正前の取扱い並びにこの法令解釈通達による廃止前の昭和54年6月8日付直審4-18「法人契約の新成人病保険の保険料の取扱いについて」，昭和62年6月16日付直法2-2「法人が支払う長期平準定期保険等の保険料の取扱いについて」，平成元年12月16日付直審4-52「法人又は個人事業者が支払う介護費用保険の保険料の取扱いについて」，平成13年8月10日付課審4-100「法人契約の「がん保険（終身保障タイプ）・医療保険（終身保障タイプ）」の保険料の取扱いについて（法令解釈通達）」及び平成24年4月27日付課法2-5ほか1課共同「法人が支払う「がん保険」（終身保障タイプ）の保険料の取扱いについて（法令解釈通達）」の取扱いの例による。

＊下線は筆者によるもの

## 3　令和3年における保険税務の見直し（保険契約等に関する権利の評価）

### (1)　経　緯

　所得税法上，使用者が，役員又は使用人に対して生命保険契約等に関する権利を支給した場合には，支給時において保険契約等を解約した場合に支払われることとなる解約返戻金の額（前納保険料の金額，剰余金の分配額等がある場合には，これらの金額との合計額）で評価するとされています。その一方で，多くの保険会社が取り扱うようになっていた低解約返戻金型保険等の解約返戻金の額が著しく低いと認められる保険契約等については，第三者との通常の取引において低い解約返戻金の額で名義変更等を行うことは想定されないことから，同じように解約返戻金の額で評価してよいのだろうかという声が広がっていました。

　令和3年3月12日，国税庁より各保険会社に対して，評価方法を見直すという通知があり，同年4月28日に見直し案がパブリックコメントという形で公表され，5月27日までが意見募集期間とされました。これらの手続きを経て，6月25日「所得税基本通達の制定について」の一部改正について（法令解釈通達）が発遣，7月9日に改正通達の解説が公表されました。

　見直し後の新たな規定は，法人税基本通達9-3-5の2の取扱いの適用を受ける契約で，令和3年7月1日以後に行う保険契約等に関する権利の支給について適用されます。

### (2)　改正の内容

（注）アンダーラインを付した部分は，改正部分である

| 改　正　後 | 改　正　前 |
|---|---|
| **（保険契約等に関する権利の評価）**<br>**36-37**　使用者が役員又は使用人に対して生命保険契約若しくは損害保険契約又はこれらに類する共済契約（以下「保険契約 | **（保険契約等に関する権利の評価）**<br>**36-37**　使用者が役員又は使用人に対して支給する生命保険契約若しくは損害保険契約又はこれらに類する共済契約に関する権 |

等」という。）に関する権利を支給した場合には，その支給時において当該保険契約等を解除したとした場合に支払われることとなる解約返戻金の額（解約返戻金のほかに支払われることとなる前納保険料の金額，剰余金の分配額等がある場合には，これらの金額との合計額。以下「支給時解約返戻金の額」という。）により評価する。

ただし，次の保険契約等に関する権利を支給した場合には，それぞれ次のとおり評価する。

(1) 支給時解約返戻金の額が支給時資産計上額の70％に相当する金額未満である保険契約等に関する権利（法人税基本通達9-3-5の2の取扱いの適用を受けるものに限る。）を支給した場合には，当該支給時資産計上額により評価する。

(2) 復旧することのできる払済保険その他これに類する保険契約等に関する権利（元の契約が法人税基本通達9-3-5の2の取扱いの適用を受けるものに限る。）を支給した場合には，支給時資産計上額に法人税基本通達9-3-7の2の取扱いにより使用者が損金に算入した金額を加算した金額により評価する。

(注)「支給時資産計上額」とは，使用者が支払った保険料の額のうち当該保険契約等に関する権利の支給時の直前において前払部分の保険料として法人税基本通達の取扱いにより資産に計上すべき金額をいい，預け金等で処理した前納保険料の金額，未収の剰余金の分配額等がある場合には，これらの金額を加算した金額をいう。

## 附　則
### （経過的取扱い）

この法令解釈通達による改正後の所得税基本通達は，令和3年7月1日以後に行う保険契約等に関する権利の支給について適用し，同日前に行った保険契約等に関する権利の支給については，なお従前の例による。

利については，その支給時において当該契約を解除したとした場合に支払われることとなる解約返戻金の額（解約返戻金のほかに支払われることとなる前納保険料の金額，剰余金の分配額等がある場合には，これらの金額との合計額）により評価する。

【解説】

1　使用者が，契約者として保険料を払い込んでいた場合において，その契約者としての地位（権利）や保険金受取人としての地位（権利）を，役員又は使用人（以下「役員等」という。）に支給するような場合がある。

　　本通達は，使用者が，役員等に対して保険契約上の地位（権利）を支給した場合の当該地位（権利）の評価の方法を定めたものである。

　（注）ここでいう使用者は，法人又は個人事業者を問わない。

2　本通達の前段では，保険契約上の地位（権利）について，原則として，その支給時において当該保険契約等を解約した場合に支払われる解約返戻金の額（解約返戻金のほかに支払われる前納保険料の金額，剰余金の分配額等がある場合には，これらの金額との合計額。以下「支給時解約返戻金の額」という。）により評価することを明らかにしている。

　（注）前納保険料とは，解約時に解約返戻金とともに保険会社から返還される保険料をいう。

3　保険契約上の地位（権利）は，上記2のとおり，「支給時解約返戻金の額」で評価することが原則であるが，「低解約返戻金型保険」など解約返戻金の額が著しく低いと認められる期間（以下「低解約返戻期間」という。）のある保険契約等については，第三者との通常の取引において低い解約返戻金の額で名義変更等を行うことは想定されないことから，低解約返戻期間の保険契約等については，「支給時解約返戻金の額」で評価することは適当でない。

　　法人税基本通達では，法人の期間損益の適正化を図る観点から，法人が最高解約返戻率の高い保険契約等を締結している場合には，支払保険料の一部を資産に計上する取扱いが定められており，本取扱いの資産計上額は，各保険商品の解約返戻金の実態を精査したうえで，納税者の事務負担や計算の簡便性を考慮した最高解約返戻率に基づく一定の割合から算出した金額としており，低解約返戻期間においては保険契約等の時価に相当するものと評価できる。

　　したがって，使用者が低解約返戻期間に保険契約上の地位（権利）を役員等に支給した場合には，次により評価することとし，その旨を本通達の後段で明らかにしている。

⑴　支給時解約返戻金の額が支給時資産計上額の70％に相当する金額未満である保険契約等に関する権利を支給した場合には，支給時資産計上額により評価する。

⑵　復旧することのできる払済保険その他これに類する保険契約等に関する権利を支給した場合には，支給時資産計上額に法人税基本通達9-3-7の2の取扱いにより使用者が損金に算入した金額を加算した金額により評価する。

　（注）低解約返戻期間については，支給時解約返戻金の額が支給時資産計上額よりも低い期間とすることも考えられるが，保険商品の実態や所得税基本通達39-2の取扱いを踏まえ，支給時解約返戻金の額が支給時資産計上額の70％に相当する金額未満である期間を低解約返戻期間と取り扱うこととしている。

4　上記3⑴の取扱いについて，対象とする保険契約等は法人税基本通達9-3-5の2の取扱いの適用を受けるものに限ることとしている。

　　したがって，法人税基本通達9-3-6その他法人税基本通達の取扱いにより法人税基本通達9-3-5の２の取扱いを適用するとされている保険契約等は上記３(1)の取扱いの対象となるが，法人税基本通達9-3-4(1)と9-3-5の２の取扱いの選択適用が認められている組込型保険については，使用者が継続して法人税基本通達9-3-4(1)の取扱いにより支払保険料を処理している場合には，上記３(1)の取扱いの対象とならず，支給時解約返戻金の額で評価することとなる。

5　上記３(2)の取扱いについて，保険契約等では，「保険契約等は維持したいが，保険料の負担が難しい者」への対応として，「保障内容が低く，追加保険料が発生しない保険契約等」（払済保険）に変更することができる場合があり，この払済保険については，一定期間，元の契約に戻す（復旧する）ことができる場合がある。

　　保険契約等を払済保険に変更した場合，法人税基本通達9-3-7の２では，資産計上額と解約返戻金の額との差額を益金の額又は損金の額に算入するとされており，使用者の資産計上額が解約返戻金の額に洗替えされることとなる。

　　改正後の本通達では，低解約返戻期間における保険契約等について，支給時資産計上額で評価するとしているが，復旧することのできる低解約返戻金型保険を低解約返戻期間に払済保険に変更して役員等に支給した場合，支給時資産計上額は低い解約返戻金の額に洗替えされることから，上記３(1)の取扱いの抜け穴となるおそれがある。

　　したがって，復旧することのできる払済保険その他これに類する保険契約等に関する権利を役員等に支給した場合には，支給時資産計上額に使用者が法人税基本通達9-3-7の２の取扱いにより，損金に算入した金額を加算した金額（元の契約の資産計上額）で評価することとしている。

（注）復旧することのできる払済保険に類する保険契約等とは，保険契約等を変更した後，元の保険契約等に戻すことのできる保険契約等の全てが含まれる。

6　本通達における「支給時資産計上額」は，使用者が支払った保険料の額のうち保険契約上の地位（権利）の支給時の直前において前払保険料として法人税基本通達の取扱いにより資産に計上すべき金額としている。

　　使用者が，前払保険料として資産に計上すべき金額については，年払保険料を期間対応で処理する場合と短期の前払保険料として処理する場合（法人税基本通達2-2-14）で金額が異なることとなるが，支給時資産計上額は，使用者が選択した経理方法によって資産に計上している金額として差し支えない。

　　また，預け金等で処理した前納保険料の金額，未収の剰余金の分配額等がある場合には，これらの金額を加算した金額が支給時資産計上額とされているが，この加算する金額には，据置保険金など保険契約上の地位（権利）の支給により，役員等に移転する全ての経済的利益が含まれることとなる。

7　なお，法人が他の法人に名義変更を行うなど法人が他の法人に保険契約上の地位（権利）を移転した場合の当該地位（権利）の評価についても，本通達に準じて取り扱うこととなる。

（出所）国税庁ホームページ（2021年10月20日訪問）

## (3) 経理処理の例

〔例〕

保険種類　逓増定期保険

契約者・死亡保険金受取人　法人

被保険者　役員

年払保険料　1,000万円

最高解約返戻率　約84%（6割資産計上）

※数値等は架空のものを使用しています。

| 経過年数 | 保険料累計額 | 資産計上累計額 | 解約返戻金額 |
|---|---|---|---|
| 1年 | 1,000万円 | 600万円 | 10万円 |
| 2年 | 2,000万円 | 1,200万円 | 20万円 |
| 3年 | 3,000万円 | 1,800万円 | 30万円 |
| 4年 | 4,000万円 | 2,400万円 | 40万円 |
| 5年 | 5,000万円 | 3,000万円 | 50万円 |
| 6年 | 6,000万円 | （名義変更後） | 5,000万円 |

〈仕訳例①〉5年目終了時に，契約者等を法人から個人（役員等）へ変更（有償譲渡）した場合の契約者等変更時の取扱い

【見直し前】解約返戻金の額により評価

| 借　　方 | | 貸　　方 | |
|---|---|---|---|
| 現金・預金<br>（資産の増加） | 50万円 | 前払保険料<br>（資産の減少） | 3,000万円 |
| 雑損失<br>（費用の発生） | 2,950万円 | | |

【見直し後】解約返戻金の額（50万円）＜資産計上額（3,000万円）×70%　⇒　資産計上額により評価　※所得税基本通達36-37但書(1)参照

| 借　　方 | | 貸　　方 | |
|---|---|---|---|
| 現金・預金<br>（資産の増加） | 3,000万円 | 前払保険料<br>（資産の減少） | 3,000万円 |

〈仕訳例②〉　5年目終了時に払済保険へ変更。その後すぐ，契約者等を法人から個人（役員等）へ変更（有償譲渡）した場合の契約者等変更時の取扱い
〈払済保険への変更時〉　※法人税基本通達9-3-7の2参照

| 借　　方 | | 貸　　方 | |
|---|---|---|---|
| 前払保険料<br>（資産の増加） | 50万円 | 前払保険料<br>（資産の減少） | 3,000万円 |
| 雑損失<br>（費用の発生） | 2,950万円 | | |

〈契約者等変更時〉復旧することのできる払済保険その他これに類する保険契約等に関する権利（元の契約が法人税基本通達9-3-5の2の取扱いの適用を受けるものに限る。）の場合
【見直し前】解約返戻金の額により評価

| 借　　方 | | 貸　　方 | |
|---|---|---|---|
| 現金・預金<br>（資産の増加） | 50万円 | 前払保険料<br>（資産の減少） | 50万円 |

【見直し後】資産計上額（50万円）に，払済保険変更時に法人が損金に算入した金額（2,950万円）を加算した金額により評価　※所得税基本通達36-37但書(2)参照

| 借　　方 | | 貸　　方 | |
|---|---|---|---|
| 現金・預金<br>（資産の増加） | 3,000万円 | 前払保険料<br>（資産の減少） | 50万円 |
| | | 雑収入<br>（収益の発生） | 2,950万円 |

　✍　見直し後の通達は，法人税基本通達9-3-5の2の取扱いの適用を受ける契約で，令和3年7月1日以後に行う保険契約等に関する権利の支給について適用され，「同日前に行った保険契約等に関する権利の支給については，なお従前の例による」とされています。また，法人税基本通達9-3-5の2は，令和元年7月8日以後の契約に係る定期保険又は第三分野保険（保険期間が3年以上で最高解約返戻率が50%を超えるもの。法人税基本通達9-3-5に定める解約返戻金相当額のない短期払の定期保険又は第三分野保険を除く。）に適用されています。
　✍　所得税基本通達36-37但書(2)は，「復旧することのできる払済保険その他これに類する保険契約等に関する権利（元の契約が法人税基本通達9-3-5の2の取扱いの適用を受

けるものに限る。）を支給した場合」に適用されます。エヌエヌ生命をはじめ，多くの保険会社では，払済保険へ変更後，契約者等を変更した場合，「復旧することができない」取扱いがされているようです。

# 第3章　事業保険の税務

## 1　事業保険税務への視点

### (1)　3つのチェックポイント

　事業保険の保険料の取扱いを判断する際には，「保険種類」，「契約形態」，「契約日」の3点に注目する必要があります。これらの3点を確認することで，どのような取扱いをするべきか，おおよその目途をつけることができます。

〔確認のイメージ〕

① 保険種類　**定期保険**

② 契約形態　契約者・死亡保険金受取人　**法人**
　　　　　　被保険者　役員

③ 契約日　**令和3年10月20日**

・法人税基本通達9-3-5，
　9-3-5の2を参照
・最高解約返戻率等を確認

⇒　経理処理が判明

### ① 保険種類

　定期保険，第三分野保険，養老保険，終身保険等，保険種類によって保険料の取扱いは異なります。

　保険料が掛け捨てになるものは保険料を損金に算入する，解約返戻金等が発生するものは保険料の一定額を資産に計上する，というのが基本的な考え方になりますが，保険種類によって適用される通達等が異なりますので，実際の取扱いの際には通達の有無，その内容等を確認する必要があります。主契約の保険料と特約の保険料の取扱いは，原則として区別して検討することになりますので，「その保険の主契約は何か」，「どのような特約が付加されているのか」といった点を確認することも必要です。

　　📖　国税庁「定期保険及び第三分野保険に係る保険料の取扱いに関するFAQ」のQ18には特約保険料の取扱いに関する記述があります（171頁参照）。

② 契約形態

保険契約者，被保険者，死亡保険金受取人，満期保険金受取人，給付金受取人等の関係によって，保険料の取扱いは異なります。

税務通達では「保険金又は給付金の受取人が当該法人である場合　その支払った保険料の額は，原則として，期間の経過に応じて損金の額に算入する。」（法人税基本通達9-3-5）といったように，契約形態によって保険料の取扱いが規定されています。

③ 契約日

同じ保険種類でも，契約日によって税務上の取扱いが異なる場合があります。特に，令和元年7月8日以後の契約に係る定期保険・第三分野保険の保険料と，同日前の契約に係る定期保険・第三分野保険の保険料との取扱いの違いには注意が必要です。後者については，令和元年7月8日以後においても改正前の通達による取扱いになりますので，経理処理を行うためには，現行の取扱いだけではなく，過去の取扱いへの理解が必要です。

　✎　国税庁「定期保険及び第三分野保険に係る保険料の取扱いに関するFAQ」のQ1には改正通達の適用時期に関する記述があります（161頁参照）。

## (2)　その他の留意点

### ア　契約内容の変更履歴

生命保険に加入した後，契約者変更や受取人変更，保険金額の増額・減額，契約者貸付，自動振替貸付等を行っている場合があります。

同じ内容の事業保険でも，これらの変更等があった契約と，変更等が一切行われていない契約とでは，当該契約に係る資産計上額の残高等が異なる場合があります。解約や保険金の支払いといった契約の消滅時の経理処理等にも影響がありますので，過去に行った変更等の履歴にも注意することが必要です。

### イ　解約返戻金相当額

既契約の解約返戻金は，契約後に内容の変更や契約者貸付等を行ったことにより，契約当初に保険会社から提示された設計書に記載された金額から変化している場合があります。解約する時期によって，解約返戻金と合わせて保険料の未経過分（未経過保険料）が契約者に返還されることもあります。

解約返戻金の金額を保険会社に照会した日と実際の解約日の違いにも注意す

る必要があります。例えば，照会した時点での解約返戻金相当額は100万円と
されていましたが，解約の手続が翌月になり，実際に受け取った解約返戻金相
当額は90万円だった（もしくは110万円だった），といったケースも考えられます。
　既契約の解約返戻金相当額を正確に把握するためには，いつの時点の金額な
のか，保険会社に正確に伝えて確認することが必要です。

  ✍　未経過保険料とは，保険契約の解約時に既に支払っていた保険料に対する保険期間の
　　未経過分に応じて，契約者に返還される保険料のことです。保険料の払方を年払・半年
　　払にしている場合に発生することがあります。一般的には，保険法施行後の平成22年4
　　月以降の契約で発生しますが，保険種類等によっては返還されない場合があります。エ
　　ヌエヌ生命の場合，契約日（更新日）が平成22年3月2日以降の年払・半年払の契約
　　（一部の保険種類では平成22年2月15日以降の契約）で未経過保険料が発生する場合が
　　あります。

  ✍　保険法は，保険契約に関する一般的なルールを定めた法律で平成22年4月1日から施
　　行されています。保険契約の締結から終了までの間における，保険契約における関係者
　　の権利義務等が規定されています。

---

### 【コラム「事業保険を解約する前に」】

　契約してから短期間で解約する場合，解約返戻金はまったく無いか，あってもごく僅
かであることがほとんどです。また，一度解約した契約は元には戻りません。
　解約後，別の生命保険に加入しようとすると，被保険者の年齢が上がった分，保険料
が高くなってしまったり，被保険者の健康状態により加入できなかったりすることがあ
ります。以前加入していた魅力的な保険商品が既に販売されなくなっていたり，予定利
率が以前より下がってしまっていたり，税務に関する保険料の取扱いが変わり契約者に
とって不利になっていたりする可能性もあります。
　生命保険には，保険料の払込猶予，契約者貸付，自動振替貸付，復活，払済保険への
変更，復旧，保険金の減額等，契約を継続するための多数の手段があります。契約者は，
事業保険を解約する前に他にどのような選択肢が考えられるのか，必ず保険会社等に確
認するべきでしょう。

## 2　定期保険・第三分野保険の保険料の取扱い

### ⑴　令和元年7月8日以後の契約

※法人税基本通達9-3-5, 9-3-5の2参照

**ア　最高解約返戻率が50％以下（または保険期間が3年未満）**

〔例〕　年払保険料　100万円

　　　　保険期間・保険料払込期間　10年間

〈仕訳例①〉　保険金又は給付金の受取人が当該法人

| 契約形態 | 契約者 | 被保険者 | 保険金・給付金受取人 |
|---|---|---|---|
| | 法　人 | 役員・従業員 | 法　人 |

| 借　　方 | | 貸　　方 | |
|---|---|---|---|
| 定期保険料　　　　　　　100万円<br>（費用の発生） | | 現金・預金　　　　　　　100万円<br>（資産の減少） | |

保険料の全額を損金に算入します。

　✍　最高解約返戻率とは，その保険の保険期間を通じて解約返戻率（保険契約時において契約者に示された解約返戻金相当額について，それを受けることとなるまでの間に支払われることになる保険料の額の合計額で除した割合）が最も高い割合となる期間におけるその割合をいいます。

　✍　定期保険料ではなく，支払保険料，保険料等の勘定科目が使われることもあります。

〈仕訳例②〉　保険金又は給付金の受取人が被保険者又はその遺族（被保険者が特定の者ではなく，普遍的加入の場合）

| 契約形態 | 契約者 | 被保険者 | 保険金・給付金受取人 |
|---|---|---|---|
| | 法　人 | 役員・従業員全員 | 被保険者又はその遺族 |

| 借　　方 | | 貸　　方 | |
|---|---|---|---|
| 福利厚生費　　　　　　　100万円<br>（費用の発生） | | 現金・預金　　　　　　　100万円<br>（資産の減少） | |

保険料の全額を損金に算入します。

〈仕訳例③〉　保険金又は給付金の受取人が<u>被保険者又はその遺族</u>（役員又は部
　　　　　　　課長その他特定の使用人のみを被保険者としている場合）

| 契約形態 | 契約者 | 被保険者 | 保険金・給付金受取人 |
|---|---|---|---|
| | 法　人 | 特定の従業員等 | 被保険者又はその遺族 |

| 借　　方 | | 貸　　方 | |
|---|---|---|---|
| 給与<br>（費用の発生） | 100万円 | 現金・預金<br>（資産の減少） | 100万円 |

　被保険者に対する給与として，保険料の全額を損金に算入します。被保険者
に対しては，所得税等が課せられます。

　　✎　役員を被保険者とする場合，過大な役員給与に該当することがないか，別途検討する
　　　ことが必要です。役員に対する給与として不相当に高額な部分の金額は，損金の額に算
　　　入されません（法人税法34②）。

#### イ　最高解約返戻率が50％超70％以下（かつ保険期間3年以上）

〔例〕　年払保険料　100万円

　　　　保険期間・保険料払込期間　20年間

〈仕訳例①〉　保険金又は給付金の受取人が<u>当該法人</u>

| 契約形態 | 契約者 | 被保険者 | 保険金・給付金受取人 |
|---|---|---|---|
| | 法　人 | 役員・従業員 | 法　人 |

#### ㋐　1年目〜8年目（資産計上期間）

| 借　　方 | | 貸　　方 | |
|---|---|---|---|
| 前払保険料<br>（資産の増加） | 40万円 | 現金・預金<br>（資産の減少） | 100万円 |
| 定期保険料<br>（費用の発生） | 60万円 | | |

　保険期間の当初40％に相当する期間は，保険料の4割を資産に計上，6割を
損金に算入します。

　　✎　資産計上期間とは，「保険期間の開始の日から，当該保険期間の100分の40相当期間を
　　　経過する日まで」をいい，月単位で計算します。月未満の端数は切り捨てます。
　　✎　保険期間が終身である第三分野保険は，被保険者の年齢が116歳に達する日までを計

算上の保険期間とします。

✍　年換算保険料相当額30万円（一の被保険者につき2以上の定期保険等に加入している場合にはそれぞれの年換算保険料相当額の合計額）以下の場合は，仕訳例③をご参照ください。

### (イ)　9年目〜15年目

| 借　　方 | | 貸　　方 | |
|---|---|---|---|
| 定期保険料<br>（費用の発生） | 100万円 | 現金・預金<br>（資産の減少） | 100万円 |

保険料の全額を損金に算入します。

### (ウ)　16年目〜20年目（取崩期間）

| 借　　方 | | 貸　　方 | |
|---|---|---|---|
| 定期保険料<br>（費用の発生） | 164万円 | 現金・預金<br>（資産の減少） | 100万円 |
| | | 前払保険料<br>（資産の減少） | 64万円 |

　支払う保険料の全額を損金に算入し，資産計上期間の資産計上累計額を取崩期間で均等に取り崩します。

　この契約では，資産計上期間に40万円×8年間＝320万円を資産計上しています。320万円÷5年間＝64万円を取り崩します。

✍　取崩期間とは，「保険期間の100分の75相当期間経過後から，保険期間の終了の日まで」をいい，月単位で計算します。月未満の端数は切り上げます。

〔経理処理のイメージ〕

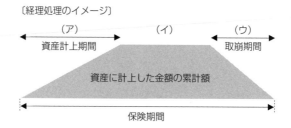

〈仕訳例②〉 保険金又は給付金の受取人が被保険者又はその遺族（役員又は部課長その他特定の使用人のみを被保険者としている場合）

| 契約形態 | 契約者 | 被保険者 | 保険金・給付金受取人 |
|---|---|---|---|
| | 法　人 | 特定の従業員等 | 被保険者又はその遺族 |

| 借　　方 | | 貸　　方 | |
|---|---|---|---|
| 給与<br>（費用の発生） | 100万円 | 現金・預金<br>（資産の減少） | 100万円 |

　被保険者に対する給与として，保険料の全額を損金に算入します。被保険者に対しては，所得税等が課せられます。

　✍　役員を被保険者とする場合，過大な役員給与に該当することがないか，別途検討することが必要です。役員に対する給与として不相当に高額な部分の金額は，損金の額に算入されません（法人税法34②）。

　✍　被保険者が特定の者ではなく，普遍的加入の場合は，最高解約返戻率による区分等に応じて，仕訳例①と同様の経理処理を行います（法人税基本通達9-3-5の2参照）。損金に算入する額の勘定科目は「福利厚生費」とします。

〈仕訳例③〉 保険金又は給付金の受取人が当該法人（年換算保険料相当額30万円以下の場合）

〔例〕　年払保険料　25万円

　　　　保険期間・保険料払込期間　20年間

| 契約形態 | 契約者 | 被保険者 | 保険金・給付金受取人 |
|---|---|---|---|
| | 法　人 | 役員・従業員 | 法　人 |

| 借　　方 | | 貸　　方 | |
|---|---|---|---|
| 定期保険料<br>（費用の発生） | 25万円 | 現金・預金<br>（資産の減少） | 25万円 |

　1被保険者の保険料が年換算保険料相当額30万円以下である場合，保険料の全額を損金に算入します。

　✍　法人税基本通達9-3-5の2では，最高解約返戻率が50％超70％以下（かつ保険期間3年以上）で，かつ，年換算保険料相当額（一の被保険者につき2以上の定期保険等に加入している場合にはそれぞれの年換算保険料相当額の合計額）が30万円以下の保険に係る保険料を支払った場合，9-3-5の例によるものとされています。

🖎　国税庁「定期保険及び第三分野保険に係る保険料の取扱いに関するFAQ」のQ9には年換算保険料相当額が30万円以下かどうかの判定方法に関する記述があります（🔍164頁）。

🖎　令和元年の通達発遣時のパブリックコメントでは，「年換算保険料相当額30万円以下」の規定について次のように述べられています。

「改正通達案9-3-5の２においては，最高解約返戻率が70％以下の保険で，その年換算保険料相当額が少額の場合には，支払保険料の中に含まれる前払部分の保険料を期間の経過に応じて損金の額に算入したとしても，一般に，課税所得の適正な期間計算を著しく損なうこともなく，また，納税者の事務負担の簡素化にも資すると考えられることから，被保険者一人当たりの年換算保険料相当額が20万円以下のものについては，同通達案の適用対象から除外することとしていました。

しかしながら，御意見等も踏まえ，課税所得の適正な期間計算の確保と納税者の事務負担への配慮とのバランスや今般の改正の全体的な体系について改めて検討し，改正通達9-3-5の２では，被保険者一人当たりの年換算保険料相当額30万円以下のものについて，同通達の適用対象から除外することとしました。」（下線は筆者によるもの）

## ウ　最高解約返戻率が70％超85％以下（かつ保険期間３年以上）

〔例〕　年払保険料　100万円

　　　保険期間・保険料払込期間　20年間

〈仕訳例①〉　保険金又は給付金の受取人が当該法人

| 契約形態 | 契約者 | 被保険者 | 保険金・給付金受取人 |
|---|---|---|---|
| | 法　人 | 役員・従業員 | 法　人 |

### ㋐　1年目〜8年目（資産計上期間）

| 借　　方 | | 貸　　方 | |
|---|---|---|---|
| 前払保険料<br>（資産の増加） | 60万円 | 現金・預金<br>（資産の減少） | 100万円 |
| 定期保険料<br>（費用の発生） | 40万円 | | |

　保険期間の当初40％に相当する期間は，保険料の６割を資産に計上，４割を損金に算入します。

🖎　資産計上期間とは，「保険期間の開始の日から，当該保険期間の100分の40相当期間を経過する日まで」をいい，月単位で計算します。月未満の端数は切り捨てます。

🖎　保険期間が終身である第三分野保険は，被保険者の年齢が116歳に達する日までを計算上の保険期間とします。

(イ) **9年目〜15年目**

| 借　　　方 | | 貸　　　方 | |
|---|---|---|---|
| 定期保険料<br>(費用の発生) | 100万円 | 現金・預金<br>(資産の減少) | 100万円 |

保険料の全額を損金に算入します。

(ウ) **16年目〜20年目（取崩期間）**

| 借　　　方 | | 貸　　　方 | |
|---|---|---|---|
| 定期保険料<br>(費用の発生) | 196万円 | 現金・預金<br>(資産の減少) | 100万円 |
| | | 前払保険料<br>(資産の減少) | 96万円 |

　支払う保険料の全額を損金に算入し，資産計上期間の資産計上累計額を取崩期間で均等に取り崩します。

　この契約では，資産計上期間に60万円×8年間＝480万円を資産計上しています。480万円÷5年間＝96万円を取り崩します。

　📚　取崩期間とは，「保険期間の100分の75相当期間経過後から，保険期間の終了の日まで」をいい，月単位で計算します。月未満の端数は切り上げます。

〔経理処理のイメージ〕

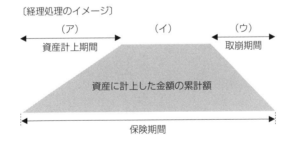

〈仕訳例②〉　保険金又は給付金の受取人が<u>被保険者又はその遺族</u>（<u>役員又は部課長その他特定の使用人のみを被保険者としている場合</u>）

| 契約形態 | 契約者 | 被保険者 | 保険金・給付金受取人 |
|---|---|---|---|
| | 法　人 | 特定の従業員等 | 被保険者又はその遺族 |

| 借　　方 | | 貸　　方 | |
|---|---|---|---|
| 給与<br>（費用の発生） | 100万円 | 現金・預金<br>（資産の減少） | 100万円 |

　被保険者に対する給与として，保険料の全額を損金に算入します。被保険者に対しては，所得税等が課せられます。

　　✐　役員を被保険者とする場合，過大な役員給与に該当することがないか，別途検討することが必要です。役員に対する給与として不相当に高額な部分の金額は，損金の額に算入されません（法人税法34②）。
　　✐　被保険者が特定の者ではなく，普遍的加入の場合は，最高解約返戻率による区分等に応じて，仕訳例①と同様の経理処理を行います（法人税基本通達9-3-5の2参照）。損金に算入する額の勘定科目は「福利厚生費」とします。

### エ　最高解約返戻率が85％超（かつ保険期間3年以上）

〔例〕　年払保険料　100万円

　　　　保険期間・保険料払込期間　40年間

　　　　最高解約返戻率　100％（25年目終了時）

　　　　解約返戻金相当額が最も高い金額になる時期　30年目終了時

〈仕訳例①〉　保険金又は給付金の受取人が当該法人

| 契約形態 | 契約者 | 被保険者 | 保険金・給付金受取人 |
|---|---|---|---|
| | 法　　人 | 役員・従業員 | 法　　人 |

#### ㋐　1年目～10年目（資産計上期間）

| 借　　方 | | 貸　　方 | |
|---|---|---|---|
| 前払保険料<br>（資産の増加） | 90万円 | 現金・預金<br>（資産の減少） | 100万円 |
| 定期保険料<br>（費用の発生） | 10万円 | | |

　保険期間の開始の日から10年を経過する日までは，保険料×最高解約返戻率×90％を資産に計上，残額を損金に算入します。

　この契約では，100万円×100％×90％＝90万円を資産に計上します。

　　✐　資産計上期間とは，「保険期間の開始の日から，最高解約返戻率となる期間（当該期間経過後の各期間において，その期間における解約返戻金相当額からその直前の期間に

おける解約返戻金相当額を控除した金額を年換算保険料相当額で除した割合が100分の70を超える期間がある場合には，その超えることとなる最も遅い期間）の終了の日まで」をいい，月単位で計算します。月未満の端数は切り捨てます。

✍　資産計上額は，当期分支払保険料の額に相当する額を限度とします。

### (イ)　11年目〜25年目（資産計上期間）

| 借　　方 | | 貸　　方 | |
|---|---|---|---|
| 前払保険料<br>（資産の増加） | 70万円 | 現金・預金<br>（資産の減少） | 100万円 |
| 定期保険料<br>（費用の発生） | 30万円 | | |

保険料×最高解約返戻率×70％を資産に計上し，残額を損金に算入します。

この契約では，100万円×100％×70％＝70万円を資産に計上します。

✍　資産計上額は，当期分支払保険料の額に相当する額を限度とします。

### (ウ)　26年目〜30年目

| 借　　方 | | 貸　　方 | |
|---|---|---|---|
| 定期保険料<br>（費用の発生） | 100万円 | 現金・預金<br>（資産の減少） | 100万円 |

保険料の全額を損金に算入します。

### (エ)　31年目〜40年目（取崩期間）

| 借　　方 | | 貸　　方 | |
|---|---|---|---|
| 定期保険料<br>（費用の発生） | 295万円 | 現金・預金<br>（資産の減少） | 100万円 |
| | | 前払保険料<br>（資産の減少） | 195万円 |

支払う保険料の全額を損金に算入し，資産計上期間の資産計上累計額を取崩期間で均等に取り崩します。

この契約では，資産計上期間に1,950万円（＝90万円×10年間＋70万円×15年間）を資産計上しています。1,950万円÷10年間＝195万円を取り崩します。

✍　取崩期間とは，「解約返戻金相当額が最も高い金額となる期間経過後から，保険期間の終了の日まで」をいい，月単位で計算します。

〔経理処理のイメージ〕

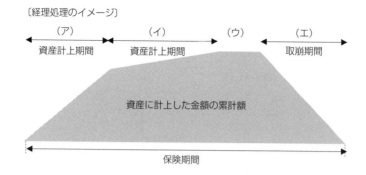

〈仕訳例②〉 保険金又は給付金の受取人が<u>被保険者又はその遺族</u>（役員又は部
課長その他特定の使用人のみを被保険者としている場合）

| 契約形態 | 契約者 | 被保険者 | 保険金・給付金受取人 |
|---|---|---|---|
| | 法　人 | 特定の従業員等 | 被保険者又はその遺族 |

| 借　　方 | | 貸　　方 | |
|---|---|---|---|
| 給与<br>（費用の発生） | 100万円 | 現金・預金<br>（資産の減少） | 100万円 |

　被保険者に対する給与として，保険料の全額を損金に算入します。被保険者
に対しては，所得税等が課せられます。

　　&#9998;　役員を被保険者とする場合，過大な役員給与に該当することがないか，別途検討する
　　　ことが必要です。役員に対する給与として不相当に高額な部分の金額は，損金の額に算
　　　入されません（法人税法34②）。
　　&#9998;　被保険者が特定の者ではなく，普遍的加入の場合は，最高解約返戻率による区分等に
　　　応じて，仕訳例①と同様の経理処理を行います（法人税基本通達9-3-5の2参照）。損金
　　　に算入する額の勘定科目は「福利厚生費」とします。


**オ　保険期間が終身の第三分野保険**

〔例〕　年払保険料　100万円
　　　　保険期間・保険料払込期間　終身
　　　　契約年齢　56歳
　　　　最高解約返戻率　50％超70％以下

〈仕訳例〉 保険金又は給付金の受取人が<u>当該法人</u>

| 契約形態 | 契約者 | 被保険者 | 保険金・給付金受取人 |
|---|---|---|---|
| | 法 人 | 役員・従業員 | 法 人 |

**㋐ 1年目～24年目（資産計上期間）**

| 借　　方 | | 貸　　方 | |
|---|---|---|---|
| 前払保険料<br>（資産の増加） | 40万円 | 現金・預金<br>（資産の減少） | 100万円 |
| 定期保険料<br>（費用の発生） | 60万円 | | |

　保険期間の当初40％に相当する期間は，保険料の4割を資産に計上，6割を損金に算入します。

　この契約では，保険期間を116歳－56歳＝60年間と考えます。

　　✐　資産計上期間とは，「保険期間の開始の日から，当該保険期間の100分の40相当期間を経過する日まで」をいい，月単位で計算します。月未満の端数は切り捨てます。

　　✐　保険期間が終身である第三分野保険は，被保険者の年齢が116歳に達する日までを計算上の保険期間とします。

　　✐　保険期間が終身の場合，その契約の保障内容によって定期保険・第三分野保険として取り扱うべきか，終身保険に準じて取り扱うべきか判断に迷うことがあります。不明な場合は取扱保険会社にご相談ください。

**㋑ 25年目～45年目**

| 借　　方 | | 貸　　方 | |
|---|---|---|---|
| 定期保険料<br>（費用の発生） | 100万円 | 現金・預金<br>（資産の減少） | 100万円 |

　保険料の全額を損金に算入します。

**㋒ 46年目～60年目（取崩期間）**

| 借　　方 | | 貸　　方 | |
|---|---|---|---|
| 定期保険料<br>（費用の発生） | 164万円 | 現金・預金<br>（資産の減少） | 100万円 |
| | | 前払保険料<br>（資産の減少） | 64万円 |

　支払う保険料の全額を損金に算入し，資産計上期間の資産計上累計額を取崩

期間で均等に取り崩します。

　この契約では，資産計上期間に40万円×24年間＝960万円を資産計上しています。960万円÷15年間＝64万円を取り崩します。

　✎　取崩期間とは，「保険期間の100分の75相当期間経過後から，保険期間の終了の日まで」をいい，月単位で計算します。月未満の端数は切り上げます。


## (2)　令和元年7月8日前の契約

　改正通達の適用日前に契約した定期保険・第三分野保険については，改正前の通達の取扱いの例によることとされています。

### ア　長期平準定期保険

※平成20年2月28日課法2-3，課審5-18参照

〔例〕　年払保険料　100万円

　　　　契約年齢　50歳

　　　　保険期間・保険料払込期間　100歳まで

〈仕訳例〉　保険金又は給付金の受取人が当該法人

| 契約形態 | 契約者 | 被保険者 | 保険金受取人 |
|---|---|---|---|
| | 法　人 | 役員・従業員 | 法　人 |

### ㋐　1年目〜30年目（前払期間）

| 借　　方 | | 貸　　方 | |
|---|---|---|---|
| 前払保険料<br>（資産の増加） | 50万円 | 現金・預金<br>（資産の減少） | 100万円 |
| 定期保険料<br>（費用の発生） | 50万円 | | |

　保険期間の当初60％に相当する期間は，保険料の2分の1を資産に計上，2分の1を損金に算入します。

　✎　令和元年7月8日前の契約における長期平準定期保険とは，保険期間満了の時における被保険者の年齢が70歳を超え，かつ，当該保険に加入した時における被保険者の年齢に保険期間の2倍に相当する数を加えた数が105を超えるものをいいます。

　✎　保険期間の当初60％に相当する期間に1年未満の端数がある場合は，端数を切り捨てた期間を前払期間とします。

(イ)　**31年目～50年目**

| 借　　方 | | 貸　　方 | |
|---|---|---|---|
| 定期保険料<br>（費用の発生） | 175万円 | 現金・預金<br>（資産の減少） | 100万円 |
| | | 前払保険料<br>（資産の減少） | 75万円 |

　支払う保険料の全額を損金に算入し，前払期間の資産計上累計額を残り期間で期間の経過に応じて均等に取り崩します。

　この契約では，前払期間に50万円×30年間＝1,500万円を資産計上しています。1,500万円÷20年間＝75万円を取り崩します。

　　✍　契約者である法人の決算月に合わせて月単位で按分します。

**イ　逓増定期保険特約付定期保険（平成20年２月28日以後の契約）**

※平成20年２月28日課法2-3，課審5-18参照

〔例〕　定期保険　年払保険料　10万円

　　　　逓増定期保険特約　年払保険料　90万円

　　　　契約年齢　50歳

　　　　保険期間・保険料払込期間　22年間

〈仕訳例〉　保険金又は給付金の受取人が当該法人

| 契約形態 | 契約者 | 被保険者 | 保険金受取人 |
|---|---|---|---|
| | 法　人 | 役員・従業員 | 法　人 |

(ア)　**１年目～13年目（前払期間）**

| 借　　方 | | 貸　　方 | |
|---|---|---|---|
| 前払保険料<br>（資産の増加） | 45万円 | 現金・預金<br>（資産の減少） | 100万円 |
| 定期保険料<br>（費用の発生） | 55万円 | | |

　定期保険の保険料の全額を損金に算入します。逓増定期保険特約の保険料は，保険期間の当初60％に相当する期間は，２分の１を資産に計上，２分の１を損金に算入します。

&#x270D; 令和元年7月8日前の契約における逓増定期保険とは,「保険期間の経過により保険金額が5倍までの範囲で増加する定期保険のうち,その保険期間満了の時における被保険者の年齢が45歳を超えるもの」をいいます。「保険期間満了の時における被保険者の年齢」が70歳以下の場合,または「当該保険に加入した時における被保険者の年齢に保険期間の2倍に相当する数を加えた数」が95以下の場合,保険期間の開始の時から当該保険期間の60％に相当する期間は,支払保険料の2分の1を資産に計上します。

&#x270D; 「保険期間満了時の被保険者の年齢」や,「被保険者の年齢に保険期間の2倍に相当する数を加えた数」によって,前払期間において支払保険料の「2分の1」ではなく,「3分の2」や「4分の3」を資産計上する場合があります。詳細については税務通達を参照してください。

&#x270D; 保険期間の当初60％に相当する期間に1年未満の端数がある場合は,端数を切り捨てた期間を前払期間とします。

### (イ)　14年目〜22年目

| 借　　方 | | 貸　　方 | |
|---|---|---|---|
| 定期保険料<br>（費用の発生） | 165万円 | 現金・預金<br>（資産の減少） | 100万円 |
| | | 前払保険料<br>（資産の減少） | 65万円 |

　支払う保険料の全額を損金に算入し,前払期間の資産計上累計額を残り期間で期間の経過に応じて均等に取り崩します。

　この契約では,前払期間に45万円×13年間＝585万円を資産計上しています。585万円÷9年間＝65万円を取り崩します。

&#x270D; 契約者である法人の決算月に合わせて月単位で按分します。

### ウ　生活障害保障型定期保険や重大疾病保障保険等,保障の内容が定期保険に準ずる保険種類

※平成20年2月28日課法2-3,課審5-18参照

〔例〕　年払保険料　100万円

　　　契約年齢　45歳

　　　保険期間・保険料払込期間　30年間

〈仕訳例〉　保険金又は給付金の受取人が<u>当該法人</u>

| 契約形態 | 契約者 | 被保険者 | 保険金・給付金受取人 |
|---|---|---|---|
| | 法　人 | 役員・従業員 | 法　人 |

| 借　　方 | | 貸　　方 | |
|---|---|---|---|
| 定期保険料<br>（費用の発生） | 100万円 | 現金・預金<br>（資産の減少） | 100万円 |

保険料の全額を損金に算入します。

　✍　令和元年7月8日前は，生活障害保障型定期保険等の保険料の取扱いに関する規定が
　　なく，実務上は定期保険に関する保険料の取扱いを参考にしていました。設例の場合，
　　保険金・給付金の受取人が法人であり，当該保険に加入した時における被保険者の年齢
　　に保険期間の2倍に相当する数を加えた数が105を超えないため（45歳＋30年間×2＝
　　105≦105），保険料の全額を損金に算入します。

### エ　がん保険（終身保障タイプ（平成24年4月27日以後の契約））

※平成24年4月27日課法2-5，課審5-6参照

〔例〕　年払保険料　100万円

　　　契約年齢　45歳

　　　保険期間・保険料払込期間　終身

〈仕訳例〉　保険金又は給付金の受取人が<u>当該法人</u>

| 契約形態 | 契約者 | 被保険者 | 保険金・給付金受取人 |
|---|---|---|---|
| | 法　人 | 役員・従業員 | 法　人 |

#### ㋐　1年目～30年目（前払期間）

| 借　　方 | | 貸　　方 | |
|---|---|---|---|
| 前払保険料<br>（資産の増加） | 50万円 | 現金・預金<br>（資産の減少） | 100万円 |
| 定期保険料<br>（費用の発生） | 50万円 | | |

　保険期間の当初50％に相当する期間は，保険料の2分の1を資産に計上，2分の1を損金に算入します。この契約では，保険期間を105歳－45歳＝60年間と考えます。

　✍　被保険者の年齢が105歳に達する日までを計算上の保険期間とします。

　✍　保険期間の当初50％に相当する期間に1年未満の端数がある場合は，端数を切り捨てた期間を前払期間とします。

㈑　**31年目～60年目**

| 借　　方 | | 貸　　方 | |
|---|---|---|---|
| 定期保険料<br>（費用の発生） | 150万円 | 現金・預金<br>（資産の減少） | 100万円 |
| | | 前払保険料<br>（資産の減少） | 50万円 |

　支払う保険料の全額を損金に算入し，前払期間の資産計上累計額を残り期間で期間の経過に応じて均等に取り崩します。

　この契約では，前払期間に50万円×30年間＝1,500万円を資産計上しています。1,500万円÷30年間＝50万円を取り崩します。

　✍　契約者である法人の決算月に合わせて月単位で按分します。

**オ　長期傷害保険（終身保障タイプ）**

※平成18年3月31日企第458号参照（回答年月日　平成18年4月28日）

〔例〕　年払保険料　100万円

　　　　契約年齢　55歳

　　　　保険期間・保険料払込期間　終身

〈仕訳例〉　保険金又は給付金の受取人が当該法人

| 契約形態 | 契約者 | 被保険者 | 保険金・給付金受取人 |
|---|---|---|---|
| | 法　人 | 役員・従業員 | 法　人 |

㈇　**1年目～35年目（前払期間）**

| 借　　方 | | 貸　　方 | |
|---|---|---|---|
| 前払保険料<br>（資産の増加） | 75万円 | 現金・預金<br>（資産の減少） | 100万円 |
| 定期保険料<br>（費用の発生） | 25万円 | | |

　保険期間の当初70％に相当する期間は，保険料の4分の3を資産に計上，4分の1を損金に算入します。この契約では，保険期間を105歳－55歳＝50年間と考えます。

　✍　被保険者の年齢が105歳に達する日までを計算上の保険期間とします。

✍ 保険期間の当初70%に相当する期間に1年未満の端数がある場合は，端数を切り捨てた期間を前払期間とします。

### (イ) 36年目〜50年目

| 借　　　方 | | 貸　　　方 | |
|---|---|---|---|
| 定期保険料<br>（費用の発生） | 275万円 | 現金・預金<br>（資産の減少） | 100万円 |
| | | 前払保険料<br>（資産の減少） | 175万円 |

　支払う保険料の全額を損金に算入し，前払期間の資産計上累計額を残り期間で期間の経過に応じて均等に取り崩します。

　この契約では，前払期間に75万円×35年間＝2,625万円を資産計上しています。2,625万円÷15年間＝175万円を取り崩します。

✍ 契約者である法人の決算月に合わせて月単位で按分します。

## 3　養老保険の保険料の取扱い

※法人税基本通達9-3-4参照

〔例〕　年払保険料　100万円

　　　保険期間・保険料払込期間　65歳まで

〈仕訳例①〉　死亡保険金及び満期保険金の受取人が<u>当該法人</u>

| 契約形態 | 契約者 | 被保険者 | 死亡保険金受取人 | 満期保険金受取人 |
|---|---|---|---|---|
| | 法　人 | 役員・従業員 | 法　人 | 法　人 |

| 借　　　方 | | 貸　　　方 | |
|---|---|---|---|
| 保険料積立金<br>（資産の増加） | 100万円 | 現金・預金<br>（資産の減少） | 100万円 |

保険料の全額を資産に計上します。

　✍　保険積立金等の勘定科目が使われることもあります。

〈仕訳例②〉　死亡保険金及び満期保険金の受取人が<u>被保険者又はその遺族</u>

| 契約形態 | 契約者 | 被保険者 | 死亡保険金受取人 | 満期保険金受取人 |
|---|---|---|---|---|
| | 法　人 | 役員・従業員 | 被保険者の遺族 | 被保険者 |

| 借　　　方 | | 貸　　　方 | |
|---|---|---|---|
| 給与<br>（費用の発生） | 100万円 | 現金・預金<br>（資産の減少） | 100万円 |

　被保険者に対する給与として，保険料の全額を損金に算入します。被保険者に対しては，所得税等が課せられます。

　✍　役員を被保険者とする場合，過大な役員給与に該当することがないか，別途検討することが必要です。役員に対する給与として不相当に高額な部分の金額は，損金の額に算入されません（法人税法34②）。

〈仕訳例③〉　死亡保険金の受取人が<u>被保険者の遺族</u>で満期保険金の受取人が
　　　　　　<u>当該法人</u>（役員又は部課長その他特定の使用人のみを被保険者としている
　　　　　　場合を除く）

| 契約形態 | 契約者 | 被保険者 | 死亡保険金受取人 | 満期保険金受取人 |
|---|---|---|---|---|
| | 法　人 | 役員・従業員全員 | 被保険者の遺族 | 法　人 |

| 借　　　方 | | 貸　　　方 | |
|---|---|---|---|
| 保険料積立金<br>（資産の増加） | 50万円 | 現金・預金<br>（資産の減少） | 100万円 |
| 福利厚生費<br>（費用の発生） | 50万円 | | |

保険料の2分の1を資産に計上，2分の1を損金に算入します。

✍　仕訳例③の契約形態は，「福利厚生プラン」，「ハーフタックスプラン」と呼ばれ，役員・従業員の退職金等を準備するために，多くの中小企業が利用しています。

✍　被保険者は原則として全ての役員・従業員を対象とするものとされていますが，実務ではこの対象者の範囲について度々議論されます。役員又は部課長その他特定の使用人（これらの者の親族を含む。）のみを被保険者としている場合には，保険料の2分の1を資産に計上，<u>2分の1を当該役員又は使用人に対する給与</u>とします（仕訳例④）。加入資格の有無，保険金額等に格差が設けられている場合であっても，それが職種，年齢，勤続年数等に応ずる合理的な基準により，普遍的に設けられた格差であると認められるときは，給与とされることはありません。役員又は使用人の全部又は大部分が同族関係者である法人については，たとえその役員又は使用人の全部を対象として保険に加入する場合であっても，その同族関係者である役員又は使用人については，給与とされます（所基通36-31）。

〈仕訳例④〉　死亡保険金の受取人が<u>被保険者の遺族</u>で満期保険金の受取人が
　　　　　　<u>当該法人</u>（役員又は部課長その他特定の使用人のみを被保険者としている
　　　　　　場合）

| 契約形態 | 契約者 | 被保険者 | 死亡保険金受取人 | 満期保険金受取人 |
|---|---|---|---|---|
| | 法　人 | 特定の従業員等 | 被保険者の遺族 | 法　人 |

| 借　　方 | | 貸　　方 | |
|---|---|---|---|
| 保険料積立金<br>（資産の増加） | 50万円 | 現金・預金<br>（資産の減少） | 100万円 |
| 給与<br>（費用の発生） | 50万円 | | |

　保険料の2分の1を資産に計上，2分の1を被保険者に対する給与として，損金に算入します。被保険者に対しては，所得税等が課せられます。

　　✍　役員を被保険者とする場合，過大な役員給与に該当することがないか，別途検討することが必要です。役員に対する給与として不相当に高額な部分の金額は，損金の額に算入されません（法人税法34②）。

# 4　終身保険の保険料の取扱い

〔例〕　年払保険料　100万円

　　　保険期間・保険料払込期間　終身

〈仕訳例①〉　保険金の受取人が<u>当該法人</u>

| 契約形態 | 契約者 | 被保険者 | 保険金受取人 |
|---|---|---|---|
| | 法　人 | 役員・従業員 | 法　人 |

| 借　　方 | | 貸　　方 | |
|---|---|---|---|
| 保険料積立金　　　　　100万円<br>（資産の増加） | | 現金・預金　　　　　　100万円<br>（資産の減少） | |

保険料の全額を資産に計上します。

　✍　保険積立金等の勘定科目が使われることもあります。

　✍　終身保険に係る保険料の取扱いを規定した法人税基本通達等はありません。実務上は養老保険に準じた取扱いが行われています。

　✍　保険期間が終身の場合，その契約の保障内容によって定期保険・第三分野保険として取り扱うべきか，終身保険に準じて取り扱うべきか判断に迷うことがあります。不明な場合は取扱保険会社にご相談ください。

〈仕訳例②〉　保険金の受取人が<u>被保険者の遺族</u>

| 契約形態 | 契約者 | 被保険者 | 保険金受取人 |
|---|---|---|---|
| | 法　人 | 役員・従業員 | 被保険者の遺族 |

| 借　　方 | | 貸　　方 | |
|---|---|---|---|
| 給与　　　　　　　　　100万円<br>（費用の発生） | | 現金・預金　　　　　　100万円<br>（資産の減少） | |

　被保険者に対する給与として，保険料の全額を損金に算入します。被保険者に対しては，所得税等が課せられます。

　✍　役員を被保険者とする場合，過大な役員給与に該当することがないか，別途検討することが必要です。役員に対する給与として不相当に高額な部分の金額は，損金の額に算入されません（法人税法34②）。

## 5　保険金・解約返戻金等

### (1)　死亡保険金

#### ア　法人が死亡保険金を受け取った場合

〈仕訳例①〉　当該契約に関する資産計上額がない場合

〔例〕　死亡保険金5,000万円，資産計上額なし

| 借　　方 | | 貸　　方 | |
|---|---|---|---|
| 現金・預金<br>（資産の増加） | 5,000万円 | 雑収入<br>（収益の発生） | 5,000万円 |

死亡保険金を雑収入として益金に算入します。

〈仕訳例②〉　当該契約に関する資産計上額がある場合

〔例〕　死亡保険金5,000万円，資産計上額1,000万円

| 借　　方 | | 貸　　方 | |
|---|---|---|---|
| 現金・預金<br>（資産の増加） | 5,000万円 | 前払保険料<br>（資産の減少） | 1,000万円 |
| | | 雑収入<br>（収益の発生） | 4,000万円 |

資産計上額を取り崩し，死亡保険金との差額を雑収入または雑損失とします。

 ✍ 資産計上額は，保険料積立金，保険積立金として計上されている場合もあります。

#### イ　法人が死亡保険金を年金で受け取った場合

〈仕訳例①〉　当該契約に関する資産計上額がない場合

〔例〕　10年確定年金（年金額1,000万円），資産計上額なし

| 借　　方 | | 貸　　方 | |
|---|---|---|---|
| 現金・預金<br>（資産の増加） | 1,000万円 | 雑収入<br>（収益の発生） | 1,000万円 |

年金を受け取る都度雑収入として益金に算入します。

🖊 死亡保険金を年金で支払うことが支払事由発生前に約定されていた場合です。

〈仕訳例②〉　当該契約に関する資産計上額がある場合
〔例〕　10年確定年金（年金額1,000万円），資産計上額2,000万円

| 借　　方 | | 貸　　方 | |
|---|---|---|---|
| 現金・預金<br>（資産の増加） | 1,000万円 | 前払保険料<br>（資産の減少） | 200万円 |
| | | 雑収入<br>（収益の発生） | 800万円 |

　資産計上額を年金受取期間で均等に取り崩し，年金額との差額を，年金を受け取る都度雑収入または雑損失とします。

　この契約では，資産計上していた2,000万円÷10年間＝200万円を取り崩し，年金額1,000万円との差額800万円を雑収入として益金に算入します。

🖊 死亡保険金を年金で支払うことが支払事由発生前に約定されていた場合です。

〈仕訳例③〉　当該契約に関する資産計上額がない場合（支払事由が発生してから年金で受け取ることを選択した場合）
〔例〕　10年確定年金（年金額1,000万円），資産計上額なし
　㋐　1年目

| 借　　方 | | 貸　　方 | |
|---|---|---|---|
| 現金・預金<br>（資産の増加） | 1,000万円 | 雑収入<br>（収益の発生） | 10,000万円 |
| 未収金<br>（資産の増加） | 9,000万円 | | |

　未払分を含めた年金現価を雑収入として益金に算入します。初年度に受け取る年金額との差額は未収金として資産に計上します。

　㋑　2年目〜10年目

| 借　　方 | | 貸　　方 | |
|---|---|---|---|
| 現金・預金<br>（資産の増加） | 1,000万円 | 未収金<br>（資産の減少） | 1,000万円 |

　1年目に資産に計上した未収金を残りの期間で均等に取り崩します。この契約では，資産計上していた9,000万円÷9年間＝1,000万円を取り崩します。

## ウ　被保険者の遺族が死亡保険金を受け取った場合

〈仕訳例〉

〔例〕　死亡保険金500万円，当該契約に関する資産計上額200万円

| 借　　　方 | | 貸　　　方 | |
|---|---|---|---|
| 雑損失<br>（費用の発生） | 200万円 | 保険料積立金<br>（資産の減少） | 200万円 |

　死亡保険金の受取人が遺族の場合です。死亡保険金の支払いにより契約が消滅しますので，それまでの資産計上額を取り崩します。

　　✍　養老保険の福利厚生プラン（法人税基本通達9-3-4(3)）のように，死亡保険金受取人を被保険者の遺族とする契約の場合，保険金を受け取るのは会社ではありませんが，上記の経理処理が必要になります。被保険者が受け取る死亡保険金は，相続税の課税対象になります。

　　✍　被保険者死亡時に資産計上額がない場合，特に経理処理をする必要はありません。

## エ　法人が役員の遺族に死亡退職金等を支払った場合

〈仕訳例〉

〔例〕　死亡退職金1,800万円，弔慰金200万円

| 借　　　方 | | 貸　　　方 | |
|---|---|---|---|
| 死亡退職金<br>（費用の発生） | 1,800万円 | 現金・預金<br>（資産の減少） | 2,000万円 |
| 弔慰金<br>（費用の発生） | 200万円 | | |

　死亡退職金，弔慰金として損金に算入します。

　　✍　法人税法上，法人が役員に支給する退職金で適正な額のものは損金の額に算入されます。その退職金の損金算入時期は，原則として，株主総会の決議等によって退職金の額が具体的に確定した日の属する事業年度となります。ただし，法人が退職金を実際に支払った事業年度において，損金経理をした場合は，その支払った事業年度において損金の額に算入することも認められます（法人税基本通達9-2-28）。

　　✍　役員退職金を算定するための指標の1つとして功績倍率法があります。功績倍率法とは，役員の退職の直前に支給した給与の額を基礎として，役員の法人の業務に従事した

期間及び役員の職責に応じた倍率を乗ずる方法により支給する金額が算定される方法をいいます（法人税基本通達9-2-27の２）。適正な役員退職金額を算定するための絶対的な指標とはいえませんが，実務では広く利用されています。

✍　相続人が受け取った退職手当金等は，全ての相続人（相続を放棄した人や相続権を失った人は含まれません。）が取得した退職手当金等を合計した額が，非課税限度額（500万円×法定相続人の数）以下のときは課税されません（相続税法12①六）。相続人以外の人が取得した退職手当金等には，非課税の適用はありません。

✍　被相続人の死亡によって受ける弔慰金は，次に掲げる金額までは課税されません。
(1)　被相続人の死亡が業務上の死亡であるとき　被相続人の死亡当時の普通給与の３年分に相当する額
(2)　被相続人の死亡が業務上の死亡でないとき　被相続人の死亡当時の普通給与の半年分に相当する額
　　普通給与とは，俸給，給料，賃金，扶養手当，勤務地手当，特殊勤務地手当などの合計額をいいます（相続税法基本通達3-20）。

## (2)　満期保険金

### ア　法人が養老保険の満期保険金を受け取った場合

〈仕訳例〉

〔例〕　満期保険金500万円，当該契約に関する資産計上額250万円

| 借　　　方 | | 貸　　　方 | |
|---|---|---|---|
| 現金・預金<br>（資産の増加） | 500万円 | 保険料積立金<br>（資産の減少） | 250万円 |
| | | 雑収入<br>（収益の発生） | 250万円 |

資産計上額を取り崩し，満期保険金との差額を雑収入または雑損失とします。

✍　資産計上額は，保険積立金として計上されている場合もあります。

### イ　法人が養老保険の満期保険金を年金で受け取った場合

〈仕訳例〉

〔例〕　10年確定年金（年金額50万円），当該契約に関する資産計上額250万円

| 借　　　方 | | 貸　　　方 | |
|---|---|---|---|
| 現金・預金<br>（資産の増加） | 50万円 | 保険料積立金<br>（資産の減少） | 25万円 |
| | | 雑収入<br>（収益の発生） | 25万円 |

資産計上額を年金受取期間で均等に取り崩し，年金額との差額を，年金を受け取る都度雑収入または雑損失とします。

この契約では，資産計上していた250万円÷10年間＝25万円を取り崩し，年金額50万円との差額25万円を雑収入として益金に算入します。

　✍　満期保険金を年金で支払うことが支払事由発生前に約定されていた場合です。


## ⑶　入院給付金
### ア　法人が入院給付金を受け取った場合
〈仕訳例〉

〔例〕　入院給付金5万円

| 借　　方 | | 貸　　方 | |
|---|---|---|---|
| 現金・預金<br>（資産の増加） | 5万円 | 雑収入<br>（収益の発生） | 5万円 |

雑収入として益金に算入します。


### イ　法人が見舞金を支払った場合
〈仕訳例〉

〔例〕　見舞金5万円

| 借　　方 | | 貸　　方 | |
|---|---|---|---|
| 見舞金<br>（費用の発生） | 5万円 | 現金・預金<br>（資産の減少） | 5万円 |

見舞金として損金に算入します。

　✍　法人税法上，福利厚生費としての見舞金が損金の額に算入されるか否かは，当該見舞金の額が社会通念上相当であるか否かにより判断されます。それを超える部分は受け取った従業員等に対する賞与等として取扱われることがあります。


## ⑷　解　約
法人が解約返戻金を受け取った場合

〈仕訳例①〉　当該契約に関する資産計上額がない場合

〔例〕　解約返戻金相当額500万円，資産計上額なし

| 借　　　方 | | 貸　　　方 | |
|---|---|---|---|
| 現金・預金<br>（資産の増加） | 500万円 | 雑収入<br>（収益の発生） | 500万円 |

　雑収入として益金に算入します。


〈仕訳例②〉　当該契約に関する資産計上額がある場合

〔例〕　解約返戻金相当額500万円，資産計上額300万円

| 借　　　方 | | 貸　　　方 | |
|---|---|---|---|
| 現金・預金<br>（資産の増加） | 500万円 | 前払保険料<br>（資産の減少） | 300万円 |
| | | 雑収入<br>（収益の発生） | 200万円 |

　資産計上額を取り崩し，解約返戻金相当額との差額を雑収入または雑損失とします。

　✍　資産計上額は，保険料積立金，保険積立金として計上されている場合もあります。


## (5)　減　額

　保険金額の減額により，法人が解約返戻金を受け取った場合

　〈仕訳例①〉　当該契約に関する資産計上額がない場合

〔例〕　現在の保険金額を1/2に減額，減額時の資産計上額なし

　　　減額により法人が受け取る解約返戻金相当額100万円

| 借　　　方 | | 貸　　　方 | |
|---|---|---|---|
| 現金・預金<br>（資産の増加） | 100万円 | 雑収入<br>（収益の発生） | 100万円 |

　雑収入として益金に計上します。


　〈仕訳例②〉　当該契約に関する資産計上額がある場合（減額により解約返戻率が変動しない場合）

〔例〕　現在の保険金額を1/2に減額，減額時の資産計上額300万円

減額により法人が受け取る解約返戻金相当額200万円

| 借　　方 | | 貸　　方 | |
|---|---|---|---|
| 現金・預金<br>（資産の増加） | 200万円 | 前払保険料<br>（資産の減少） | 150万円 |
| | | 雑収入<br>（収益の発生） | 50万円 |

資産計上額を保険金額の減額割合に応じて取崩します。

　取崩し額　300万円×1/2＝150万円

　受け取った解約返戻金相当額と取崩した資産計上額との差額を雑収入または雑損失とします。

〈仕訳例③〉　当該契約に関する資産計上額がある場合（減額により解約返戻率が変動する場合）

〔例〕　現在の保険金額を1/2に減額，減額時の資産計上額600万円

　　　　減額により法人が受け取る解約返戻金相当額425万円

　　　　減額時に再計算された資産計上額200万円

| 借　　方 | | 貸　　方 | |
|---|---|---|---|
| 現金・預金<br>（資産の増加） | 425万円 | 前払保険料<br>（資産の減少） | 400万円 |
| | | 雑収入<br>（収益の発生） | 25万円 |

契約当初から減額後の契約内容だったとした場合の資産計上額を計算します。この金額と，減額時の資産計上額との差額を調整します。

　取崩し額　600万円－200万円＝400万円

　受け取った解約返戻金相当額と取崩した資産計上額との差額を雑収入または雑損失とします。

　　✍　上記の考え方は，法基通9-3-5の2（注）5，国税庁「定期保険及び第三分野保険に係る保険料の取扱いに関するFAQ（Q11，12）」（令和元年7月8日）を参考にしています。実務上，複数の考え方が存在する場合があります。実際の経理処理にあたっては，顧問税理士または所轄税務署にご確認ください。

**【コラム「予想できないリスクへの備えとして，事業保険を」】**

　どれだけ賢明な経営者でも，自力ではコントロールができないリスクがあります。

・重要な取引先の急な倒産

・取引先の「代替わり」による取引額の減少や消滅

・国際情勢の緊張によるマーケットの変化

・暖冬，豪雪，台風，豪雨等の気候変動

・感染症の拡大による経済の停滞

　令和2年以降における新型コロナウイルス感染症の拡大を，事前に予想した中小企業の経営者はいなかったでしょう。しかし，「何か起こるか」は具体的に分からなくても，「何かのための資金」を事前に準備しておくことはできます。新型コロナウイルス感染症の拡大の際には，事業保険の解約返戻金，契約者貸付等が多くの中小企業に利用されました。経済環境が悪化し資金繰りに苦しんでいた中小企業にとって，保険会社からの素早い支払いはその存続のための大きなサポートとなったはずです。事業保険の有用性を示す，分かり易い例の1つといえるでしょう。

# 6　契約者・受取人変更

※所得税基本通達36-37参照

　令和3年において，保険契約等に関する権利の評価に係る所得税基本通達36-37の見直しが行われました。令和3年7月1日以後に契約者変更等を行った場合，改正後の通達が適用されます（同日前に行った契約者変更等については，改正前の通達が適用されます）。法人が他の法人に契約者変更を行うなど法人が他の法人に保険契約上の権利を移転した場合の当該権利の評価についても，本通達に準じて取り扱うことになります。

　保険契約等の権利は，当該保険契約等を解除したとした場合に支払われることとなる解約返戻金の額（解約返戻金のほかに支払われることとなる前納保険料の金額，剰余金の分配額等がある場合には，これらの金額との合計額）により評価することが原則ですが，改正後の通達では，「支給時解約返戻金の額が支給時資産計上額の70％に相当する金額未満である保険契約等に関する権利（法人税基本通達9-3-5の2の取扱いの適用を受けるものに限る。）を支給した場合」には，「当該支給時資産計上額により評価する」ことになります。また，「復旧することのできる払済保険その他これに類する保険契約等に関する権利（元の契約が法人税基本通達9-3-5の2の取扱いの適用を受けるものに限る。）を支給した場合」には，「支給時資産計上額に法人税基本通達9-3-7の2の取扱いにより使用者が損金に算入した金額を加算した金額により評価する」ことになります。

　なお，法人税基本通達9-3-5の2は，令和元年7月8日以後の契約に係る定期保険・第三分野保険（保険期間が3年以上で最高解約返戻率が50％を超えるもの。法人税基本通達9-3-5に定める解約返戻金相当額のない短期払の定期保険・第三分野保険を除きます。）の保険料に適用されています。

### (1)　法人から個人への契約者・受取人変更

| 契約者 | 法人 → 役員 |
|---|---|
| 被保険者 | 役員 |
| 保険金受取人 | 法人 → 役員の家族 |

【法人税基本通達9-3-5の２が適用されている契約を，令和３年７月１日以後に変更する場合】

#### ア　退職金として名義変更する場合

〈仕訳例①〉　解約返戻金相当額が資産計上額の70％未満

〔例〕　解約返戻金相当額100万円，資産計上額600万円

| 借　　　　方 | | 貸　　　　方 | |
|---|---|---|---|
| 退職金<br>（費用の発生） | 600万円 | 前払保険料<br>（資産の減少） | 600万円 |

　✍　役員への退職金として適正な金額の範囲のものは損金の額に算入されます。
　✍　新たに契約者となる個人には，退職所得として所得税等が課税されます。

〈仕訳例②〉　解約返戻金相当額が資産計上額の70％以上

〔例〕　解約返戻金相当額800万円，資産計上額600万円

| 借　　　　方 | | 貸　　　　方 | |
|---|---|---|---|
| 退職金<br>（費用の発生） | 800万円 | 前払保険料<br>（資産の減少） | 600万円 |
| | | 雑収入<br>（収益の発生） | 200万円 |

　解約返戻金相当額で退職金を支払ったものとします。それまでの資産計上額を取崩し，解約返戻金相当額との差額を雑収入または雑損失とします。

　✍　役員への退職金として適正な金額の範囲のものは損金の額に算入されます。
　✍　新たに契約者となる個人には，退職所得として所得税等が課税されます。

#### イ　有償で譲渡する場合

〈仕訳例①〉　解約返戻金相当額が資産計上額の70％未満

〔例〕　解約返戻金相当額100万円，資産計上額600万円

| 借　　方 | 貸　　方 |
|---|---|
| 現金・預金　　　　　　600万円<br>（資産の増加） | 前払保険料　　　　　　600万円<br>（資産の減少） |

〈仕訳例②〉　解約返戻金相当額が資産計上額の70％以上

〔例〕　解約返戻金相当額800万円，資産計上額600万円

| 借　　方 | 貸　　方 |
|---|---|
| 現金・預金　　　　　　800万円<br>（資産の増加） | 前払保険料　　　　　　600万円<br>（資産の減少）<br><br>雑収入　　　　　　　　200万円<br>（収益の発生） |

　対価として受け取った金額（解約返戻金相当額）とそれまでの資産計上額との差額を，雑収入または雑損失とします。


【法人税基本通達9-3-5の2が適用されていない契約，または変更が令和3年6月30日以前】

### ア　当該契約に関する資産計上額がない場合

〈仕訳例①〉　退職金として名義変更する場合

〔例〕　解約返戻金相当額500万円，資産計上額なし

| 借　　方 | 貸　　方 |
|---|---|
| 退職金　　　　　　　　500万円<br>（費用の発生） | 雑収入　　　　　　　　500万円<br>（収益の発生） |

　生命保険契約を退職金として現物支給する場合，解約返戻金相当額で退職金を支払ったものとします。

　　✐　役員への退職金として適正な金額の範囲のものは損金の額に算入されます。
　　✐　新たに契約者となる個人には，退職所得として所得税等が課税されます。


〈仕訳例②〉　有償で譲渡する場合

〔例〕　解約返戻金相当額500万円，資産計上額なし

| 借　　　方 | 貸　　　方 |
|---|---|
| 現金・預金　　　　　　　500万円<br>（資産の増加） | 雑収入　　　　　　　　　500万円<br>（収益の発生） |

　対価として受け取った金額（解約返戻金相当額）を雑収入として益金に算入します。

### イ　当該契約に関する資産計上額がある場合

〈仕訳例①〉　退職金として名義変更する場合

〔例〕　解約返戻金相当額500万円，資産計上額200万円

| 借　　　方 | 貸　　　方 |
|---|---|
| 退職金　　　　　　　　　500万円<br>（費用の発生） | 前払保険料　　　　　　　200万円<br>（資産の減少）<br><br>雑収入　　　　　　　　　300万円<br>（収益の発生） |

　生命保険契約を退職金として現物支給する場合，解約返戻金相当額で退職金を支払ったものとします。それまでの資産計上額を取り崩し，解約返戻金相当額との差額を雑収入または雑損失とします。

　✍　役員への退職金として適正な金額の範囲のものは損金の額に算入されます。
　✍　新たに契約者となる個人には，退職所得として所得税等が課税されます。

〈仕訳例②〉　有償で譲渡する場合

〔例〕　解約返戻金相当額500万円，資産計上額200万円

| 借　　　方 | 貸　　　方 |
|---|---|
| 現金・預金　　　　　　　500万円<br>（資産の増加） | 前払保険料　　　　　　　200万円<br>（資産の減少）<br><br>雑収入　　　　　　　　　300万円<br>（収益の発生） |

　対価として受け取った金額（解約返戻金相当額）とそれまでの資産計上額との差額を，雑収入または雑損失とします。

## (2) 法人から法人への契約者・受取人変更

| 契約者 | A法人（譲渡側）→ B法人（譲受側） |
|---|---|
| 被保険者 | 役員 |
| 保険金受取人 | A法人（譲渡側）→ B法人（譲受側） |

　下記の内容は，法人間における資産の譲渡等に係るグループ法人税制や税制適格合併等の制度を考慮しておりません（具体的な経理処理等については税理士等の専門家，所轄の税務署等にご相談ください）。

【法人税基本通達9-3-5の2が適用されている契約を，令和3年7月1日以後に変更する場合】

### ア　無償で譲渡する場合

〈仕訳例①〉　解約返戻金相当額が資産計上額の70％未満

〔例〕　解約返戻金相当額100万円，資産計上額600万円

◆譲渡側の法人

| 借　　　方 | | 貸　　　方 | |
|---|---|---|---|
| 寄付金<br>（費用の発生） | 600万円 | 前払保険料<br>（資産の減少） | 600万円 |

◇譲受側の法人

| 借　　　方 | | 貸　　　方 | |
|---|---|---|---|
| 前払保険料<br>（資産の増加） | 600万円 | 雑収入<br>（収益の発生） | 600万円 |

◆譲渡側の法人は，譲受側の法人に寄附したことになります。法人が支出した一般の寄附金については，その法人の資本金等の額，所得の金額に応じた一定の限度額までが損金に算入されます。

◇譲受側の法人について，以後の保険料の支払い等は，各保険種類等の取扱いによることになります。


〈仕訳例②〉　解約返戻金相当額が資産計上額の70％以上

〔例〕　解約返戻金相当額800万円，資産計上額600万円

◆譲渡側の法人

| 借　　方 | | 貸　　方 | |
|---|---|---|---|
| 寄付金<br>(費用の発生) | 800万円 | 前払保険料<br>(資産の減少) | 600万円 |
| | | 雑収入<br>(収益の発生) | 200万円 |

◇譲受側の法人

| 借　　方 | | 貸　　方 | |
|---|---|---|---|
| 前払保険料<br>(資産の増加) | 800万円 | 雑収入<br>(収益の発生) | 800万円 |

◆譲渡側の法人は，譲受側の法人に寄附したことになります。法人が支出した一般の寄附金については，その法人の資本金等の額，所得の金額に応じた一定の限度額までが損金に算入されます。その時点での資産計上額を取崩し，解約返戻金相当額との差額を雑収入または雑損失とします。

◇譲受側の法人について，以後の保険料の支払い等は，各保険種類等の取扱いによることになります。

### イ　有償で譲渡する場合

〈仕訳例①〉　解約返戻金相当額が資産計上額の70％未満

〔例〕　解約返戻金相当額100万円，資産計上額600万円

◆譲渡側の法人

| 借　　方 | | 貸　　方 | |
|---|---|---|---|
| 現金・預金<br>(資産の増加) | 600万円 | 前払保険料<br>(資産の減少) | 600万円 |

◇譲受側の法人

| 借　　方 | | 貸　　方 | |
|---|---|---|---|
| 前払保険料<br>(資産の増加) | 600万円 | 現金・預金<br>(資産の減少) | 600万円 |

◇譲受側の法人について，以後の保険料の支払い等は，各保険種類等の取扱いによることになります。

〈仕訳例②〉　解約返戻金相当額が資産計上額の70％以上
〔例〕　解約返戻金相当額800万円，資産計上額600万円
　◆譲渡側の法人

| 借　　方 | | 貸　　方 | |
|---|---|---|---|
| 現金・預金<br>（資産の増加） | 800万円 | 前払保険料<br>（資産の減少） | 600万円 |
| | | 雑収入<br>（収益の発生） | 200万円 |

　◇譲受側の法人

| 借　　方 | | 貸　　方 | |
|---|---|---|---|
| 前払保険料<br>（資産の増加） | 800万円 | 現金・預金<br>（資産の減少） | 800万円 |

◆譲渡側の法人は，その時点での資産計上額を取崩し，解約返戻金相当額との差額を雑収入または雑損失とします。
◇譲受側の法人について，以後の保険料の支払い等は，各保険種類等の取扱いによることになります。

**【法人税基本通達9-3-5の2が適用されていない契約，または変更が令和3年6月30日以前】**
　**ア　当該契約に関する資産計上額がない場合**
　〈仕訳例①〉　無償で譲渡する場合
〔例〕　解約返戻金相当額500万円，資産計上額なし
　◆譲渡側の法人

| 借　　方 | | 貸　　方 | |
|---|---|---|---|
| 寄附金<br>（費用の発生） | 500万円 | 雑収入<br>（収益の発生） | 500万円 |

◇譲受側の法人

| 借　　方 | | 貸　　方 | |
|---|---|---|---|
| 前払保険料<br>（資産の増加） | 500万円 | 雑収入<br>（収益の発生） | 500万円 |

◆譲渡側の法人は，譲受側の法人に，解約返戻金相当額を寄附したことになります。法人が支出した一般の寄附金については，その法人の資本金等の額，所得の金額に応じた一定の限度額までが損金に算入されます。

◇譲受側の法人は，解約返戻金相当額を資産に計上すると同時に同額を雑収入として益金に算入します。以後の保険料の支払い等は，各保険種類等の取扱いによることになります。

〈仕訳例②〉　有償で譲渡する場合

〔例〕　解約返戻金相当額500万円，資産計上額なし

◆譲渡側の法人

| 借　　方 | | 貸　　方 | |
|---|---|---|---|
| 現金・預金<br>（資産の増加） | 500万円 | 雑収入<br>（収益の発生） | 500万円 |

◇譲受側の法人

| 借　　方 | | 貸　　方 | |
|---|---|---|---|
| 前払保険料<br>（資産の増加） | 500万円 | 現金・預金<br>（資産の減少） | 500万円 |

◆譲渡側の法人は，譲受側の法人から対価として受け取った金額（解約返戻金相当額）を雑収入として益金に算入します。

◇譲受側の法人は，解約返戻金相当額を資産に計上します。以後の保険料の支払い等は，各保険種類等の取扱いによることになります。

## イ　当該契約に関する資産計上額がある場合

〈仕訳例①〉　無償で譲渡する場合

〔例〕　解約返戻金相当額500万円，資産計上額200万円

◆譲渡側の法人

| 借　　方 | | 貸　　方 | |
|---|---|---|---|
| 寄附金<br>（費用の発生） | 500万円 | 前払保険料<br>（資産の減少） | 200万円 |
| | | 雑収入<br>（収益の発生） | 300万円 |

◇譲受側の法人

| 借　　方 | | 貸　　方 | |
|---|---|---|---|
| 前払保険料<br>（資産の増加） | 500万円 | 雑収入<br>（収益の発生） | 500万円 |

◆譲渡側の法人は，譲受側の法人に，解約返戻金相当額を寄附したことになります。法人が支出した一般の寄附金については，その法人の資本金等の額，所得の金額に応じた一定の限度額までが損金に算入されます。その時点での資産計上額を取り崩し，解約返戻金相当額との差額を雑収入または雑損失とします。

◇譲受側の法人は，解約返戻金相当額を資産に計上すると同時に同額を雑収入として益金に算入します。以後の保険料の支払い等は，各保険種類等の取扱いによることになります。


〈仕訳例②〉　有償で譲渡する場合

〔例〕　解約返戻金相当額500万円，資産計上額200万円

◆譲渡側の法人

| 借　　方 | | 貸　　方 | |
|---|---|---|---|
| 現金・預金<br>（資産の増加） | 500万円 | 前払保険料<br>（資産の減少） | 200万円 |
| | | 雑収入<br>（収益の発生） | 300万円 |

◇譲受側の法人

| 借　　方 | | 貸　　方 | |
|---|---|---|---|
| 前払保険料<br>（資産の増加） | 500万円 | 現金・預金<br>（資産の減少） | 500万円 |

◆譲渡側の法人は，その時点での資産計上額を取り崩し，譲受側の法人から対価として受け取った金額（解約返戻金相当額）との差額を雑収入または雑損失とします。

◇譲受側の法人は，解約返戻金相当額を資産に計上します。以後の保険料の支払い等は，各保険種類等の取扱いによることになります。

## (3)　個人から法人への契約者・受取人変更

| 契約者 | 個人事業主　　　　　→ 法人 |
|---|---|
| 被保険者 | 個人事業主 |
| 保険金受取人 | 個人事業主の家族 → 法人 |

個人事業主が法人化する場合などに，保険契約の契約者等を個人から法人に変更することがあります。

〈仕訳例①〉　無償で譲渡する場合

〔例〕　解約返戻金相当額100万円

| 借　　方 | | 貸　　方 | |
|---|---|---|---|
| 保険料積立金<br>（資産の増加） | 100万円 | 雑収入<br>（収益の発生） | 100万円 |

解約返戻金相当額を資産に計上し，同時に益金に算入します。以後の保険料の支払い等は，各保険種類等の取扱いによることになります。

　　✍　仕訳例は終身保険の場合です。契約者変更をする保険種類によって，保険料積立金ではなく前払保険料とされる場合もあります。

　　✍　個人から法人へ無償で譲渡する場合，一般的には個人への課税はないものと考えられています。

〈仕訳例②〉　有償で譲渡する場合

〔例〕　解約返戻金相当額100万円

| 借　　　方 | | 貸　　　方 | |
|---|---|---|---|
| 保険料積立金<br>（資産の増加） | 100万円 | 現金・預金<br>（資産の減少） | 100万円 |

　解約返戻金相当額を資産に計上します。以後の保険料の支払い等は，各保険種類等の取扱いによることになります。

　　✍　個人が受け取る金額は，一時所得として所得税等の課税対象となります。

# 7　その他

## (1)　契約者貸付

### ア　保険会社から契約者貸付を受けた場合

〈仕訳例〉

〔例〕　契約者貸付金100万円

| 借　　方 | | 貸　　方 | |
|---|---|---|---|
| 現金・預金<br>（資産の増加） | 100万円 | 借入金<br>（負債の増加） | 100万円 |

　貸付を受けた金額を借入金として負債に計上します。

### イ　利息が元本に繰り入れられた場合

〈仕訳例〉

〔例〕　保険会社に支払う利息3万円

| 借　　方 | | 貸　　方 | |
|---|---|---|---|
| 支払利息<br>（費用の発生） | 3万円 | 借入金<br>（負債の増加） | 3万円 |

　元本に繰り入れられた金額を借入金として負債に計上します。

### ウ　保険会社に借入金（契約者貸付金）を返済した場合

〈仕訳例〉

〔例〕　借入金103万円，保険会社に支払う利息2万円

| 借　　方 | | 貸　　方 | |
|---|---|---|---|
| 借入金<br>（負債の減少） | 103万円 | 現金・預金<br>（資産の減少） | 105万円 |
| 支払利息<br>（費用の発生） | 2万円 | | |

　負債に計上していた借入金を取り崩し，返済日までの利息を損金に算入します。

### エ　死亡保険金が法人に支払われて保険契約が消滅する場合

〈仕訳例〉

〔例〕　借入金103万円，保険会社に支払う利息2万円，死亡保険金3,000万円，資産計上額なし

| 借　　　方 | | 貸　　　方 | |
|---|---|---|---|
| 現金・預金<br>（資産の増加） | 2,895万円 | 雑収入<br>（収益の発生） | 3,000万円 |
| 借入金<br>（負債の減少） | 103万円 | | |
| 支払利息<br>（費用の発生） | 2万円 | | |

　保険会社は死亡保険金の金額から貸付元利金を差し引きます。死亡保険金は雑収入として益金に算入します。

　　✍　保険契約の消滅時に資産計上額があった場合，その金額を取り崩し，受取額（元利金精算分を加えます。）との差額を雑収入または雑損失とします。

### (2)　自動振替貸付

### ア　保険会社から自動振替貸付の通知を受けた場合

〈仕訳例〉

〔例〕　自動振替貸付（保険料）100万円

| 借　　　方 | | 貸　　　方 | |
|---|---|---|---|
| 保険料積立金<br>（資産の増加） | 100万円 | 借入金<br>（負債の増加） | 100万円 |

　貸付を受けた金額を借入金として負債に計上します。この例では保険種類を終身保険（契約者・死亡保険金受取人は法人）と仮定しています。

## イ　保険会社に借入金を返済した場合

〈仕訳例〉

〔例〕　借入金100万円，保険会社に支払う利息2万円

| 借　　方 | | 貸　　方 | |
|---|---|---|---|
| 借入金<br>（負債の減少） | 100万円 | 現金・預金<br>（資産の減少） | 102万円 |
| 支払利息<br>（費用の発生） | 2万円 | | |

　負債に計上していた借入金を取り崩し，返済日までの利息を損金に算入します。

### (3)　払済保険への変更

※法人税基本通達9-3-7の2参照

　払済保険に変更した場合，原則として，その変更時における解約返戻金相当額と資産計上額との差額を，その変更した日の属する事業年度の益金の額又は損金の額に算入します。解約返戻金相当額については，その払済保険へ変更した時点において当該変更後の保険と同一内容の保険に加入して保険期間の全部の保険料を一時払いしたものとして，9-3-4から9-3-6までの例（ただし，9-3-5の2の表の資産計上期間の欄の（注）を除きます。）により処理することになります。

　なお，養老保険，終身保険，定期保険，第三分野保険及び年金保険（特約が付加されていないものに限る。）から同種類の払済保険に変更した場合には，上記の取扱いを適用せずに，既往の資産計上額を保険事故の発生又は解約失効等により契約が終了するまで計上しているときは，これを認めるものとされています。

　✍　令和3年に見直しが行われた所得税基本通達36-37（保険契約等に関する権利の評価）には次の規定があり，払済保険への変更後に契約者変更等を行う際には注意が必要です。詳細につきましては通達等をご参照ください。
　「(2) 復旧することのできる払済保険その他これに類する保険契約等に関する権利（元の契約が法人税基本通達9-3-5の2の取扱いの適用を受けるものに限る。）を支給した場合には，支給時資産計上額に法人税基本通達9-3-7の2の取扱いにより使用者が損金に算入した金額を加算した金額により評価する。」

### ア 払済保険へ変更した場合（原則的な考え方）

〈仕訳例①〉 逓増定期保険特約付終身保険を払済終身保険へ変更した場合

〔例〕 払済保険への変更時の解約返戻金相当額1,000万円，資産計上額610万円
（保険料積立金10万円，前払保険料600万円）

| 借　　　方 | | 貸　　　方 | |
|---|---|---|---|
| 保険料積立金<br>（資産の増加） | 1,000万円 | 保険料積立金<br>（資産の減少） | 10万円 |
| | | 前払保険料<br>（資産の減少） | 600万円 |
| | | 雑収入<br>（収益の発生） | 390万円 |

　解約返戻金相当額を資産に計上するとともに，それまでの資産計上額を取り崩します。解約返戻金相当額とそれまでの資産計上額と差額は，雑収入または雑損失とします。

〈仕訳例②〉 逓増定期保険特約付定期保険を払済定期保険へ変更した場合

〔例〕 払済保険への変更時の解約返戻金相当額1,000万円，資産計上額600万円

| 借　　　方 | | 貸　　　方 | |
|---|---|---|---|
| 前払保険料<br>（資産の増加） | 1,000万円 | 前払保険料<br>（資産の減少） | 600万円 |
| | | 雑収入<br>（収益の発生） | 400万円 |

　解約返戻金相当額を資産に計上するとともに，それまでの資産計上額を取り崩します。解約返戻金相当額とそれまでの資産計上額と差額は，雑収入または雑損失とします。変更後は以下の通り処理します。

〔例〕 払済保険への変更時の解約返戻金相当額1,000万円，残存期間10年間
　　払済保険への変更後，解約返戻金が増加しない場合

| 借　　　方 | | 貸　　　方 | |
|---|---|---|---|
| 定期保険料<br>（費用の発生） | 100万円 | 前払保険料<br>（資産の減少） | 100万円 |

定期保険に加入して保険期間の全部の保険料を一時払いしたものとして処理することになります。

　✍　上記は1年分の金額（1,000万円÷10年間＝100万円）ですが，期間の経過に応じて月単位で均等に按分して計上することになります。

　✍　払済後に解約返戻金が増加する場合は上記とは異なる処理が必要です。

### イ　払済保険へ変更した場合（同種類の払済保険に変更した場合）

〈仕訳例〉　定期保険（特約なし）を払済定期保険へ変更した場合

〔例〕　払済保険への変更時の解約返戻金相当額300万円，資産計上額200万円

| 借　　方 | | 貸　　方 | |
|---|---|---|---|
| 前払保険料<br>（資産の増加） | 300万円 | 前払保険料<br>（資産の減少） | 200万円 |
| | | 雑収入<br>（収益の発生） | 100万円 |

上記の取扱いをするかどうかは契約者の任意とされています。

　✍　特約が付加されていないものに限ります（法人税基本通達9-3-7の2（注）1参照）。

### (4)　団体事務手数料

〈仕訳例〉　保険会社が団体（契約者）に団体事務手数料を支払う場合

〔例〕　年払保険料1,000万円（保険料の全額が損金となる定期保険），団体事務手数料30万円，団体事務手数料に係る消費税3万円

| 借　　方 | | 貸　　方 | |
|---|---|---|---|
| 定期保険料<br>（費用の発生） | 1,000万円 | 現金・預金<br>（資産の減少） | 967万円 |
| | | 雑収入<br>（収益の発生） | 30万円 |
| | | 仮受消費税<br>（負債の増加） | 3万円 |

団体が事務手数料を差し引いて保険料を支払う場合，上記のように取り扱います。

　✍　団体事務手数料率や団体の最低人数等の取扱いは，保険会社や保険種類等によって異

なります。

# 第4章　個人保険

## 1　個人保険の有効な使い方

　中小企業の経営者が利用する場合を念頭に，個人保険の代表的な加入例を確認しましょう。

> ✐　加入例の保険種類・保険料等は，本書作成日現在におけるエヌエヌ生命の商品を参考にしています。

### (1)　相続税の納税資金への対策

　相続税の納税資金を生命保険の死亡保険金で準備します。

〔例〕

相続税の納税資金への対策

〈契約形態〉

| 契約者 | 経営者 |
| --- | --- |
| 被保険者 | 経営者 |
| 保険金受取人 | 経営者の家族 |

無解約返戻金型定期保険
（特定疾病保険料払込免除特則）
・保険金額　3,000万円
・契約年齢　50歳 男性
・保険期間・保険料払込期間　90歳迄
・口振月払保険料　44,916円
・解約返戻金　なし

契約　　保険期間・保険料払込期間　　満了

　中小企業の経営者は，自社株や事業用不動産などの高額な資産を所有していることが多く，経営者が亡くなった場合，その資産を相続する遺族が相続税を負担する可能性が高いものと考えられます。それらの資産は現預金等と比べ換金性に乏しく，遺族が相続税の支払いに苦しむといったケースも少なくありません。

　経営者の資産の内容を，家族が正確に把握していることはほとんどありません。経営者自身が生前において自らの財産の内容を精査し，相続税の負担額等を考慮しておく必要があります。

〔対策のイメージ〕

| 経営者の<br>財産目録の作成 | 相続税額の試算 | 相続税の負担者と<br>支払能力の確認 | 生命保険の検討 |
|---|---|---|---|

　保険期間が長期の個人保険を利用して，遺族の納税資金を準備します。死亡保険金は，みなし相続財産として相続税の課税対象になりますが（相続税法3①一），一定の非課税枠があります（相続税法12①五）。死亡保険金の非課税枠を上手に使うことで，相続発生時の課税財産の増加を抑えつつ，納税資金を準備することができます。なお，経営者が支払う保険料は生命保険料控除の対象になります（所得税法76）。

　✐　無解約返戻金型定期保険は，保険期間を通じて解約返戻金がないため，その分定期保険と比べて保険料が割安となっています。特定疾病保険料払込免除特則が付加されている場合，特定疾病により所定の状態に該当したときは，将来の保険料の払込みが免除されます。

　✐　相続税の基礎控除額は「3,000万円＋600万円×法定相続人の数」という算式で計算します（相続税法15①）。課税される財産がこの金額の範囲内であれば，原則として相続税はかかりません。

　✐　相続税の課税割合（課税対象被相続人数／被相続人数全体）は8.3％（令和元年分）とされています（国税庁「令和元年分相続税の申告事績の概要」令和2年12月18日）。

　✐　相続税の申告は，被相続人が死亡したことを知った日の翌日から10か月以内に行いま

---

### 【コラム「事業承継税制の特例措置」】

　事業承継税制とは，非上場会社の後継者が同社の株式を贈与・相続等により取得した場合に，一定の要件のもとでその株式に係る贈与税・相続税の納税が猶予される制度です。別に個人事業主向けの制度が存在することから，「法人版事業承継税制」と呼ばれることもあります。

　平成30年度税制改正において，それまでの制度（「一般措置」）に加え，より拡充された10年間限定の「特例措置」が設けられました。特例措置の適用を受けるためには，以下の2点を満たしていることが必要です。

(1)　平成30年4月1日から令和5年3月31日までに，都道府県庁に「特例承継計画」を提出し，確認を受けること。

(2)　平成30年1月1日から令和9年12月31日までに，贈与・相続（遺贈を含む）により後継者が自社の株式を取得すること。

　自社株の価値が高額化し，事業承継時の税負担に悩む後継者等をサポートする制度です。会社，先代経営者，後継者等についても様々な適用要件があります。詳細は中小企業庁，国税庁等のホームページでご確認ください。

す（相続税法27①）。例えば，1月6日に死亡した場合，その年の11月6日が申告期限です。この期限が土曜日，日曜日，祝日などに当たるときは，これらの日の翌日が期限となります。

✍　被相続人の死亡によって取得した生命保険金で，その保険料の全部又は一部を被相続人が負担していたものは，相続税の課税対象となります（相続税法3①一）。この死亡保険金の受取人が相続人である場合，全ての相続人が受け取った保険金の合計額が非課税限度額（500万円×法定相続人の数）を超えるとき，その超える部分が課税対象になります（相続税法12①五）。相続人以外の人が取得した死亡保険金には非課税の適用はありません。

## (2)　遺産分割への対策

遺産分割を円滑にするために生命保険に加入します。

〔例〕

遺産分割への対策

〈契約形態〉

| 契約者 | 経営者 |
| --- | --- |
| 被保険者 | 経営者 |
| 保険金受取人 | 後継者 |

無解約返戻金型定期保険
（特定疾病保険料払込免除特則）
・保険金額　3,000万円
・契約年齢　60歳 女性
・保険期間・保険料払込期間　90歳迄
・口振月払保険料　43,815円
・解約返戻金　なし

契約　　　保険期間・保険料払込期間　　　満了

中小企業の経営者は，自社株や事業用不動産などの高額な資産を所有している場合があります。経営者が亡くなり相続が発生した場合，事業の後継者は，事業の継続ためそれらの資産を引き継ぐことになりますが，その結果として後継者以外の相続人が取得できる資産が少なくなってしまうことがあります。

〔事業用資産の相続のイメージ〕

事業用不動産など

被相続人　　　　　　　　　　相続人　　　　　　相続人
（先代経営者）　　　　　　　（後継者）

　このようなケースでは，後継者以外の相続人が自らの法定相続分等を主張して，後継者に対して代償金を請求してくることが考えられます。

　契約者と被保険者を経営者，保険金受取人を後継者とする生命保険に加入することで，代償分割等のために利用できる資金を準備します。相続が発生した場合，後継者は受け取った保険金を代償金の支払いに充てることで，相続人間のバランスを調整します。もし遺産分割が円滑に進み，代償金の支払い等が不要になった場合は，保険金を相続税の納税資金として利用することも考えられます。

　　✍　〔相続財産の金額の構成比〕土地34.4％，家屋5.2％，有価証券15.2％，現金・預貯金等33.7％，その他11.5％（国税庁「令和元年分相続税の申告事績の概要」令和2年12月18日）
　　✍　代償分割とは，遺産の分割に当たって相続人の1人又は数人に相続財産を現物で取得させ，その現物を取得した人が他の共同相続人などに対して債務を負担するものです。現物分割が困難な場合に行われます。

〔相続人の範囲〕

| 配偶者 | | 配偶者は常に相続人となり，配偶者以外の人は，次の順序で配偶者と一緒に相続人になります（内縁関係の人は相続人に含まれません）。 |
|---|---|---|
| 第1順位 | 子供 | 子供が既に死亡しているときは，その子供の直系卑属（子供や孫など）が相続人となります。子供も孫もいるときは，死亡した人により近い世代である子供の方を優先します。 |
| 第2順位 | 直系尊属 | 父母も祖父母もいるときは，死亡した人により近い世代である父母の方を優先します。第2順位の人は，第1順位の人がいないとき相続人になります。 |
| 第3順位 | 兄弟姉妹 | その兄弟姉妹が既に死亡しているときは，その人の子供が相続人となります。第3順位の人は，第1順位の人も第2順位の人もいないとき相続人になります。 |

相続を放棄した人は初めから相続人でなかったものとされます。

〔法定相続分〕

| 相続人 | 相続する割合 |
|---|---|
| 配偶者のみ | 配偶者100％ |
| 配偶者と子 | 配偶者2分の1，子（全員で）2分の1 |
| 配偶者と父母 | 配偶者3分の2，父母（全員で）3分の1 |
| 配偶者と兄弟姉妹 | 配偶者4分の3，兄弟姉妹（全員で）4分の1 |

- 子，父母，兄弟姉妹がそれぞれ2人以上いるときは，原則として均等に分けます。
- 法定相続分は，相続人の間で遺産分割の合意ができなかったときの遺産の取り分であり，必ずこの相続分で遺産の分割をしなければならないわけではありません。

---

**【コラム「特別受益と遺留分」】**

　遺言書の作成や遺産分割の際には，特別受益や遺留分に注意する必要があります。
〔特別受益〕
　共同相続人の中に，被相続人から遺贈を受け，又は婚姻・養子縁組・生計の資本として贈与（特別受益）を受けた者（特別受益者）があるときは，これらの遺贈，贈与を考慮して相続分を修正します（民法903）。
〔遺留分〕
　相続人の生活保障に考慮し，相続人のうち一定の者（遺留分権利者）には必ず一定の割合（遺留分）の相続分を確保することが認められています。なお，自らの遺留分を主張するかどうかは遺留分権利者の自由とされています。

| 遺留分権利者 | 遺留分の割合 |
|---|---|
| 相続人が直系尊属（父母など）のみ | 遺留分算定の基礎となる財産の1/3 |
| 上記以外 | 遺留分算定の基礎となる財産の1/2 |

　遺留分権利者が複数いる場合には，法定相続分の割合にしたがって配分されます。兄弟姉妹には遺留分がありません。なお，近年では遺留分の性質，範囲等の見直しが行われた改正相続法が令和元年7月1日から施行されています（民法1042，1043，1044等）。

---

## (3)　遺族の生活資金のための対策

　中小企業の経営者に万一のことがあった場合の遺族の生活資金を生命保険で準備します。

〔例〕

遺族の生活資金のための対策

〈契約形態〉

| 契約者 | 経営者 |
|---|---|
| 被保険者 | 経営者 |
| 保険金受取人 | 経営者の家族 |

無解約返戻金型定期保険
（特定疾病保険料払込免除特則）
・保険金額　1,000万円
・契約年齢　60歳　男性
・保険期間・保険料払込期間　90歳迄
・口振月払保険料　28,026円
・解約返戻金　なし

契約　　保険期間・保険料払込期間　　満了

　中小企業の経営には波があります。取引先の急激な業績悪化や破綻，新型コロナウイルス感染症の拡大のような世界的な災禍等，その企業の力だけでは対処のしようがないトラブルに巻き込まれてしまうこともあり得ます。

　多くの経営者は，会社の債務を個人保証しています。中小企業の経営が悪化している中で，経営者が突然亡くなり相続が発生した場合，遺族は会社の先行きを見通せないため，やむを得ず相続を放棄することも考えられます。相続放棄をした場合，債務だけでなくすべての財産を放棄することになりますので，遺族がその後の生活資金にも困ってしまう可能性があります。

〔経営者保証と相続のイメージ〕

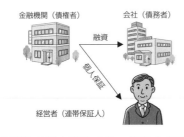

金融機関（債権者）　　　会社（債務者）

融資

個人保証

経営者（連帯保証人）

遺族が連帯保証債務を相続
⇒　やむを得ず相続を放棄する

　生命保険の死亡保険金は，保険金受取人固有の財産とされています。受取人が相続放棄をしたとしても，死亡保険金は受け取ることができます。多くの債務が残され，遺族が相続放棄をせざるを得ないことなどあまり想像したくはありませんが，中小企業の経営者として，家族のための最低限のセーフティネットとして，生命保険に加入しておきます。

　　✍　死亡保険金は，保険金受取人の固有の財産となるので，相続を放棄しても受け取ることができます。この死亡保険金は，みなし遺贈財産として相続税の課税対象になります

が（相続税法3①一），相続を放棄した場合は相続人とはみなされないため，生命保険金の非課税金額（相続税法12①五）の適用を受けることはできません。

✍ 遺族が死亡保険金を受け取るには，保険金の支払事由が発生するまで生命保険が有効に継続していることが必要です。経営者の家計が悪化し，生命保険の保険料を負担することができず契約が失効していたような場合には，保険金が支払われません。

✍ 相続が開始した場合，相続人は単純承認，相続放棄，限定承認の3つのうちのいずれかを選択します。相続放棄や限定承認をするには，自己のために相続の開始があったことを知ったときから3か月以内に家庭裁判所へその旨の申述をしなければなりません（民法915①）。

### 【コラム「経営者保証に関するガイドライン」】

中小企業庁・金融庁の後押しで，日本商工会議所・全国銀行協会が事務局となり，経営者保証を提供せず融資を受ける際や保証債務の整理の際の「中小企業，経営者および金融機関共通の自主的なルール」として策定・公表され，平成26年に運用が開始されました。

中小企業が金融機関から融資を受ける際に，経営者の個人保証について，
(1) 法人と個人が明確に分離されている場合などに，経営者の個人保証を求めないこと
(2) 多額の個人保証を行っていても，早期に事業再生や廃業を決断した際に一定の生活費等を残すことや，「華美でない」自宅に住み続けられることなどを検討すること
(3) 保証債務の履行時に返済できない債務残額は原則として免除することなどを定めることで，経営者保証の弊害を解消し，中小企業と経営者を応援することを目的としています。

令和元年には，経営者保証が事業承継の阻害要因とならないよう，原則として前経営者・後継者の双方からの二重徴求を行わないことなどを盛り込んだ「事業承継時に焦点を当てた経営者保証に関するガイドラインの特則」も策定・公表されました。

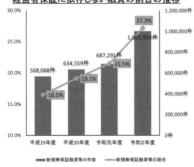

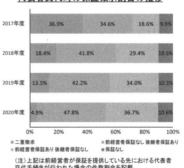

（出所）金融庁「民間金融機関における『経営者保証に関するガイドライン』の活用実績」（2021年6月30日）

## 2　個人保険の税務

### ⑴　生命保険料控除

　契約者（保険料負担者）が生命保険料，介護医療保険料，個人年金保険料を支
払った場合には，所得税の計算上，一定の金額の所得控除を受けることができ
ます。

　平成24年1月1日以後に締結した保険契約等（新契約）に係る保険料と平成
23年12月31日以前に締結した保険契約等（旧契約）に係る保険料では，生命保険
料控除の取扱いが異なります。

　なお，保険期間が5年未満の生命保険などの中には，控除の対象とならない
ものもあります。

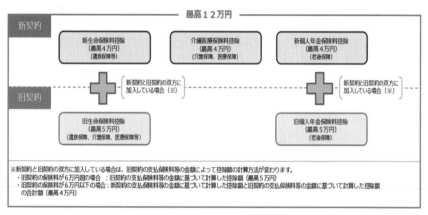

（出所）国税庁ホームページ『タックスアンサー（よくある税の質問）／所得税／No.1140
　　　　生命保険料控除』（2021年10月20日訪問）

　✍　一般生命保険料控除・介護医療保険料控除で対象となる保険の範囲
　　　保険金受取人が，契約者かあるいは配偶者，その他の親族（6親等以内の血族と3親
　　等以内の姻族）である保険の保険料です。財形保険，保険期間が5年未満の貯蓄保険，
　　団体信用生命保険などは対象になりません。
　✍　個人年金保険料控除で対象となる保険の範囲
　　　次のすべての条件を満たし，「個人年金保険料税制適格特約」を付けた契約の保険料

です。

・年金受取人が契約者またはその配偶者のいずれかであること。
・年金受取人は被保険者と同一人であること。
・保険料払込期間が10年以上であること（一時払いは対象外）。
・年金の種類が確定年金や有期年金の場合，年金受取開始が60歳以降で，かつ年金受取
　期間が10年以上であること。
　なお，個人年金保険で「個人年金保険料税制適格特約」を付加していない場合や，変
額個人年金保険は，一般生命保険料控除の対象になります。

### ア　新契約（平成24年1月1日以後に締結した保険契約等）に基づく場合の控除額

新契約に基づく新生命保険料，介護医療保険料，新個人年金保険料の控除額
は，それぞれ次の表の計算式に当てはめて計算した金額です。

| 年間の支払保険料等 | 控除額 |
|---|---|
| 20,000円以下 | 支払保険料等の全額 |
| 20,000円超　40,000円以下 | 支払保険料等×1/2＋10,000円 |
| 40,000円超　80,000円以下 | 支払保険料等×1/4＋20,000円 |
| 80,000円超 | 一律40,000円 |

　✍　支払保険料等とは，その年に支払った金額から，その年に受けた剰余金や割戻金を差し引いた残りの金額をいいます。
　✍　新契約については，主契約又は特約の保障内容に応じ，その保険契約等に係る支払保険料等が各保険料控除に適用されます。
　✍　異なる複数の保障内容が一の契約で締結されている保険契約等は，その保険契約等の主たる保障内容に応じて保険料控除を適用します。
　✍　その年に受けた剰余金や割戻金がある場合には，主契約と特約のそれぞれの支払保険料等の金額の比に応じて剰余金の分配等の金額を按分し，それぞれの保険料等の金額から差し引きます。

### イ　旧契約（平成23年12月31日以前に締結した保険契約等）に基づく場合の控除額

旧契約に基づく旧生命保険料と旧個人年金保険料の控除額は，それぞれ次の
表の計算式に当てはめて計算した金額です。

| 年間の支払保険料等 | 控除額 |
|---|---|
| 25,000円以下 | 支払保険料等の全額 |
| 25,000円超　50,000円以下 | 支払保険料等×1/2＋12,500円 |
| 50,000円超　100,000円以下 | 支払保険料等×1/4＋25,000円 |
| 100,000円超 | 一律50,000円 |

✎　旧契約に基づく「いわゆる第三分野とされる保険（医療保険や介護保険）の保険料」
も，旧生命保険料となります。

✎　支払保険料等とは，その年に支払った金額から，その年に受けた剰余金や割戻金を差
し引いた残りの金額をいいます。

### ウ　新契約と旧契約の双方に加入している場合の控除額

#### ㋐　一般の生命保険料控除の控除額

〔旧生命保険料控除の年間支払保険料等の金額が6万円を超える場合〕

旧生命保険料控除の年間支払保険料等の金額についてイで計算した金額（最
高5万円）

〔旧生命保険料控除の年間支払保険料等の金額が6万円以下の場合〕

新生命保険料控除の年間支払保険料等の金額についてアで計算した金額と旧
生命保険料控除の年間支払保険料等の金額についてイで計算した金額の合計額
（最高4万円）

#### ㋑　個人年金保険料控除の控除額

〔旧個人年金保険料控除の年間支払保険料等の金額が6万円を超える場合〕

旧個人年金保険料控除の年間支払保険料等の金額についてイで計算した金額
（最高5万円）

〔旧個人年金保険料控除の年間支払保険料等の金額が6万円以下の場合〕

新個人年金保険料控除の年間支払保険料等の金額についてアで計算した金額
と旧個人年金保険料控除の年間支払保険料等の金額についてイで計算した金額
の合計額（最高4万円）。

### エ　生命保険料控除額

ア，イ，ウによる各控除額の合計額が生命保険料控除額となります。合計額
が12万円を超える場合には，生命保険料控除額は12万円となります。

### オ　住民税の生命保険料控除

　所得税だけでなく，住民税の計算上も生命保険料控除が適用されることになります。

〔新契約（平成24年1月1日以後に締結した保険契約等）に基づく場合の控除額〕

　新契約に基づく新生命保険料，介護医療保険料，新個人年金保険料の控除額は，それぞれ次の表の計算式に当てはめて計算した金額です。

| 年間の支払保険料等 | 控除額 |
|---|---|
| 12,000円以下 | 支払保険料等の全額 |
| 12,000円超　32,000円以下 | 支払保険料等×1/2＋6,000円 |
| 32,000円超　56,000円以下 | 支払保険料等×1/4＋14,000円 |
| 56,000円超 | 一律28,000円 |

〔旧契約（平成23年12月31日以前に締結した保険契約等）に基づく場合の控除額〕

　旧契約に基づく旧生命保険料と旧個人年金保険料の控除額は，それぞれ次の表の計算式に当てはめて計算した金額です。

| 年間の支払保険料等 | 控除額 |
|---|---|
| 15,000円以下 | 支払保険料等の全額 |
| 15,000円超　40,000円以下 | 支払保険料等×1/2＋7,500円 |
| 40,000円超　70,000円以下 | 支払保険料等×1/4＋17,000円 |
| 70,000円超 | 一律35,000円 |

　控除額適用限度額は，新契約の一般生命保険料控除と旧契約の一般生命保険料控除を合計する場合は2万8千円まで，新契約の個人年金保険料控除と旧契約の個人年金保険料控除を合計する場合も2万8千円までとされています。各控除の合計適用限度額は7万円です。生命保険料控除の適用限度額は所得税が12万円，住民税が7万円ということになります。

### カ　補　足

#### (ア)　妻が契約者の契約の保険料を夫が負担している場合

　妻が契約者の生命保険契約の保険料を夫が支払っている場合，夫が支払った保険料は夫の生命保険料控除の対象となります。

　生命保険料控除の対象となる生命保険契約等とは，一定の生命保険契約等で，その保険金等の受取人の全てをその保険料の払込みをする者又はその配偶者その他の親族とするものをいいます。契約者が誰であるかは要件とされていません。この要件が充たされている限り，保険料を支払った夫の生命保険料控除の対象になります。

#### (イ)　年の中途で生命保険契約を解約した場合

　生命保険契約を解約し，解約一時金を受け取るような場合でも，解約前に支払った保険料については生命保険料控除を受けることができます。

　この場合，解約一時金は原則として一時所得となりますので，支払保険料の金額から控除する必要はありません。剰余金の分配や割戻金の割戻しがある場合には，その金額を支払保険料の金額から控除しなければなりませんが，解約時に解約一時金とともに支払を受ける剰余金の分配や割戻金の割戻しの金額は原則として一時所得の収入金額に算入しますので，支払保険料の金額から控除する必要はありません。

### (2)　満期保険金，解約返戻金を受け取ったとき

　満期保険金や解約返戻金を受け取った場合には，保険料の負担者，受取人等が誰であるかにより，所得税，贈与税の課税の対象になります。

| 保険料の負担者 | 受取人 | 税金の種類 |
|:---:|:---:|:---:|
| A | A | 所得税 |
| A | B | 贈与税 |

　なお，一時払養老保険等で，保険期間等が5年以下のもの及び保険期間等が5年超で5年以内に解約されたものは，源泉分離課税が適用され，源泉徴収だけで課税関係が終了します（所得税法174八）。

#### ア　所得税が課税される場合

　保険料の負担者と保険金受取人とが同一人の場合は所得税が課税されます。

一時金で受領した場合には，一時所得になります。一時所得の金額は，その満期保険金等以外に他の一時所得がないとすれば，受け取った保険金等の総額から既に払い込んだ保険料又は掛金の額を差し引き，更に一時所得の特別控除額50万円を差し引いた金額です（所得税法34）。課税の対象になるのは，この金額を更に2分の1にした金額です。

　満期保険金を年金で受領した場合には，公的年金等以外の雑所得になります。雑所得の金額は，その年中に受け取った年金の額から，その金額に対応する払込保険料又は掛金の額を差し引いた金額です。

### イ　贈与税が課税される場合

　保険料の負担者と保険金の受取人が異なる場合は贈与税が課税されます。

　満期保険金等を年金で受領し，年金受給権に贈与税が課税される場合には，毎年支払を受ける年金（公的年金等以外の年金）に係る所得税については，年金支給初年は課税なし，2年目以降は課税部分が階段状に増加していく方法により計算します。

　📝　個人保険の場合，保険料の負担者によって税務の取扱いが異なるため，保険契約者だけでなく，実質的な保険料の負担者を確認する必要があります。例えば，保険契約者は子となっていても，親の銀行口座から保険料が引き落とされており，実質的には親が保険料を負担しているといったケースが考えられます。

　📝　贈与税（暦年課税）の計算は，その年の1月1日から12月31日までの1年間に贈与によりもらった財産の価額を合計し，その合計額から基礎控除額110万円を差し引きます。その残りの金額に税率を乗じて税額を計算します。

　📝　令和3年度税制改正大綱（2020年12月10日公表）では，「諸外国の制度を参考にしつつ，相続税と贈与税をより一体的に捉えて課税する観点から，現行の相続時精算課税制度と暦年課税制度のあり方を見直すなど，格差の固定化の防止等に留意しつつ，資産移転の時期の選択に中立的な税制の構築に向けて，本格的な検討を進める。」とされています。今後の議論の動向に注意する必要があります。

### (3)　死亡保険金を受け取ったとき

　被保険者が死亡し，保険金受取人が死亡保険金を受け取った場合には，被保険者，保険料の負担者及び保険金受取人が誰であるかにより，所得税，相続税，贈与税のいずれかの課税の対象になります。

| 被保険者 | 保険料の負担者 | 保険金受取人 | 税金の種類 |
|:---:|:---:|:---:|:---:|
| A | B | B | 所得税 |
| A | A | B | 相続税 |
| A | B | C | 贈与税 |

### ア　所得税が課税される場合

　所得税が課税されるのは，保険料の負担者と保険金受取人とが同一人の場合です。この場合の死亡保険金は，受取の方法により，一時所得又は雑所得として課税されます。

　死亡保険金を一時金で受領した場合には，一時所得になります。一時所得の金額は，その死亡保険金以外に他の一時所得がないとすれば，受け取った保険金の総額から既に払い込んだ保険料又は掛金の額を差し引き，更に一時所得の特別控除額50万円を差し引いた金額です（所得税法34）。課税の対象になるのは，この金額を更に2分の1にした金額です。

　死亡保険金を年金で受領した場合には，公的年金等以外の雑所得になります。雑所得の金額は，その年中に受け取った年金の額から，その金額に対応する払込保険料又は掛金の額を差し引いた金額です。

### イ　相続税が課税される場合

　相続税が課税されるのは，被保険者と保険料の負担者が同一人の場合です。受取人が被保険者の相続人であるときは，相続により取得したものとみなされ，相続人以外の者が受取人であるときは遺贈により取得したものとみなされます（相続税法3①一）。

　入院給付金等，被保険者の傷害，疾病その他これらに類するもので死亡を伴わないものを保険事故として被保険者に支払われる保険金又は給付金が，当該被保険者の死亡後に支払われた場合には，みなし相続財産とされる生命保険金ではなく，被相続人の本来の相続財産として取り扱うことになります（相続税法基本通達3-7）。

〔死亡保険金の非課税限度額〕
　死亡保険金の受取人が相続人（相続を放棄した人や相続権を失った人は含まれません。）である場合，全ての相続人が受け取った保険金の合計額が次の算式によって計算した非課税限度額を超えるとき，その超える部分が相続税の課税対象になります。

　　500万円×法定相続人の数＝非課税限度額

　法定相続人の数は，相続の放棄をした人がいても，その放棄がなかったものとした場合の相続人の数をいいます。法定相続人の中に養子がいる場合，法定相続人の数に含める養子の数は，実子がいるときは1人，実子がいないときは2人までとなります。
　各相続人一人一人に課税される金額は，次の算式によって計算した金額となります。相続人以外の人が取得した死亡保険金には非課税の適用はありません。

$$\begin{array}{l}\text{その相続人が}\\\text{受け取った生命}\\\text{保険金の金額}\end{array} - （\text{非課税限度額}）× \dfrac{\begin{array}{c}\text{その相続人が受け取った生命}\\\text{保険金の金額}\end{array}}{\begin{array}{c}\text{すべての相続人が受け取った}\\\text{生命保険金の合計額}\end{array}} = \begin{array}{l}\text{その相続人の}\\\text{課税される生命}\\\text{保険金の金額}\end{array}$$

　死亡保険金を年金で受領し，年金受給権に相続税が課税される場合には，毎年支払を受ける年金（公的年金等以外の年金）に係る所得税については，年金支給初年は課税なし，2年目以降は課税部分が階段状に増加していく方法により計算します。

### ウ　贈与税が課税される場合

　贈与税が課税されるのは，被保険者，保険料の負担者及び保険金の受取人が全て異なる場合です。
　死亡保険金を年金で受領し，年金受給権に贈与税が課税される場合には，毎年支払を受ける年金（公的年金等以外の年金）に係る所得税については，年金支給初年は課税なし，2年目以降は課税部分が階段状に増加していく方法により計算します。

---

### 【コラム「年金二重課税事件（平成22年7月6日最高裁判決）」】

　平成22年，被相続人の遺族が年金として受け取る生命保険金のうち，相続税の課税対象となった部分については所得税の課税対象とならないとする最高裁判所の判決があり，生命保険の実務に大きな影響を与えました。

　それまでは年金を相続する場合，年金の受給権に対して相続税がかかり，その後に受け取る年金に対しては所得税がかかるものとされていました。相続税は経済的価値の移転に着目した課税，所得税は所得への課税であるため，「二重課税ではない」といった整理がされていたようです。

　しかし，この判決では，年金型の生命保険契約に基づく年金支給額について，年金支給額のうち相続税の課税対象となる部分については，所得税の課税対象とはならないと判断されました。この判決により，それ以前に二重に課税されていた所得税を還付するといった特別な対応が取られています。

　生命保険金を年金で受け取る場合の相続税，所得税等の課税関係は少し複雑です。詳細は国税庁ホームページ等でご確認ください。

---

### ⑷　入院給付金等を受け取ったとき

　個人が生命保険から受け取った入院給付金，手術給付金，通院給付金，障害給付金，介護保険金，高度障害保険金などケガや病気で受け取る給付金などは金額にかかわらず非課税とされています（所得税法施行令30一，所得税基本通達9-20，9-21）。

　非課税のため税金の申告は不要ですが，確定申告で医療費控除を受ける場合は，「負担した医療費」から「受け取った入院給付金など」を差し引きます。非課税で受け取った給付金・保険金が相続財産として引き継がれる場合は，相続税の課税対象となります。

　✍　「医療費控除」は所得控除の1つです。年末調整では控除を受けることができないので，控除を受ける場合は確定申告をする必要があります。所得控除を受けることによって，所得税等の負担が軽減されます。

### ⑸　生命保険契約に関する権利の評価

　相続開始の時において，まだ保険事故が発生していない生命保険契約に関する権利の価額は，相続開始の時においてその契約を解約するとした場合に支払われることとなる解約返戻金の額によって評価します（財産評価基本通達214）。

　解約返戻金のほかに支払われることとなる前納保険料の金額，剰余金の分配額等がある場合にはこれらの金額を加算し，解約返戻金の額につき源泉徴収さ

れるべき所得税の額に相当する金額がある場合には，その金額を差し引いた金額により生命保険契約に関する権利の価額を評価することとなります。

### (6) 契約者等を変更した場合

生命保険の契約者等を個人から個人へ変更しただけでは課税関係は生じません（国税庁質疑応答事例「生命保険契約について契約者変更があった場合」）。

| 〈契約形態〉 | 変更前 |
| --- | --- |
| 契約者 | 父 |
| 被保険者 | 父 |
| 保険金受取人 | 子 |

| 〈契約形態〉 | 変更後 |
| --- | --- |
| 契約者 | 子 |
| 被保険者 | 父 |
| 保険金受取人 | 子 |

課税されるのは契約者等の変更後，保険金や解約返戻金等を受け取るときで，保険料負担者・被保険者・保険金受取人の関係で課税関係を考えることになります。例えば，支払事由が発生して死亡保険金を受け取ることになった場合，それまでに支払われた保険料の負担割合に応じて保険金を按分し，保険金受取人自らが保険料を負担していた部分は一時所得，亡くなった人が負担していた部分は相続税の課税対象になります。

なお，契約者死亡に伴う契約者変更の場合は，契約者（保険料負担者）が死亡した時点で，生命保険契約に関する権利の評価額が相続税の課税対象になります。生命保険契約に関する権利の評価額は，解約返戻金の額になりますが，解約返戻金のほかに受け取れる前納保険料の金額，配当金等がある場合は，これらの金額を加算し，解約返戻金の額につき源泉徴収されるべき所得税の額に相当する金額がある場合には，当該金額を控除した金額となります（財産評価基本通達214）。

| 〈契約形態〉 | 変更前 |
| --- | --- |
| 契約者 | 父（死亡） |
| 被保険者 | 子 |
| 保険金受取人 | 父（死亡） |

| 〈契約形態〉 | 変更後 |
| --- | --- |
| 契約者 | 子 |
| 被保険者 | 子 |
| 保険金受取人 | 母 |

　平成30年1月からは，契約者の死亡により契約者が変更された場合の「保険契約者等の異動に関する調書」が設けられています（相続税法59②）。解約返戻金相当額が100万円を超える場合，生命保険会社は新旧の契約者名や解約返戻金相当額などを記し，この調書を税務署へ提出することになっています。

## 保険契約者等の異動に関する調書

| 新保険契約者等 | 住所(居所)又は所在地 | | 氏　名又は名　称 | | |
|---|---|---|---|---|---|
| 死亡した保険契約者等 | | | | | |
| 被保険者等 | | | | | |
| 解約返戻金相当額 | | 既払込保険料等の総額 | | 死亡した保険契約者等の払　込　保　険　料　等 | |
| 円 | | 円 | | | 円 |
| 評価日　1 保険契約者等の死亡日　2 契約者変更の効力発生日 | | 保険契約者等の死　亡　日 | 年　月　日 | (摘要) | |
| 保険等の種類 | | 契約者変更の効力発生日 | 年　月　日 | (　　　年　月　日提出) | |
| 保険会社等 | 所在地 | | | | |
| | 名　称 | (電話) | 法人番号 | | |
| 整　理　欄 | ① | | ② | | |

386

(出所) 国税庁ホームページ（2021年10月20日訪問）

### 【コラム「相続法の改正」】

　民法には，相続の基本的なルールが定められており，この部分は「相続法」などと呼ばれています。平成30年7月，相続法に関する見直しが行われ，同時に遺言書保管法が創設されました。この改正では，社会情勢の変化等に対応するため，主に次のような見直しを行い，段階的に施行されました。

(1)　被相続人の死亡により残された配偶者の生活への配慮等の観点から，
　　①　配偶者居住権の創設
　　②　婚姻期間が20年以上の夫婦間における居住用不動産の贈与等に関する優遇措置
(2)　遺言の利用を促進し，相続をめぐる紛争を防止する観点から，
　　①　自筆証書遺言の方式緩和
　　②　法務局における自筆証書遺言の保管制度の創設（遺言書保管法）
(3)　その他，預貯金の払戻し制度の創設，遺留分制度の見直し，特別の寄与の制度の創設など

〔特別の寄与の制度の創設〕
　相続法改正前は，相続人ではない親族（子の配偶者など）が被相続人の介護や看病をしたとしても，遺産の分配を受けるができず不公平であるとの指摘がありました。このような不公平を解消するために，相続人ではない親族も，無償で被相続人の介護や看病に貢献し，被相続人の財産の維持または増加について特別の寄与をした場合には，相続人に対し，金銭の請求ができるようになりました（令和元年7月1日施行）。

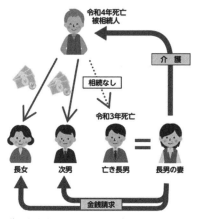

（出所）法務省ホームページ（2021年10月20日訪問）

# 第5章　個人事業主契約

　個人事業主が支出する費用には，事業の遂行上必要なものだけでなく，日常の生活のためのものが含まれています。日常の生活のための費用は家事費と呼ばれ，事業所得の計算上，原則として必要経費にすることはできません（所得税法45①一）。自宅兼事務所の家賃のように，必要経費としての性質と家事費としての性質を併せもつ家事関連費と呼ばれるものも存在します。

　契約者を個人事業主とする契約では，まず，その加入目的が何であるかを確認する必要があります。個人のためのものであれば個人保険と同様に，事業の遂行上必要なものであれば事業保険に準じて取り扱うというのが，実務上の基本的な考え方になります（被保険者を個人事業主とする契約の保険料は，原則として個人保険と同様に取り扱うことになります）。

　実際の取扱いにあたり疑問が生じた場合は，税理士等の専門家，所轄税務署等に相談してください。

✍　〔（家事関連費等の必要経費不算入等）所得税法45条1項1号〕居住者が支出し又は納付する次に掲げるものの額は，その者の不動産所得の金額，事業所得の金額，山林所得の金額又は雑所得の金額の計算上，必要経費に算入しない。
　一　家事上の経費及びこれに関連する経費で政令で定めるもの
✍　〔（家事関連費）所得税法施行令96条〕法第45条第1項第1号（必要経費とされない家事関連費）に規定する政令で定める経費は，次に掲げる経費以外の経費とする。
　一　家事上の経費に関連する経費の主たる部分が不動産所得，事業所得，山林所得又は雑所得を生ずべき業務の遂行上必要であり，かつ，その必要である部分を明らかに区分することができる場合における当該部分に相当する経費
　二　前号に掲げるもののほか，青色申告書を提出することにつき税務署長の承認を受けている居住者に係る家事上の経費に関連する経費のうち，取引の記録等に基づいて，不動産所得，事業所得又は山林所得を生ずべき業務の遂行上直接必要であつたことが明らかにされる部分の金額に相当する経費

# 1　事業主を被保険者とする場合

　原則として家事上のものと考えられますので，事業所得の計算上，保険料を必要経費とすることはできません。個人保険と同じように生命保険料控除の対象になります。

〔例〕　定期保険，年払保険料20万円

| 契約形態 | 契約者 | 被保険者 | 保険金・給付金受取人 |
|---|---|---|---|
| | 個人事業主 | 個人事業主 | 被保険者の遺族 |

　事業所得の計算上，保険料を必要経費とすることはできません。年払保険料20万円は，個人保険と同様に取り扱うことになります。

　なお，上記とは異なる取扱いとして，国税庁ホームページには，個人事業主を契約者・被保険者，受取人を金融機関とする場合について，保険料を必要経費にできることが記載されています。

---

事業用固定資産の取得に伴う生命保険契約の保険料

【照会要旨】
　物品販売業を営むAはその事業用建物（店舗）を取得（改築）するために金融機関から融資を受けましたが，その際，融資の条件として保証人をたてるか，一定の担保を提供するか又は貸主（金融機関）を受取人とする生命保険契約を締結することとされていたため，次のような掛け捨ての生命保険契約を締結しましたが，この保険料は事業所得の必要経費に算入できますか。
　　被保険者・・・・A
　　保険金受取人・・金融機関
　　保険期間・・・・借入期間と同じ。
　　保険金額・・・・借入残高（期間に応じて逓減します。）

【回答要旨】
　事業所得の必要経費として取り扱って差し支えありません。

　本件の保険料は，事業の用に供する固定資産の取得のために締結した保険契約に係るものですから，借入金利息と同様に事業の遂行上必要な費用と考えられます。

【関係法令通達】
　　所得税法第37条，所得税基本通達37-27

　この事例では，保険料が事業の遂行上必要な費用として判断されていますが，保険金受取人が金融機関とされていることにも注意が必要です。

　個人事業主が借入金のために加入したと主張する生命保険（契約者・被保険者は個人事業主，保険金受取人を被保険者の家族とする収入保障保険）の保険料を必要経費にできるかが争われ，必要経費性が否定された国税不服審判所の裁決も存在します。

---

**【平成18年 3 月23日札幌国税不服審判所裁決（要旨）】**

　請求人は，事業の遂行上必要な借入金の担保として質権を設定した生命保険契約に係る保険料は事業所得の金額の計算上必要経費に該当する旨主張する。

　しかしながら，この生命保険契約は，借入金に係る金銭消費貸借契約の締結のためのものではなく，請求人や請求人の妻の生活保障を主たる目的とするものであると認めるのが相当であるから，所得税法第37条第 1 項に規定する必要経費に該当するものではない。したがって請求人の主張には，理由がない。

（出所）国税不服審判所ホームページ

---

✍　国税不服審判所は，国税庁の特別の機関として，執行機関である国税局や税務署から分離された別個の機関として設置されています。納税者側から審査請求書が提出されると，国税不服審判所は審査請求人と原処分庁（税務署長や国税局長等）の双方の主張を聴き，必要があれば自ら調査を行って，公正な第三者的立場で審理をした上で，裁決を行います。裁決は，行政部内の最終判断であり，原処分庁は，これに不服があっても訴訟を提起することはできません。

✍　〔所得税法37条 1 項〕その年分の不動産所得の金額，事業所得の金額又は雑所得の金額（省略）の計算上必要経費に算入すべき金額は，別段の定めがあるものを除き，これらの所得の総収入金額に係る売上原価その他当該総収入金額を得るため直接に要した費用の額及びその年における販売費，一般管理費その他これらの所得を生ずべき業務について生じた費用（償却費以外の費用でその年において債務の確定しないものを除く。）の額とする。

## 2　使用人を被保険者とする場合

　事業の遂行上必要とされる生命保険契約の場合，実務上は事業保険に準じた取扱いが行われています。

〔例〕　定期保険（最高解約返戻率50％以下），年払保険料20万円

　　　　保険期間・保険料払込期間　10年間

| 契約形態 | 契約者 | 被保険者 | 保険金・給付金受取人 |
|---|---|---|---|
| | 個人事業主 | 使用人 | 個人事業主 |

| 借　　方 | 貸　　方 |
|---|---|
| 定期保険料　　　　　　　20万円<br>（費用の発生） | 現金・預金　　　　　　　20万円<br>（資産の減少） |

　事業所得の計算上，保険料を必要経費に算入します。

　被保険者を使用人とするものであっても，事業所得の計算上，生命保険の保険料を必要経費とすることについて，税務署からその妥当性について指摘を受けて争いになったケースがあります。

> **【平成23年3月23日広島国税不服審判所裁決（要旨）】**
> 　請求人は，①従業員を被保険者とする本件各養老保険契約及び本件各がん保険契約（本件各保険契約）は，それぞれ法人税基本通達9-3-4《養老保険に係る保険料》及びがん保険契約に係る法令解釈通達（平成13年8月10日付課審4-100）が準用され，本件各養老保険契約に係る保険料の額のうち2分の1相当額及び本件各がん保険契約に係る保険料の全額を必要経費に算入することができる旨，②本件各保険契約は，従業員の退職金又は死亡弔慰金の補充，拡充という福利厚生の目的で締結されたものであり，その保険料は，事業の遂行上必要な費用であるから必要経費に算入することができる旨主張する。
> 　しかしながら，上記①については，個人の支出に関する取扱いは，家事関連費という概念がないなどの法人の支出に関する取扱いとは異なるのであり，法人税に係る通達及び取扱いは，所得税において準用されるものではなく，必要経費と認められるためには，それが事業との直接の関連を持ち，事業の遂行上客観的一般的に通常必要な費用であることが必要である。また，上記②については，本件各保険契約に係る保険

金等が従業員の退職後の原資とされなかったなどの事実関係の下では，請求人が，本件各養老保険契約に基づいて支払われた保険料の額の2分の1に相当する額及び本件各がん保険契約に基づいて支払われた保険料の全額を必要経費に算入して事業所得の金額を計算することを図るとともに，保険料の名目で資金を積み立てることを企図して本件各保険契約を締結したものと認められるのであり，本件各保険契約に係る保険料の支払が事業と直接の関連を持ち，事業の遂行上客観的一般的に通常必要であるということはできない。以上からすれば，本件各保険契約に係る保険料の額は事業所得の金額の計算上必要経費に算入できないから，この点に関する請求人の主張には理由がない。

（出所）国税不服審判所ホームページ

　この事件は，納税者側からの訴えにより訴訟に進みましたが，最終的には国が勝訴し，保険料を必要経費とすることが認められませんでした（広島高裁平成28年4月20日判決）。

　このような事案はあるものの，事業の遂行上必要なものとして生命保険の保険料を必要経費としている個人事業主契約も現実には多く存在します。家事上のものか，事業上のものか，その線引きが難しいと考えられるような場合は，税理士等の専門家や所轄税務署に相談するべきでしょう。

## 3　青色事業専従者等の親族を被保険者とする場合

　個人事業主の配偶者等，事業主と生計を一にしている親族を被保険者とするような場合，個人保険と同様の取扱いを行うのが自然でしょう。

　家事上のものではなく，事業の遂行上必要な生命保険であることが明確に説明できるような場合は，使用人を被保険者とする契約と同じように保険料を必要経費として取り扱うことができるという考え方もあるようです。しかし，そのような場合でも，使用人の大部分を事業主の親族等で占めているような場合は，必要経費として認められない可能性があるとされています。

　慎重に検討した上で，必要に応じて税理士等の専門家や所轄税務署に確認してください。

　　　青色事業専従者とは，次の要件のいずれにも該当する人をいいます。
　　　・青色申告者と生計を一にする配偶者その他の親族であること。
　　　・その年の12月31日現在で年齢が15歳以上であること。
　　　・その年を通じて6月を超える期間（一定の場合には事業に従事することができる期間の2分の1を超える期間）その青色申告者の営む事業に専ら従事していること。

# 第6章　生命保険の基本

## 1　生命保険の種類

### (1)　生命保険の基本形

### ア　死亡保険

被保険者が死亡または高度障害になった場合，保険金が支払われる保険です。死亡保険のうち，保険期間を定めているものを定期保険，保険期間が被保険者の一生にわたっているものを終身保険といいます。

### イ　生存保険

契約してから一定期間が満了するまで被保険者が生存していた場合に保険金が支払われる保険です。代表的なものに年金保険がありますが，実際に純粋な生存保険はほとんど存在しておらず，死亡保険の要素を組み合わせた保険となっています。

### ウ　生死混合保険

死亡保険と生存保険を組み合わせた保険です。被保険者が保険期間の途中で死亡または高度障害になったとき，保険期間満了まで生存したときに保険金が支払われます。死亡保険金と生存保険金（満期保険金）が同額のものを養老保険といいます。

### (2)　第三分野保険

保険業法で規定された分類に合わせて，生命保険のことを第一分野，損害保険のことを第二分野，生命保険と損害保険の中間に位置する保険のことを第三分野と呼ぶ場合があります。第三分野には，医療保険，がん保険，介護保険，傷害保険など様々な種類があり，生命保険会社，損害保険会社ともに第三分野保険を販売することができます。

令和元年において第三分野保険の保険料の税務上の取扱いが見直されましたが，そこでいう第三分野保険とは，保険業法第3条第4項第2号（免許）に掲げる保険（これに類するものを含む。）とされています。

　〔保険業法第3条第4項2号〕
　　二　次に掲げる事由に関し，一定額の保険金を支払うこと又はこれらによって生ずることのある当該人の損害をてん補することを約し，保険料を収受する保険
　　イ　人が疾病にかかったこと。
　　ロ　傷害を受けたこと又は疾病にかかったことを原因とする人の状態
　　ハ　傷害を受けたことを直接の原因とする人の死亡
　　ニ　イ又はロに掲げるものに類するものとして内閣府令で定めるもの（人の死亡を除く。）
　　ホ　イ，ロ又はニに掲げるものに関し，治療（治療に類する行為として内閣府令で定めるものを含む。）を受けたこと。

### (3)　主契約と特約

生命保険の基本となる契約を主契約といい，主契約に付加して締結される特別の保障条項を特約といいます。

#### ア　主契約

##### (ア)　定期保険

保険期間は一定で，被保険者が保険期間中に死亡した場合に死亡保険金が支払われます。

##### (イ)　養老保険

保険期間は一定で，被保険者が保険期間中に死亡した場合に死亡保険金が，満期時に生存していた場合に満期保険金が支払われます。

##### (ウ)　終身保険

保険期間は一生涯で，被保険者が保険期間中に死亡した場合に死亡保険金が支払われます。

##### (エ)　逓増定期保険

保険期間の経過により保険金額が増加する定期保険のことをいいます。エヌエヌ生命のように主契約ではなく特約として取り扱う保険会社もあります。

**[商品のしくみ・イメージ]**

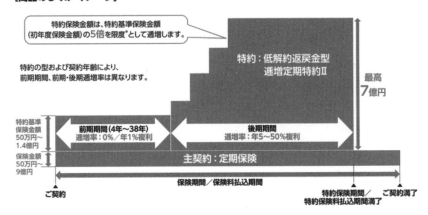

（出所）エヌエヌ生命「定期保険／低解約返戻金型逓増定期特約Ⅱ」
　　　　商品パンフレット（令和3年2月作成）より抜粋
　　　＊本書作成日における取扱商品です。保障内容等の詳細はエヌエヌ生命ホームページ
　　　　等でご確認ください。

#### (オ)　収入保障保険

保険期間は一定で，被保険者が保険期間中に死亡した場合に年金が支払われます。

#### (カ)　医療保険

被保険者が病気やケガで入院したり，所定の手術を受けたりしたときに給付金が支払われます。死亡保険金が支払われるタイプもあります。

#### (キ)　がん保険

被保険者ががんで入院したり，所定の手術を受けたりしたときに給付金が支払われます。がん診断給付金や死亡保険金が支払われるタイプもあります。

#### (ク)　長期傷害保険

被保険者が不慮の事故による傷害，所定の感染症等により死亡した場合に災害死亡保険金が支払われます。

#### (ケ)　低解約返戻金型定期保険

定期保険と同じように保険期間は一定で，被保険者が保険期間中に死亡した場合に死亡保険金が支払われます。解約返戻金が低い期間を設定するため，その分，保険料が割安になるという特徴があります。

#### (コ)　無解約返戻金型定期保険

定期保険と同じように保険期間は一定で，被保険者が保険期間中に死亡した場合に死亡保険金が支払われます。解約返戻金がないため，その分，保険料が割安になるという特徴があります。

#### (サ)　就業不能保障保険

被保険者が療養中などで働けない場合の所得減少などに備える保険です。病気やケガ等により，それまでと同じ働き方を続けることが困難になってしまうことがあります。就業不能保障保険は収入が減少したり，途絶えたりしたときに，一定の条件のもと保険金や給付金を受け取れる保険です。

#### (シ)　特定疾病保障保険

被保険者ががん，急性心筋梗塞，脳卒中等の特定疾病になったとき，被保険者の生前に特定疾病保険金が支払われます。エヌエヌ生命の場合，重大疾病保障保険等が該当します。

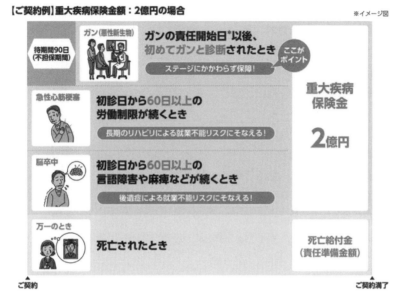

⑼ 変額保険

　終身型，有期型，年金型があります。株式や債券を中心に資産を運用し，運用の実績によって保険金や解約返戻金が増減する保険で，投資リスクは契約者または受取人が負うことになります。

⑽ 外貨建ての生命保険

　終身保険，養老保険，年金保険などの一部に外貨建ての生命保険商品があります。外貨（米ドルやユーロ，豪ドルなど）で保険料を払い込み，外貨で保険金や解約返戻金などを受け取る仕組みになっていますので，例えば，受け取った外貨を円に換算する際，為替変動の影響を受け，場合によっては，日本円で受け取る保険金額などが円ベースでの払込保険料の総額を下回る可能性もあります。このような為替リスクは契約者または受取人に帰属します。

## イ　特　約

### ㋐　リビング・ニーズ特約

被保険者が余命6か月以内と判断された場合に，死亡保険金の一部または全部が支払われます。

### ㋑　指定代理請求特約

被保険者を受取人とする保険金などについて，受取人に代わって代理人が請求することができるようになります。

### ㋒　優良体料率適用特約

被保険者の健康状態・生活習慣その他が保険会社の定める基準に該当する場合に，主契約に優良体料率適用特約を付加することにより，優良体保険料率が適用され，主契約の保険料が通常（標準体）より安くなります。

エヌエヌ生命の場合，標準体，健康体，優良体料率の順に保険料が安くなります（取扱保険会社により名称が異なります）。

### ㋓　健康体料率適用特約

被保険者の健康状態その他が保険会社の定める基準に該当する場合に，主契約に健康体料率適用特約を付加することにより，健康体保険料率が適用され，主契約の保険料が通常（標準体）より安くなります。

エヌエヌ生命の場合，標準体，健康体，優良体料率の順に保険料が安くなります（取扱保険会社により名称が異なります）。

### ㋔　保険料払込免除特約

被保険者が疾病，不慮の事故等で約款に定められた所定の状態になると以後の保険料払込が免除されます。

### ㋕　年金支払特約

保険金・給付金の全部または一部が年金で支払われます。

### ㋖　年金支払移行特約

将来の死亡や高度障害保障にかえて年金が支払われます。

### ㋗　災害割増特約

被保険者が不慮の事故等で死亡したとき，主契約の死亡保険金に上乗せして災害死亡保険金が支払われます。

　✐　ここに記述した以外にも保険会社によって様々な種類の主契約，特約が存在します。同じ名称の保険種類であっても，取扱保険会社によって保障内容が異なる場合がありま

す。具体的な保障内容を確認したい場合は，保険会社のホームページ，約款等を確認するか，サービスセンター，営業所等に問い合わせる必要があります。

✐　特約保険料の取扱いについて，国税庁「定期保険及び第三分野保険に係る保険料の取扱いに関するFAQ」（令和元年7月8日）には次の通り記載されています。

[Q18]　特約に係る保険料を支払った場合，どのように取り扱われるのですか。

[A]

　　法人が，自己を契約者とし，役員又は使用人（これらの者の親族を含みます。）を被保険者とする特約を付した養老保険，定期保険，第三分野保険又は定期付養老保険等に加入し，当該特約に係る保険料を支払った場合には，その支払った保険料の額については，当該契約の内容に応じ，法基通9-3-4，9-3-5又は9-3-5の2の例によることとなります（法基通9-3-6の2）。

　　ここでいう特約とは，保険給付がある特約のことをいい，保険給付がある特約に係る保険料を支払った場合には，主契約に係る保険料とは区別して，法基通9-3-4，9-3-5又は9-3-5の2の取扱いによることとなります。

　　一方で，保険給付のない特約に係る保険料（例えば，保険料払込免除特約に係る保険料）は，主契約に係る保険料に含めて各通達の取扱いによることとなります。

## 2　生命保険の基本用語

〔か行〕

■解約

　保険契約者が保険会社に申し出て，それ以後の保険契約の継続を打ち切ることをいいます。その時点で保険契約は消滅し，それ以降の保障がなくなります。保険会社はその保険契約について解約返戻金があれば払い戻しますが，通常の場合，払い込んだ保険料の合計額よりも少なくなります。

■解約返戻金

　保険契約が解約された場合に保険契約者に払い戻される金額のことをいいます。保険契約を解約する場合，保険契約者が法人であれば，その法人に解約返戻金が払い戻されることになります。解約返戻金とともに前納保険料，未経過保険料等が払い戻される場合があり，それらを含めて「解約返戻金等」，「解約返戻金相当額」とする場合もあります。

■給付金

　被保険者が約款に定める支払事由に該当したときに，保険会社から支払われるお金のことをいいます。

■契約応当日

　契約後，保険期間中に迎える毎年の契約日に対応する日のことをいいます。月単位あるいは半年単位の応当日といったときは，各々月単位あるいは半年単位の契約日に対応する日のことをいいます。

■契約者貸付

　保険契約者は解約返戻金の一定範囲内で，貸付けを受けることができる場合があり，これを契約者貸付といいます。貸付期間中も保障は継続します。保険契約者は保険会社に対して一定の金利を負担します。英語での表記を略して「PL」と呼ばれる場合があります。

　　✍　令和2年以降における新型コロナウイルス感染症の拡大の際には，生命保険会社各社が契約者貸付（新規貸付）の利息を一定期間免除することで，当面の資金を必要とする契約者をサポートしました。

■契約年齢

　契約日における被保険者の年齢のことをいいます。満年齢で計算する場合と保険年齢で計算する場合があり，保険会社等によって対応が異なるため注意が必要です。

■契約日

　通常は責任開始の日をいい，保険期間等の計算の基準日となります。保険料が月払の場合，契約日は責任開始日の翌月1日になります（始期指定の場合等の例外はあります）。

■減額

　保険期間の途中から保険金額を減らすことをいいます。減額部分は解約されたものとして取り扱い，減額部分の解約返戻金が契約者に払い戻される場合があります。

■更新

　保険期間の終了後も，同じ保障内容・保障額・保障期間で契約が継続されることをいいます。更新時の年齢，保険料率で保険料は再計算されます。自動更新，申出更新があります。

■告知義務（告知義務違反）

　契約者と被保険者が保険契約の申込みをするとき等に，健康状態や職業等について保険会社に報告する義務のことです。重要事項について報告しなかったり，故意に事実を歪曲して報告したりした場合には告知義務違反とし，保険会社が保険契約を解除できる場合があります。

■告知・診査

　保険会社は，契約の際に被保険者の健康状態などが一定の範囲内かどうかを査定するため，被保険者による告知や医師による診査を求めます。保険会社による保障の範囲や保険契約の責任開始期を定めるための要件の1つになり，実務上は大変重要です。

〔告知書の例①　エヌエヌ生命（一般用）〕

**告知書（一般）** 2020.05　　必ず被保険者様ご自身がありのままを正確にもれなくご記入ください。

この書面による告知は、生命保険のご契約をお引き受けするかどうかを決める重要な事項です。必ず被保険者様ご自身が、ありのままを正確にもれなくご記入ください。もしこれらの事項について事実を記入にならなかったり、ご記入いただいた内容が事実と違っていた場合には、ご契約または特約が解除されたり、保険金や年金・給付金などのお支払いを受けられないことがあります。

各項目の質問について、「はい」に該当する場合は はい に、「いいえ」となる場合は いいえ に○をし、1～9項が はい の場合には A欄 B欄 C欄 いずれか所定の欄内に詳細をご記入ください。

| | | | |
|---|---|---|---|
| 1 | 最近3ヶ月以内に、医師の診察・検査・治療・投薬のうちいずれかをうけたことがありますか。 ⚠ 診察結果が病気やけがでなくても、医師の診察をうけた場合は はい となります。 | いいえ　はい | A欄を記入 |
| 2 | 過去5年以内に、病気やけがで、継続して7日以上の入院をしたことがありますか。（正常分娩による入院を除きます） | いいえ　はい | |
| 3 | 過去5年以内に、病気やけがで、手術をうけたことがありますか。 | いいえ　はい | |
| 4 | 過去5年以内に、次のいずれかに該当する事実がありますか。● 別表1 の病気で、一度でも医師の診察・検査・治療・投薬をうけたことがある。● 別表1 以外の病気やけがで、7日間以上にわたって医師の診察・検査・治療・投薬をうけたことがある。⚠ 7日間以上にわたるとは、初診日から治療を終了した日まで（継続しない場合は5年以内の7日以上）であること、あるいは継続して7日分以上の薬の処方をうけたことをいいます。通院日数は必ずしも一致しません。 | いいえ　はい | |
| 5 | 今までに、ガン（白血病、肉腫、悪性リンパ腫などの悪性新生物、上皮内がんを含む）にかかったことがありますか。 | いいえ　はい | |
| 6 | 6-Ⅰ 過去2年以内に健康診断・人間ドックをうけたことがありますか。うけていない場合、無料で過去2年間分健康診断特約／無料で過去5年間分健康診断特約をお引き受けできません。⚠ 健康診断および所轄の早期発見のための診察・検査をいい、健康診断・人間ドック・脳ドック・がん検診・婦人科検診・PET検診等、検査の名称は問いません。 | うけてない　うけた | B欄を記入 |
| | 6-Ⅱ 別表2 の臓器・部位や検査の結果について異常（要経過観察・要再検査・要精密検査・要治療を含む）を指摘されたことがありますか。⚠ 一度でも異常を指摘された場合は、再検査や精密検査で異常がなくても はい に○をして、詳細を記入欄にご記入ください。 | いいえ　はい | |
| 7 | 視力（片眼の矯正視力が0.3以下）・聴力・言語・そしゃく機能に障がいがありますか。 | いいえ　はい | C欄を記入 |
| 8 | 手・足・指の欠損または機能の障がい、背骨（脊柱）に変形や障がいがありますか。 | いいえ　はい | |
| 9 | 過去5年以内に、妊娠・分娩に伴う異常で、入院したり手術をうけたことがありますか。⚠ 妊娠・分娩に伴う異常とは、帝王切開、切迫早産、切迫流産、妊娠中毒症、早産、流産、死産、胎状奇胎、子宮外妊娠などをいいます。 | いいえ　はい | A欄を記入 |
| 10 | 満16歳以上の女性の場合ご記入ください | 現在、妊娠していますか。 | いいえ　はい（妊娠週またはヶ月）→過ヶ月 |
| 11 | 喫食体料率適用特約または喫食体料率適用特約バイプ（特約用）を申込まれる方は、必ずご記入ください。 | 過去1年以内に、喫煙もしくはタバコ商品を使用したことがありますか。喫煙とは、紙巻きタバコ、葉巻、パイプ、加熱式タバコなどを含み、タバコ商品とは、噛みタバコ、嗅ぎタバコ、ニコチンガム、ニコチンパッチなどを含みます。 | いいえ　はい（1日あたり　本）→本 |

---

エヌエヌ生命保険株式会社 御中

『告知に関する注意事項』の内容の説明をうけ了承しました。この書面に記入した事項は被保険者本人が記入したものであり、事実に相違ありません。また、裏面の「個人情報の取扱いに関する確認・同意事項」に同意しました。健康診断結果通知書／人間ドック成績表の写しを添付している場合は、原本の写しに相違ありません。

| 告知日 | 西暦　　年　　月　　日 | | 勤務先名 | |
| 被保険者自署 | フリガナ 上記事項について確認しました。 　　　　　　　　　　　　　　　　　　様 性別 男・女　生年月日 明・大・昭・平・令　年　月　日生　歳 | | 具体的な職務内容 | |
| 身長 cm | 体重 kg | | | |

## 詳細記入欄　※書ききれない場合は、別の告知書にご記入ください。

縦書き（右端）：●くわしくは⑦ページ「告知書（被保険者用）」をご覧くださいませ。

| | | 詳細1 | 詳細2 | 詳細3 |
|---|---|---|---|---|
| **A欄** | 病気やけがの名前 | | | |
| | 部位 | 右 左 | 右 左 | 右 左 |
| | 治療・検査の時期 | 年　月～ 治療中 経過観察中 年　月に完治 | 年　月～ 治療中 経過観察中 年　月に完治 | 年　月～ 治療中 経過観察中 年　月に完治 |
| | 入院期間 | 無 有→ 年　月から 日間 | 無 有→ 年　月から 日間 | 無 有→ 年　月から 日間 |
| | 手術年月、手術名・部位 | 無 有→手術年月 年　月 手術名・部位 | 無 有→手術年月 年　月 手術名・部位 | 無 有→手術年月 年　月 手術名・部位 |
| | 病気やけがの原因・治療内容・薬剤名・検査内容・検査結果・経過等の詳細 | | | |
| | 医療機関名 | | | |

↓ 高血圧症、糖尿病、脂質異常症、肝機能障がいの場合、以下もあわせてご記入ください。↓

**高血圧症**
血圧値 最大（　）mmHg・最小（　）mmHg　測定時期（　年　月）　合併症 無 有→診断名（　）

**脂質異常症**
総コレステロール（　）mg/dl・HDLコレステロール（　）mg/dl　LDLコレステロール（　）mg/dl・中性脂肪（　）mg/dl　検査時期（　年　月）

**糖尿病**
①型 ②型・HbA1c（　）%・空腹時血糖値（　）mg/dl　検査時期（　年　月）インスリン使用 無 有　合併症 無 有→診断名（　）

**肝機能障がい**
原因（　）　GOT(AST)（　）IU/L・GPT(ALT)（　）IU/L　γGTP(GGT)（　）IU/L・ALP（　）IU/L　総ビリルビン（　）mg/dl・アルブミン（　）g/dl
HBs抗原 陰性 陽性　HCV抗体 陰性 陽性　検査時期（　年　月）

### B欄

| | 詳細1 | 詳細2 |
|---|---|---|
| 異常を指摘された臓器・部位・検査項目 | □ 添付の健康診断結果の通りです。それ以外に、過去2年以内に指摘事項はありません。 | |
| 異常指摘の詳細（数値・所見など） | | |
| 健康診断・人間ドックの受診時期・医療機関名 | 時期（　年　月）医療機関名（　） | 時期（　年　月）医療機関名（　） |
| 異常指摘の判定区分 | 要経過観察 要再検査 その他 要治療 要精密検査 （　） | 要経過観察 要再検査 その他 要治療 要精密検査 （　） |

↓ 再検査・精密検査をうけた場合のみ、下欄もあわせてご記入ください。↓

| | 詳細1 | 詳細2 |
|---|---|---|
| 再検査・精密検査の受診時期、医療機関名 | 時期（　年　月）医療機関名（　） | 時期（　年　月）医療機関名（　） |
| 検査の内容 | | |
| 検査結果（数値・所見） | | |
| 上記欄内に記入できない詳細がある場合には、このスペースにご記入ください。 | | |

### C欄

| | |
|---|---|
| 障がいのある部位・原因 | 部位（　）原因（　） |
| 障がいの詳細・程度 | 視力障がいの場合　矯正視力（右）（左）　裸眼視力（右）（左） |
| 症状の固定時期・等級 | 症状固定 無 有→（　年　月）等級（　）級 |

〔告知書の例②　エヌエヌ生命（災害・重度疾病定期保険（低解約・無解約を含む）用）〕

| 告知書（災害・重度疾病定期保険／低解約返戻金型災害・重度疾病定期保険／無解約返戻金型災害・重度疾病定期保険） | 2021.10 | 必ず被保険者様ご自身が正確にご記入ください。 | 提出用 |

この書面による告知は、生命保険のご契約をお引き受けするかどうかを決める重要な事項です。必ず被保険者様ご自身が、正確にご記入ください。

もしこれらの事項について事実をご記入にならなかったり、ご記入いただいた内容が事実と違っていた場合には、主契約や特約が解除されたり、保険金や年金の支払いを受けられないことがあります。

1〜3の質問について、該当するものがありますか。
該当する項目が一つもない場合、「いいえ」に○をしてください。
該当する項目が一つでもある場合は、契約をお引き受けできません。

| 1 | 最近3カ月以内に、医師から入院（※1）、手術を勧められたこと、診察、検査（※2）で異常指摘（※3）をされたことがありますか。 | | | | いいえ |
| 2 | 過去2年以内に、病気やけがで、入院（※1）をしたことまたは手術をうけたことがありますか。 | | | | |
| 3 | 過去5年以内に、下表の病気で医師の診察、検査（※2）、治療・投薬（薬の処方を含みます）をうけたことがありますか。 | | | | |
| | 心臓 | 狭心症、心筋こうそく | 脳 | くも膜下出血、脳内出血、脳こうそく | |
| | 肝臓 | 肝硬変、B型肝炎、C型肝炎 | すい臓 | すい炎 | |
| | 悪性新生物 | がん（白血病、肉腫、悪性リンパ腫など。上皮内がんを除きます） | 腎臓 | 腎不全 | |
| | | | その他 | 糖尿病 | |

※1 検査入院を含みます。検査入院の結果、治療・投薬（薬の処方を含みます）の必要がなかった場合は除きます。また、正常分娩による入院は除きます。
※2 健康診断・人間ドック・がん検診等の指摘（要再検査・要精密検査・要治療）を含みます。診察、検査の結果、治療・投薬（薬の処方を含みます）の必要がなかった場合は除きます。
※3 検査の異常指摘とは、要再検査・要精密検査・要治療を指し、経過観察は含みません。

3つの告知項目に該当しない場合でも、職業・年齢・当社での過去の契約状況等を総合的に判断した結果、お引き受けできないことがあります。

無解約返戻金型災害・重度疾病定期保険に申込まれる方で、特定疾病保険料払込免除特則の適用を希望する場合は下記の質問にもお答えください。

4、5の質問について該当するものがありますか。
該当する項目が一つもない場合、「いいえ」に○をしてください。
該当する項目が一つでもある場合は、特定疾病保険料払込免除特則を適用することはできません。

| 4 | 今までに、がん（白血病、肉腫、悪性リンパ腫などの悪性新生物、上皮内がんを含みます）にかかったことがありますか。 | | | いいえ |
| 5 | 過去5年以内に、下表の病気または症状で医師の診察、検査（※4）、治療・投薬（薬の処方を含みます）をうけたことがありますか。 | | | |
| | 心臓 | 心臓弁膜症、心房細動、心筋症、先天性心臓病、感染性心内膜炎、大動脈瘤、大動脈解離、心不全、心雑音、心臓ペースメーカー装着、植込み型除細動器装着、不整脈 | | |
| | 脳 | 脳動脈瘤、脳動脈硬化症、一過性脳虚血発作、脳血管奇形（脳動静脈奇形、海綿状血管腫）、もやもや病（ウィリス動脈輪閉塞症） | | |
| | 腎臓・尿路 | 腎炎（急性・慢性）、ネフローゼ、腎硬化症、のう胞腎、慢性腎臓病 | | |
| | その他 | 高血圧、動脈硬化症、浮腫、食道静脈瘤、すいのう胞、アルコール依存症、骨髄異形成症候群 | | |

※4 健康診断・人間ドック・がん検診等の指摘（要再検査・要精密検査・要治療）を含みます。診察、検査の結果、治療・投薬（薬の処方を含みます）の必要がなかった場合は除きます。

1〜5の告知項目に該当しない場合でも、職業・年齢・当社での過去の契約状況等を総合的に判断した結果、お引き受けできないことがあります。

| エヌエヌ生命保険株式会社 御中 | 「告知に関する注意事項」の内容の説明をうけ理解しました。この書面に記入した事項は被保険者本人が記入したものであり、事実に相違ありません。また、裏面の「個人情報の取扱等に関する確認・同意事項」に同意しました。 | | |
| 告知日 | 西暦　　　年　　　月　　　日 | 勤務先名 | |
| 被保険者自署 | フリガナ<br>上記事項について確認しました。<br>　　　　　　　　　　　　　　　　様 | 具体的な職業内容 | |
| | 性別（男）（女）生年月日（昭）（平）　年　月　日生　　歳 | | |

＊「告知書の例」は，本書作成日現在の内容です。将来変更になる可能性があります。

〔さ行〕

■始期指定

　保険会社の認める範囲で，保険契約について通常と異なる契約日が指定されることをいいます。保険料の支払方法が月払で，被保険者の誕生日と契約の始期が近接している場合等に始期指定が行われることがあります。

■失効

　保険料の払込猶予期間中に保険料の支払がなく，契約の効力が失われることをいいます。

■自動振替貸付

　保険料の払込みがない場合に，その契約の解約返戻金の範囲内で保険会社が保険料を自動的に立て替え，契約を有効に継続させる制度です。保険種類等によっては自動振替貸付が適用されない場合もあります。立て替えられた保険料には所定の利息が付きます。英語での表記を略して「APL」と呼ばれる場合があります。

■生命保険契約者保護機構

　保険業法に基づいて設立された法人であり，国内で事業を行う全ての生命保険会社が会員として加入しています。生命保険会社の保険契約者のための相互援助制度として，万一，生命保険会社が破綻した場合には，破綻保険会社の保険契約の移転等における資金援助，補償対象保険金の支払に係る資金援助等を行います。

■成立（承諾）

　保険契約者からの保険加入の申込みに対して，これを保険会社が認めることをいいます。

■責任開始日

　保険会社が契約上の責任を開始する時期のことをいいます。保険契約者から申込書が提出された時ではなく，申込み，告知（診査），第1回保険料充当金の払込みの3つがすべて完了した時が責任開始日です。保険会社や保険種類によって，責任開始期の成立要件が異なる場合があります。

■責任準備金

　将来の保険金等を支払うために保険料の中から保険会社が積み立てる積立金のことをいいます。

〔た行〕

■第1回保険料充当金

　保険契約の申込みの際に支払う保険料のことで，保険契約が成立した場合には第1回保険料に充当されます。第1回保険料充当金の払込みは，生命保険の責任が開始する要件の1つになります。

　　✍　責任開始日に関して，第1回保険料の払込みを待たずに「申込日と告知日のいずれか遅い日から保障を開始する」という特約を取り扱っている保険会社もあります。

〔は行〕

■配当金

　生命保険契約の予定率に差異が生じ剰余金が生じた場合に，剰余金の還元として保険契約者に分配されるお金のことをいいます。配当金の分配がある仕組みの有配当の保険と配当金の分配のない仕組みの無配当の保険に分類されます。

■払込期月

　毎回の保険料を保険会社に支払う期間のことをいいます。年払契約の場合は契約日の応当日，半年払契約の場合は半年単位の応当日，月払契約の場合は月単位の応当日の属する月の初日から末日までのことをいいます。

■払込方法

　月払，半年払，年払といった「回数」，口座振替，銀行振込み，団体扱いといった「経路」があります。契約時に設定しますが，保険契約者の要望に応じて契約後に変更される場合があります。

■払済保険への変更

　保険料の払込みを中止して，その時点での解約返戻金をもとに，保険期間の変わらない保険金額の少ない保険に変更する方法です。付加している各種特約は消滅します。保険の種類などによっては，利用できない場合があります。法人税基本通達9-3-7の2により，払済保険へ変更した場合の税務上の取扱いが規定されています。

■被保険者

　その人の生死・病気・ケガなどが保険の対象となっている人のことをいいます。保険法では，生命保険契約の被保険者は，その者の生存又は死亡に関し保険者が保険給付を行うこととなる者，傷害疾病定額保険契約の被保険者は，その者の傷害又は疾病（以下「傷害疾病」という。）に基づき保険者が保険給付を行う

こととなる者とされています（保険法2四）。

■復活

　失効した保険契約について，失効してから所定の期間内に保険会社の承諾を得て，それまでの滞っている保険料をまとめて払い込むことにより，保険契約を元の状態に戻すことをいいます。復活の際には保険会社から被保険者の告知（または診査）が求められ，被保険者の健康状態によっては復活できない場合もあります。

■復旧

　払済保険への変更等を行った後，一定期間内であれば変更前の契約に戻せる場合があり，これを復旧といいます。復旧に際しては，告知（または診査）と復旧部分の積立金の不足額の払込みが必要です。

■保険期間

　保険契約について保険会社の保障が続く期間のことをいいます。保険期間内に保険事故が発生した場合のみ，保険会社から保険金が支払われます。保険期間よりも保険料払込期間が短い場合を「短期払」といいます。

　　✍　法人税基本通達9-3-5（注）2は，「解約返戻金相当額のない短期払の定期保険又は第三分野保険」で，「当該事業年度に支払った保険料の額（一の被保険者につき2以上の解約返戻金相当額のない短期払の定期保険又は第三分野保険に加入している場合にはそれぞれについて支払った保険料の額の合計額）が30万円以下であるものについて，その支払った日の属する事業年度の損金の額に算入しているときには，これを認める」としています。

■保険金

　被保険者が保険会社の約款に定める支払事由（死亡，高度障害など）に該当したときに，保険会社が保険金受取人に支払うお金のことをいいます。

■保険金受取人（給付金受取人）

　保険金・給付金・年金などを受け取る者のことをいいます。保険法では，保険給付を受ける者として生命保険契約又は傷害疾病定額保険契約で定めるものをいうとされています（保険法2五）。

■保険契約者

　生命保険会社と保険契約を結び，契約上の様々な権利（契約内容変更などの請求権）と義務（保険料の支払義務）を持つ者のことをいいます。保険法では，保険契約の当事者のうち，保険料を支払う義務を負う者をいうとされています（保険

法2三）。

## ■保険者

　保険契約の当事者のうち，保険給付を行う義務を負う者をいいます（保険法2二）。生命保険会社が保険者に該当します。

## ■保険種類の変更

　契約後，保険契約者の希望により一定の条件のもとで，保険種類を他の保険種類へ変更することをいいます。「コンバージョン」と呼ばれることもあります。具体的には，定期保険から養老保険に，定期保険から終身保険等に変更する場合などがあります。

## ■保険証券

　保険金額や保険期間といった契約の内容を具体的に記載したものをいいます。保険契約の成立後に保険会社から交付されますが，近年では書面での発行が省略される場合があります。

## ■保険年度

　保険期間の始期（契約日）からその日を含めて満1か年を第1保険年度といい，以下順次，第2保険年度，第3保険年度といいます。

## ■保険年齢

　保険料を算出する際に使用するものです。満年齢で考えた場合，端数が6か月以下のときは切り捨て，6か月超の場合は切り上げます。保険会社等によって保険年齢を使用する場合と満年齢を使用する場合があります。

## ■保険法

　保険契約に関する一般的なルールを定めた法律で，平成22年4月1日から施行されています。保険契約の締結から終了までの間における，保険契約における関係者の権利義務等が規定されています。

## ■保険料

　契約者が保障を得る対価として，生命保険会社に払い込むお金のことをいいます。事業保険では，保険料に関する税務上の取扱いのルールが法人税基本通達9-3-5等で規定されています。

　〔ま行〕

## ■未経過保険料

　保険契約の解約時に既に支払っていた保険料に対する保険期間の未経過分に

応じて，契約者に返還される保険料のことです。保険料の払方を年払・半年払にしている場合に発生することがあります。一般的には，保険法施行後の平成22年4月以降の契約で発生しますが，保険種類等によっては返還されない場合があります。

    ✍ エヌエヌ生命の場合，契約日（更新日）が平成22年3月2日以降の年払・半年払の契約（一部の保険種類では平成22年2月15日以降の契約）で未経過保険料が発生する場合があります。

## ■申込日

生命保険の申込みを行った日です。生命保険の責任が開始する要件の1つになります。

〔や行〕

## ■約款

保険契約に関する取り決めを記載したものです。一般的に約款の大切な部分を抜き出した「ご契約のしおり」とあわせて一冊となっています。近年では保険会社から電子ファイルによって交付されることが増えています。

## ■猶予期間

払込期月の経過後，保険料の払込みを猶予する期間のことをいいます。月払，年払といった払込回数によってその期間が異なります。

以上は一般的な生命保険について記述しています。取扱保険会社や保険商品，保険契約の締結時期等によって内容が異なる場合があります。

# 3　生命保険会社

## ⑴　保険業法

　生命保険会社は，大勢の契約者から保険料を集め，その共有の準備財産を管理，運用していますので，国民経済や生活に及ぼす影響も大きくなっています。そこで国は，保険事業が健全に運営されることにより，契約者等を保護するために保険業法を定め，生命保険事業を免許事業としたうえで，金融庁が監督や規制を行っています。

## ⑵　健全性の指標

　生命保険会社の経営の健全性を示す指標として，ソルベンシー・マージン比率や基礎利益などがあります。

　ソルベンシー・マージン比率とは，大震災や株の暴落など，通常の予測を超えて発生するリスクに対応できる支払余力を保険会社がどのくらい有しているかを判断するための指標です。この比率が200％を下回った場合には，内閣総理大臣によって早期に経営の健全性を回復するための措置（早期是正措置）がとられます。

　基礎利益とは，生命保険会社の1年間の保険本業の収益力を示す指標の1つで，一般の事業会社の営業利益や，銀行の業務純益に近いものです。ここでいう保険本業とは，収納した保険料や運用収益から保険金・年金・給付金などを支払ったり，将来の支払いに備えるために責任準備金を積み立て，運用したりすることなどをいいます。基礎利益は，経常利益から有価証券売却損益等のキャピタル損益と臨時損益を控除して算出されます。

## ⑶　契約者保護のための特別措置

　生命保険会社は，業務または財産の状況に照らして，現時点では破綻に至らないものの，将来において保険業の継続が困難となる可能性がある場合には，契約者の保護を図るために，保険業法等法令に定める手続きを経たうえで，予定利率の見直しなど契約条件の変更を行うことができます。

　生命保険会社が万一破綻した場合には，「生命保険契約者保護機構」により，破綻した生命保険会社に係る保険契約の移転などにおける資金援助，保険契約の引き受けなどの契約者保護の措置がとられます。補償の対象は，原則としてすべての保険契約（一部の特別勘定等を除く）です。破綻時点の責任準備金などの原則として90％までが補償されます。ただし，保険契約の移転などの際には，保険契約を引き続き適正・安全に維持するために，予定利率の見直しなどの契約条件の変更が行われる可能性があります。また，保険契約の継続・集団の維持の観点から，早期解約控除（契約内容変更後の解約返戻金に対して，一定期間，特別な控除を行う制度）が行われる可能性があります。

　上記の特別措置が行われた場合，契約時に約束した保険金額，年金額，給付金額などが削減されることがあります。なお，破綻の場合は，責任準備金等が10％（高予定利率契約では10％以上）削減されるおそれがあり，また，予定利率の引き下げなどが行われる場合は保険金額などの削減額が大きくなる可能性があります。

　　✍　過去において，日産生命，東邦生命，第百生命，大正生命，千代田生命，協栄生命，東京生命，大和生命等が破綻し，それぞれの保険会社が保有していた保険契約は，他の保険会社に引き継がれています。

## ⑷　相互会社と株式会社

　生命保険会社の経営形態には，相互会社と株式会社の2つがあります。

　相互会社は，保険事業だけに認められているもので，生命保険に加入した人々がお互いに助け合うことを目的としており，一般の株式会社の利益金にあたる剰余金は，その一定割合を社員配当として返還することになっています。生命保険に加入した契約者は，原則として社員となり生命保険会社の運営に参加します。実際には，社員の中から総代を選び，総代会で会社運営上の重要な事柄を決めています。

　株式会社の場合，契約者は保険の契約関係だけで，会社の運営には参加しませんが，会社は利益金の一定割合を契約者配当として返還すること，契約者本位の経営をすることなど，保険事業の性格から，相互会社と比べてもほとんど違いなく運営されています。

　　✍　エヌエヌ生命のように無配当保険だけを取り扱う株式会社もあります。

### ⑸　保険会社の名称

　過去において多くの保険会社が商号の変更等を行っているため，契約者の手元にある保険証券等に記載されている保険会社名と現在の保険会社名が異なっている場合があります。

　現在の名称は，保険会社から契約者に送付される各種の案内や生命保険料控除証明書等で確認できます。取扱保険会社が複数回の名称変更を行っており，過去の変遷がよく分からないという場合，生命保険協会がホームページ上で公開している「生命保険会社の変遷図」で確認することができます。

> ✍　エヌエヌ生命は，1986年に日本で初めてのヨーロッパ生まれの生命保険会社「ナショナーレ・ネーデルランデン生命保険会社 N.V. 日本支店」として営業を開始しました。1995年4月から「ナショナーレ・ネーデルランデン生命保険株式会社」，1997年1月から「アイエヌジー生命保険株式会社」，2015年4月からは現在の「エヌエヌ生命保険株式会社」として活動しています。

## 4　生命表

　生命表とは，ある集団（性別・年齢別）の死亡率を観察し，人の生死の法則を表にしたものです。ある一時点に10万人が生まれたものと仮定し，時の経過により減少していく推移を表します。

　生命保険会社は，保険料等を算出するために「生保標準生命表2018（死亡保険用）」，「生保標準生命表2007（年金開始後用）」，「第三分野標準生命表2018」を使用しています。

〔生保標準生命表のイメージ〕

「生保標準生命表2018」（死亡保険用【男性】）より一部を引用

| 年齢<br>$x$ | 生存数<br>$l_x$ | 死亡数<br>$d_x$ | 死亡率<br>$q_x$ | 平均余命<br>$\dot{e}_x$ |
|---|---|---|---|---|
| 0 | 100,000 | 81 | 0.00081 | 80.77 |
| 1 | 99,919 | 56 | 0.00056 | 79.84 |
| 2 | 99,863 | 36 | 0.00036 | 78.88 |
| 3 | 99,827 | 22 | 0.00022 | 77.91 |
| 4 | 99,805 | 14 | 0.00014 | 76.92 |

（出所）公益社団法人日本アクチュアリー会ホームページ

　2018年，11年ぶりに改定された生命表には，日本人の平均寿命の伸びにより死亡率が低くなったことが反映されました。定期保険等の掛け捨ての保険の場合，それまでと比べて保険料が安く算出されるようになっています。

| 年齢 | 生保標準生命表2018（死亡保険用） | | 生保標準生命表2007（死亡保険用） |
|---|---|---|---|
| | | 対現行 | |
| 歳 | ‰ | ％ | ‰ |
| 60 | 6.53 | 78 | 8.34 |
| 61 | 7.16 | 79 | 9.02 |
| 62 | 7.85 | 80 | 9.81 |
| 63 | 8.58 | 80 | 10.72 |
| 64 | 9.35 | 79 | 11.80 |

（出所）公益社団法人日本アクチュアリー会「生保標準生命表 2018（死亡保険用）と生保標準生命表2007（死亡保険用）の比較（男性の死亡率）」から一部を引用

　上記の死亡率は「千分率」で表示されています。60歳男性が1,000人いると仮定した場合，生保標準生命表2007年では1年で8.34人が亡くなるものとされていたのが，生保標準生命表2018では6.53人に減少しています。

## 【コラム「死亡率の低下と事業保険」】

　日本人の平均寿命が伸びて，今までよりも死亡率が低くなったということは，「生命保険の必要性も低下した」ということなのでしょうか。

　中小企業の経営者が突然亡くなった場合，会社の経営や業績等に大きな影響（マイナスの影響）を与えることになります。それまでのように会社が継続していくことができるのか？従業員が不安になるだけでなく，取引先等も動揺します。そのような中で保険会社から支払われる死亡保険金は，その企業にとって自身の継続にも関わる大きな活力となります。死亡率が少し下がったからといって，経営者の保障の必要性が薄まるとはとても考えられません。

　むしろ死亡率の低下により保険料が割安になった分，あらためて保障を見直してみる良い機会といえるかもしれません。2018年よりも前に事業保険に加入し，その後は特に見直しを行っていないということであれば，加入している保障内容がその会社の現状に即したものになっているかどうか，再度点検してみるとよいでしょう。

　令和2年簡易生命表（厚生労働省）によると，男性の平均寿命は81.64年，女性の平均寿命は87.74年となり，前年と比較して男性は0.22年，女性は0.30年上回っています。死亡率が下がり寿命が伸びているということは，存命中に疾病に罹患するリスクも高まっているということも，忘れずに考慮したいところです。経営者の死亡だけではなく，疾病に備えるための事業保険も多くの企業で利用されています。

## 5　支払調書

　生命保険会社は，保険金等を支払う際に支払調書を税務署に提出するよう定められています。
　〔提出が必要な場合（例）〕
・保険金，解約返戻金等の一時金の金額が100万円を超えるもの
・年金支払額が年20万円を超えるもの
　✍　上記の金額は支払金額であり，課税所得金額ではありません。
　✍　契約者と年金受取人が異なる場合等は，支払金額にかかわらず提出されます。
　✍　詳細につきましては各取扱保険会社等にお問い合わせください。

　マイナンバー制度の導入により，生命保険会社には平成28年1月以降の支払いから，保険金等を支払う際に税務署に提出する支払調書等に，保険契約者及び保険金等受取人のマイナンバーを記載することが義務付けられています。
　平成27年度税制改正では，生命保険等の一時金・保険金等の支払調書の記載事項の追加や死亡による契約者変更の場合の調書の創設が行われ，平成30年1月1日から適用されています。

〔生命保険契約等の一時金の支払調書〕

令和　　年分　生命保険契約等の一時金の支払調書

| 保険金等受取人 | 住所(居所)又は所在地 | | 氏名又は名称 | |
| --- | --- | --- | --- | --- |
| | | | 個人番号又は法人番号 | |
| 保険契約者等又は保険料等払込人 | | | 氏名又は名称 | |
| | | | 個人番号又は法人番号 | |
| 被保険者等 直前の保険契約者等 | | | 氏名又は名称 | |

○ 個人番号又は法人番号欄に個人番号（12桁）を記載する場合には、右詰で記載します。

| 保険金額等 | 増加又は割増保険金等 | 未払利益配当金等 | 貸付金額、同未収利息 |
| --- | --- | --- | --- |
| 千　円 | 千　円 | 千　円 | 千　円 |

| 未払込保険料等 | 前納保険料等払戻金 | 差引支払保険金額等 | 既払込保険料等 |
| --- | --- | --- | --- |
| 千　円 | 千　円 | 千　円 | (内)　　　千　円 |

| 保険事故等 | | 保険事故等の発生年月日 | 　年　　月　　日 | (摘要) |
| --- | --- | --- | --- | --- |
| 保険等の種類 | | 保険金等の支払年月日 | 　年　　月　　日 | |
| 契約者変更の回数 | | | | |

| 保険会社等 | 所在地 | | | |
| --- | --- | --- | --- | --- |
| | 名称 | (電話) | 法人番号 | |

| 整理欄 | ① | ② | |
| --- | --- | --- | --- |

310

〔生命保険金・共済金受取人別支払調書〕

令和　　年分　生命保険金・共済金受取人別支払調書

| 保険金等受取人 | 住所(居所)又は所在地 | | 氏名又は名称 | |
| --- | --- | --- | --- | --- |
| | | | 個人番号又は法人番号 | |
| 保険契約者等(又は保険料等払込人) | | | 氏名又は名称 | |
| | | | 個人番号又は法人番号 | |
| 被保険者等 直前の保険契約者等 | | | 氏名又は名称 | |

○ 個人番号又は法人番号欄に個人番号（12桁）を記載する場合には、右詰で記載します。

| 保険金額等 | 増加又は割増保険金額等 | 未払利益配当金等 | 貸付金額、同未収利息 |
| --- | --- | --- | --- |
| 千　円 | 千　円 | 千　円 | 千　円 |

| 未払込保険料等 | 前納保険料等払戻金 | 差引支払保険金額等 | 既払込保険料等 |
| --- | --- | --- | --- |
| 千　円 | 千　円 | 千　円 | (内)　　　千　円 |

| 保険事故等 | | 保険事故等の発生年月日 | 　年　　月　　日 | (摘要) |
| --- | --- | --- | --- | --- |
| 保険等の種類 | | 保険金等の支払年月日 | 　年　　月　　日 | (　　　年　　月　　日提出) |
| 契約者変更の回数 | | | | |

| 保険会社等 | 所在地 | | | |
| --- | --- | --- | --- | --- |
| | 名称 | (電話) | 法人番号 | |

| 整理欄 | ① | ② | |
| --- | --- | --- | --- |

323

（出所）国税庁ホームページ

# 第7章　関係法令，裁判例等

## 1　関係法令

　事業保険の実務に係る主要な法令です。本書作成時の法令であり，将来的には内容等が変更されている場合があります。ご注意ください。

### (1)　法人税
### ア　法人税法

> **第二十二条**　内国法人の各事業年度の所得の金額は，当該事業年度の益金の額から当該事業年度の損金の額を控除した金額とする。
> 2　内国法人の各事業年度の所得の金額の計算上当該事業年度の益金の額に算入すべき金額は，別段の定めがあるものを除き，資産の販売，有償又は無償による資産の譲渡又は役務の提供，無償による資産の譲受けその他の取引で資本等取引以外のものに係る当該事業年度の収益の額とする。
> 3　内国法人の各事業年度の所得の金額の計算上当該事業年度の損金の額に算入すべき金額は，別段の定めがあるものを除き，次に掲げる額とする。
> 　一　当該事業年度の収益に係る売上原価，完成工事原価その他これらに準ずる原価の額
> 　二　前号に掲げるもののほか，当該事業年度の販売費，一般管理費その他の費用（償却費以外の費用で当該事業年度終了の日までに債務の確定しないものを除く。）の額
> 　三　当該事業年度の損失の額で資本等取引以外の取引に係るもの
> 4　第二項に規定する当該事業年度の収益の額及び前項各号に掲げる額は，別段の定めがあるものを除き，一般に公正妥当と認められる会計処理の基準に従つて計算されるものとする。
> 5　（以下，省略）
>
> （役員給与の損金不算入）
> **第三十四条**
> （省略）
> 2　内国法人がその役員に対して支給する給与（前項又は次項の規定の適用があるものを除く。）の額のうち不相当に高額な部分の金額として政令で定める金額は，その

内国法人の各事業年度の所得の金額の計算上，損金の額に算入しない。
　3　内国法人が，事実を隠蔽し，又は仮装して経理をすることによりその役員に対して支給する給与の額は，その内国法人の各事業年度の所得の金額の計算上，損金の額に算入しない。
　4　前三項に規定する給与には，債務の免除による利益その他の経済的な利益を含むものとする。（以下，省略）

 ✍　法人税法22条4項と法人税基本通達9－3－5の2（定期保険等の保険料に相当多額の前払部分の保険料が含まれる場合の取扱い）の関係について，パブリックコメント（令和元年6月28日）では次のように説明されています。
「法人税法上，当該事業年度の損金の額に算出される費用の額は，別段の定めがあるものを除き，「一般に公正妥当と認められる会計処理の基準に従って計算するものとする」（法人税法22④）とされています。
　企業会計原則では，前払費用については，当期の損益計算から除去し，資産の部に計上しなければならないとされており（企業会計原則第二損益計算書原則一，原則第三貸借対照表原則四，財務諸表等規則16，31の2），このような会計処理は一般に公正妥当と認められる会計処理の基準に適合するものと認められますので，法人税法上，前払部分の保険料は資産計上するのが原則となります。
　上記のとおり，今般の改正通達は，法人税法第22条第4項に基づいて，定期保険及び第三分野保険の保険料に関する取扱いを明らかにしたものであり，通達のみで取扱いを定めているものではありません。
　国税庁としては，課税の透明性・統一性を図るべく法令解釈通達等において実務上の取扱いを明らかにしているところです。」

## イ　法人税法施行令

（過大な役員給与の額）
**第七十条**　法第三十四条第二項（役員給与の損金不算入）に規定する政令で定める金額は，次に掲げる金額の合計額とする。
　一　（省略）
　二　内国法人が各事業年度においてその退職した役員に対して支給した退職給与（法第三十四条第一項又は第三項の規定の適用があるものを除く。以下この号において同じ。）の額が，当該役員のその内国法人の業務に従事した期間，その退職の事情，その内国法人と同種の事業を営む法人でその事業規模が類似するものの役員に対する退職給与の支給の状況等に照らし，その退職した役員に対する退職給与として相当であると認められる金額を超える場合におけるその超える部分の金額
　三　（省略）

## ウ　法人税基本通達

（短期の前払費用）

**2-2-14**　前払費用（一定の契約に基づき継続的に役務の提供を受けるために支出した費用のうち当該事業年度終了の時においてまだ提供を受けていない役務に対応するものをいう。以下2-2-14において同じ。）の額は，当該事業年度の損金の額に算入されないのであるが，法人が，前払費用の額でその支払った日から１年以内に提供を受ける役務に係るものを支払った場合において，その支払った額に相当する金額を継続してその支払った日の属する事業年度の損金の額に算入しているときは，これを認める。（昭55年直法2-8「七」により追加，昭61年直法2-12「二」により改正）

（注）　例えば借入金を預金，有価証券等に運用する場合のその借入金に係る支払利子のように，収益の計上と対応させる必要があるものについては，後段の取扱いの適用はないものとする。

（債務の免除による利益その他の経済的な利益）

**9-2-9**　法第34条第４項《役員給与》及び法第36条《過大な使用人給与の損金不算入》に規定する「債務の免除による利益その他の経済的な利益」とは，次に掲げるもののように，法人がこれらの行為をしたことにより実質的にその役員等（役員及び同条に規定する特殊の関係のある使用人をいう。以下9-2-10までにおいて同じ。）に対して給与を支給したと同様の経済的効果をもたらすもの（明らかに株主等の地位に基づいて取得したと認められるもの及び病気見舞，災害見舞等のような純然たる贈与と認められるものを除く。）をいう。（省略）

(12)　法人が役員等を被保険者及び保険金受取人とする生命保険契約を締結してその保険料の額の全部又は一部を負担した場合におけるその負担した保険料の額に相当する金額

（継続的に供与される経済的利益の意義）

**9-2-11**　令第69条第１項第２号《定期同額給与の範囲等》に規定する「継続的に供与される経済的な利益のうち，その供与される利益の額が毎月おおむね一定であるもの」とは，その役員が受ける経済的な利益の額が毎月おおむね一定であるものをいうのであるから，例えば，次に掲げるものはこれに該当することに留意する。（平19年課法2-3「二十二」により追加，平19年課法2-17「二十」により改正）

(1)　（省略）

(5)　9-2-9の(11)及び(12)に掲げる金額で経常的に負担するもの

（業績連動給与に該当しない退職給与）

**9-2-27の２**　いわゆる功績倍率法に基づいて支給する退職給与は，法第34条第５項（（業績連動給与））に規定する業績連動給与に該当しないのであるから，同条第１項（（役員給与の損金不算入））の規定の適用はないことに留意する。（平29年課法2-17「十二」により追加）

（注）　本文の功績倍率法とは，役員の退職の直前に支給した給与の額を基礎として，役員の法人の業務に従事した期間及び役員の職責に応じた倍率を乗ずる方法により支給する金額が算定される方法をいう。

（役員に対する退職給与の損金算入の時期）

**9-2-28**　退職した役員に対する退職給与の額の損金算入の時期は，株主総会の決議等によりその額が具体的に確定した日の属する事業年度とする。ただし，法人がその退職給与の額を支払った日の属する事業年度においてその支払った額につき損金経理をした場合には，これを認める。（昭55年直法2-8「三十二」，平19年課法2-3「二十二」により改正）

（役員の分掌変更等の場合の退職給与）

**9-2-32**　法人が役員の分掌変更又は改選による再任等に際しその役員に対し退職給与として支給した給与については，その支給が，例えば次に掲げるような事実があったことによるものであるなど，その分掌変更等によりその役員としての地位又は職務の内容が激変し，実質的に退職したと同様の事情にあると認められることによるものである場合には，これを退職給与として取り扱うことができる。（昭54年直法2-31「四」，平19年課法2-3「二十二」，平23年課法2-17「十八」により改正）

(1)　常勤役員が非常勤役員（常時勤務していないものであっても代表権を有する者及び代表権は有しないが実質的にその法人の経営上主要な地位を占めていると認められる者を除く。）になったこと。

(2)　取締役が監査役（監査役でありながら実質的にその法人の経営上主要な地位を占めていると認められる者及びその法人の株主等で令第71条第1項第5号《使用人兼務役員とされない役員》に掲げる要件の全てを満たしている者を除く。）になったこと。

(3)　分掌変更等の後におけるその役員（その分掌変更等の後においてもその法人の経営上主要な地位を占めていると認められる者を除く。）の給与が激減（おおむね50％以上の減少）したこと。

　　（注）　本文の「退職給与として支給した給与」には，原則として，法人が未払金等に計上した場合の当該未払金等の額は含まれない。

（養老保険に係る保険料）

**9-3-4**　法人が，自己を契約者とし，役員又は使用人（これらの者の親族を含む。）を被保険者とする養老保険（被保険者の死亡又は生存を保険事故とする生命保険をいい，特約が付されているものを含むが，9-3-6に定める定期付養老保険等を含まない。以下9-3-7の2までにおいて同じ。）に加入してその保険料（令第135条《確定給付企業年金等の掛金等の損金算入》の規定の適用があるものを除く。以下9-3-4において同じ。）を支払った場合には，その支払った保険料の額（特約に係る保険料の額を除く。）については，次に掲げる場合の区分に応じ，それぞれ次により取り扱うものとする。（昭55年直法2-15「十三」により追加，昭59年直法2-3「五」，平15年課法2-7「二十四」，令元年課法2-13により改正）

(1)　死亡保険金（被保険者が死亡した場合に支払われる保険金をいう。以下9-3-4において同じ。）及び生存保険金（被保険者が保険期間の満了の日その他一定の時期に生存している場合に支払われる保険金をいう。以下9-3-4において同じ。）の受取人が当該法人である場合　その支払った保険料の額は，保険事故の発生又は保険契約の解除若しくは失効により当該保険契約が終了する時までは資産に計上するものとする。

(2)　死亡保険金及び生存保険金の受取人が被保険者又はその遺族である場合　その支払った保険料の額は，当該役員又は使用人に対する給与とする。

(3)　死亡保険金の受取人が被保険者の遺族で，生存保険金の受取人が当該法人である場合　その支払った保険料の額のうち，その2分の1に相当する金額は(1)により資産に計上し，残額は期間の経過に応じて損金の額に算入する。ただし，役員又は部課長その他特定の使用人（これらの者の親族を含む。）のみを被保険者としている場合には，当該残額は，当該役員又は使用人に対する給与とする。

（定期保険及び第三分野保険に係る保険料）
**9-3-5**　法人が，自己を契約者とし，役員又は使用人（これらの者の親族を含む。）を被保険者とする定期保険（一定期間内における被保険者の死亡を保険事故とする生命保険をいい，特約が付されているものを含む。以下9-3-7の2までにおいて同じ。）又は第三分野保険（保険業法第3条第4項第2号《免許》に掲げる保険（これに類するものを含む。）をいい，特約が付されているものを含む。以下9-3-7の2までにおいて同じ。）に加入してその保険料を支払った場合には，その支払った保険料の額（特約に係る保険料の額を除く。以下9-3-5の2までにおいて同じ。）については，9-3-5の2《定期保険等の保険料に相当多額の前払部分の保険料が含まれる場合の取扱い》の適用を受けるものを除き，次に掲げる場合の区分に応じ，それぞれ次により取り扱うものとする。（昭55年直法2-15「十三」により追加，昭59年直法2-3「五」，令元年課法2-13により改正）
(1)　保険金又は給付金の受取人が当該法人である場合　その支払った保険料の額は，原則として，期間の経過に応じて損金の額に算入する。
(2)　保険金又は給付金の受取人が被保険者又はその遺族である場合　その支払った保険料の額は，原則として，期間の経過に応じて損金の額に算入する。ただし，役員又は部課長その他特定の使用人（これらの者の親族を含む。）のみを被保険者としている場合には，当該保険料の額は，当該役員又は使用人に対する給与とする。
　（注）
　1　保険期間が終身である第三分野保険については，保険期間の開始の日から被保険者の年齢が116歳に達する日までを計算上の保険期間とする。
　2　(1)及び(2)前段の取扱いについては，法人が，保険期間を通じて解約返戻金相当額のない定期保険又は第三分野保険（ごく少額の払戻金のある契約を含み，保険料の払込期間が保険期間より短いものに限る。以下9-3-5において「解約返戻金相当額のない短期払の定期保険又は第三分野保険」という。）に加入した場合において，当該事業年度に支払った保険料の額（一の被保険者につき2以上の解約返戻金相当額のない短期払の定期保険又は第三分野保険に加入している場合にはそれぞれについて支払った保険料の額の合計額）が30万円以下であるものについて，その支払った日の属する事業年度の損金の額に算入しているときには，これを認める。

（定期保険等の保険料に相当多額の前払部分の保険料が含まれる場合の取扱い）
**9-3-5の2**　法人が，自己を契約者とし，役員又は使用人（これらの者の親族を含む。）を被保険者とする保険期間が3年以上の定期保険又は第三分野保険（以下9-3-5の2において「定期保険等」という。）で最高解約返戻率が50％を超えるものに加入して，その保険料を支払った場合には，当期分支払保険料の額については，次表に定める区分に応じ，それぞれ次により取り扱うものとする。ただし，これらの保険のうち，最高解約返戻率が70％以下で，かつ，年換算保険料相当額（一の被保険者につき2以上の定期保険等に加入している場合にはそれぞれの年換算保険料相当額の合計

額）が30万円以下の保険に係る保険料を支払った場合については，9-3-5の例によるものとする。（令元年課法2-13により追加）

(1)　当該事業年度に次表の資産計上期間がある場合には，当期分支払保険料の額のうち，次表の資産計上額の欄に掲げる金額（当期分支払保険料の額に相当する額を限度とする。）は資産に計上し，残額は損金の額に算入する。

　　（注）　当該事業年度の中途で次表の資産計上期間が終了する場合には，次表の資産計上額については，当期分支払保険料の額を当該事業年度の月数で除して当該事業年度に含まれる資産計上期間の月数（1月未満の端数がある場合には，その端数を切り捨てる。）を乗じて計算した金額により計算する。
　　また，当該事業年度の中途で次表の資産計上額の欄の「保険期間の開始の日から，10年を経過する日」が到来する場合の資産計上額についても，同様とする。

(2)　当該事業年度に次表の資産計上期間がない場合（当該事業年度に次表の取崩期間がある場合を除く。）には，当期分支払保険料の額は，損金の額に算入する。

(3)　当該事業年度に次表の取崩期間がある場合には，当期分支払保険料の額（(1)により資産に計上することとなる金額を除く。）を損金の額に算入するとともに，(1)により資産に計上した金額の累積額を取崩期間（当該取崩期間に1月未満の端数がある場合には，その端数を切り上げる。）の経過に応じて均等に取り崩した金額のうち，当該事業年度に対応する金額を損金の額に算入する。

| 区分 | 資産計上期間 | 資産計上額 | 取崩期間 |
|---|---|---|---|
| 最高解約返戻率50％超70％以下 | 保険期間の開始の日から，当該保険期間の100分の40相当期間を経過する日まで | 当期分支払保険料の額に100分の40を乗じて計算した金額 | 保険期間の100分の75相当期間経過後から，保険期間の終了の日まで |
| 最高解約返戻率70％超85％以下 | | 当期分支払保険料の額に100分の60を乗じて計算した金額 | |
| 最高解約返戻率85％超 | 保険期間の開始の日から，最高解約返戻率となる期間（当該期間経過後の各期間において，その期間における解約返戻金相当額からその直前の期間における解約返戻金相当額を控除した金額を年換算保険料相当額で除した割合が100分の70を超える期間がある場合には，その超えることとなる期間）の終了の日まで<br>（注）　上記の資産計上期間が5年未満となる場合には，保険期間の開始の日から，5年を経過する日まで（保険期間が10年未満の場合には，保険期間の開始の日から，当該保険期間の100分の50相当期間を経過する日まで）とする。 | 当期分支払保険料の額に最高解約返戻率の100分の70（保険期間の開始の日から，10年を経過する日までは，100分の90）を乗じて計算した金額 | 解約返戻金相当額が最も高い金額となる期間（資産計上期間がこの表の資産計上期間の欄に該当する場合には，当該（注）による資産計上期間）経過後から，保険期間の終了の日まで |

（注）1　「最高解約返戻率」，「当期分支払保険料の額」，「年換算保険料相当額」及び「保険期間」とは，それぞれ次のものをいう。

イ　最高解約返戻率とは，その保険の保険期間を通じて解約返戻率（保険契約時において契約者に示された解約返戻金相当額について，それを受けることとなるまでの間に支払うこととなる保険料の合計額で除した割合）が最も高い割合となる期間におけるその割合をいう。

ロ　当期分支払保険料の額とは，その支払った保険料の額のうち当該事業年度に対応する部分の金額をいう。

ハ　年換算保険料相当額とは，その保険の保険料の総額を保険期間の年数で除した金額をいう。

ニ　保険期間とは，保険契約に定められている契約日から満了日までをいい，当該保険期間の開始の日以後1年ごとに区分した各期間で構成されているものとして本文の取扱いを適用する。

2　保険期間が終身である第三分野保険については，保険期間の開始の日から被保険者の年齢が116歳に達する日までを計算上の保険期間とする。

3　表の資産計上期間の欄の「最高解約返戻率となる期間」及び「100分の70を超える期間」並びに取崩期間の欄の「解約返戻金相当額が最も高い金額となる期間」が複数ある場合には，いずれもその最も遅い期間がそれぞれの期間となることに留意する。

4　一定期間分の保険料の額の前払をした場合には，その全額を資産に計上し，資産に計上した金額のうち当該事業年度に対応する部分の金額について，本文の取扱いによることに留意する。

5　本文の取扱いは，保険契約時の契約内容に基づいて適用するのであるが，その契約内容の変更があった場合，保険期間のうち当該変更以後の期間においては，変更後の契約内容に基づいて9-3-4から9-3-6の2の取扱いを適用する。

なお，その契約内容の変更に伴い，責任準備金相当額の過不足の精算を行う場合には，その変更後の契約内容に基づいて計算した資産計上額の累積額と既往の資産計上額の累積額との差額について調整を行うことに留意する。

6　保険金又は給付金の受取人が被保険者又はその遺族である場合であって，役員又は部課長その他特定の使用人（これらの者の親族を含む。）のみを被保険者としているときには，本文の取扱いの適用はなく，9-3-5の(2)の例により，その支払った保険料の額は，当該役員又は使用人に対する給与となる。

（定期付養老保険等に係る保険料）

**9-3-6**　法人が，自己を契約者とし，役員又は使用人（これらの者の親族を含む。）を被保険者とする定期付養老保険等（養老保険に定期保険又は第三分野保険を付したものをいう。以下9-3-7までにおいて同じ。）に加入してその保険料を支払った場合には，その支払った保険料の額（特約に係る保険料の額を除く。）については，次に掲げる場合の区分に応じ，それぞれ次により取り扱うものとする。（昭55年直法2-15「十三」により追加，昭59年直法2-3「五」，令元年課法2-13により改正）

(1)　当該保険料の額が生命保険証券等において養老保険に係る保険料の額と定期保険又は第三分野保険に係る保険料の額とに区分されている場合　それぞれの保険料の額について9-3-4，9-3-5又は9-3-5の2の例による。

(2)　(1)以外の場合　その保険料の額について9-3-4の例による。

（特約に係る保険料）

**9-3-6の2**　法人が，自己を契約者とし，役員又は使用人（これらの者の親族を含む。）を被保険者とする特約を付した養老保険，定期保険，第三分野保険又は定期付養老保険等に加入し，当該特約に係る保険料を支払った場合には，その支払った保険料の額については，当該特約の内容に応じ，9-3-4，9-3-5又は9-3-5の2の例による。（昭59年直法2-3「五」により追加，令元年課法2-13により改正）

（保険契約の転換をした場合）

**9-3-7**　法人がいわゆる契約転換制度によりその加入している養老保険，定期保険，第三分野保険又は定期付養老保険等を他の養老保険，定期保険，第三分野保険又は定期付養老保険等（以下9-3-7において「転換後契約」という。）に転換した場合には，資産に計上している保険料の額（以下9-3-7において「資産計上額」という。）のうち，

転換後契約の責任準備金に充当される部分の金額（以下9-3-7において「充当額」という。）を超える部分の金額をその転換をした日の属する事業年度の損金の額に算入することができるものとする。この場合において，資産計上額のうち充当額に相当する部分の金額については，その転換のあった日に保険料の一時払いをしたものとして，転換後契約の内容に応じて9-3-4から9-3-6の２までの例（ただし，9-3-5の２の表の資産計上期間の欄の（注）を除く。）による。（昭55年直法2-15「十三」により追加，令元年課法2-13により改正）

（払済保険へ変更した場合）

**9-3-7の２**　法人が既に加入している生命保険をいわゆる払済保険に変更した場合には，原則として，その変更時における解約返戻金相当額とその保険契約により資産に計上している保険料の額（以下9-3-7の２において「資産計上額」という。）との差額を，その変更した日の属する事業年度の益金の額又は損金の額に算入する。ただし，既に加入している生命保険の保険料の全額（特約に係る保険料の額を除く。）が役員又は使用人に対する給与となる場合は，この限りでない。（平14年課法2-1「二十一」により追加，令元年課法2-13により改正）

　（注）
　　1　養老保険，終身保険，定期保険，第三分野保険及び年金保険（特約が付加されていないものに限る。）から同種類の払済保険に変更した場合に，本文の取扱いを適用せずに，既往の資産計上額を保険事故の発生又は解約失効等により契約が終了するまで計上しているときは，これを認める。
　　2　本文の解約返戻金相当額については，その払済保険へ変更した時点において当該変更後の保険と同一内容の保険に加入して保険期間の全部の保険料を一時払いしたものとして，9-3-4から9-3-6までの例（ただし，9-3-5の２の表の資産計上期間の欄の（注）を除く。）により処理するものとする。
　　3　払済保険が復旧された場合には，払済保険に変更した時点で益金の額又は損金の額に算入した金額を復旧した日の属する事業年度の損金の額又は益金の額に，また，払済保険に変更した後に損金の額に算入した金額は復旧した日の属する事業年度の益金の額に算入する。

（契約者配当）

**9-3-8**　法人が生命保険契約（適格退職年金契約に係るものを含む。）に基づいて支払を受ける契約者配当の額については，その通知（据置配当については，その積立てをした旨の通知）を受けた日の属する事業年度の益金の額に算入するのであるが，当該生命保険契約が9-3-4の(1)に定める場合に該当する場合（9-3-6の(2)により9-3-4の(1)の例による場合を含む。）には，当該契約者配当の額を資産に計上している保険料の額から控除することができるものとする。（昭55年直法2-15「十三」により改正）

　（注）
　　1　契約者配当の額をもっていわゆる増加保険に係る保険料の額に充当することになっている場合には，その保険料の額については，9-3-4から9-3-6までに定めるところによる。
　　2　据置配当又は未収の契約者配当の額に付される利子の額については，その通知のあった日の属する事業年度の益金の額に算入するのであるから留意する。

## エ　定期保険及び第三分野保険に係る保険料の取扱いに関する FAQ（令和元年 7 月 8 日）

**【適用時期】**

[Q1]　改正通達の適用時期はどのようになりますか。

[A]

　　改正後の法基通及び連基通の取扱い（解約返戻金相当額のない短期払の定期保険又は第三分野保険を除きます。）は，令和元年 7 月 8 日以後の契約に係る定期保険又は第三分野保険の保険料について適用されますので，同日前の契約に遡って改正後の取扱いが適用されることはありません。

　　また，法基通9-3-5の（注）2 及び連基通8-3-5の（注）2 に定める解約返戻金相当額のない短期払の定期保険又は第三分野保険の保険料については，令和元年10月 8 日以後の契約に係るものについて，改正後の取扱いが適用されますので，同日前の契約に遡って改正後の取扱いが適用されることはありません。

　　なお，上記のそれぞれの日前の契約に係る定期保険又は第三分野保険の保険料については，引き続き，改正前の法基通若しくは連基通又は廃止前の各個別通達の取扱いの例によることとなります。

| 保険の種類 | | 適用関係 | | | |
|---|---|---|---|---|---|
| | | 7/8前契約 | 7/8以後契約 | 10/8前契約 | 10/8以後契約 |
| 定期保険 | ⇒ | 旧9-3-5他 廃止前個別通達 | 新9-3-5，9-3-5の 2 他 | | |
| 無解約返戻金・短期払 | | 旧9-3-5他 | | | 新9-3-5他 |
| 30万以下 | | | | | 新9-3-5の（注）2 |
| 第三分野保険 | | 廃止前個別通達 | 新9-3-5，9-3-5の 2 他 | | |
| 無解約返戻金・短期払 | ⇒ | 廃止前個別通達 （廃止前のがん保険通達の(3)例外的取扱い） | | | 新9-3-5他 |
| 30万以下 | | | | | 新9-3-5の（注）2 |

**【当期分支払保険料の額】**

[Q2]　法基通9-3-5の 2 では，「当期分支払保険料の額」について，一定額を資産に計上し，あるいは損金の額に算入するとされていますが，この「当期分支払保険料の額」はどのように計算するのですか。

　　また，保険料を年払としている場合には，法基通2-2-14（（短期の前払費用））により損金算入した金額を当期分支払保険料の額とすることは認められますか。

[A]

　　「当期分支払保険料の額」とは，その支払った保険料の額のうち当該事業年度に対応する部分の金額をいいます（法基通9-3-5の 2 （注） 1 のロ）。したがって，例えば，いわゆる前納制度を利用して前納金を支払った場合や保険料を短期払した場合など，一定期間分の保険料の額の前払をしたときには，その全額を資産に計上し，資産に計上した金額のうち当該事業年度に対応する部分の金額が，当期分支払保険料の額として法基通9-3-5の 2 の本文の取扱いによる

　　こととなります（法基通9-3-5の2（注）4）。
　　また，法基通2-2-14により，支払日から1年以内に提供を受ける役務に係るものを支払った場合（例えば，保険料を年払としている場合）において，その支払額に相当する金額を継続して支払日の属する事業年度の損金の額に算入しているときは，その金額を当期分支払保険料の額とすることは認められます。

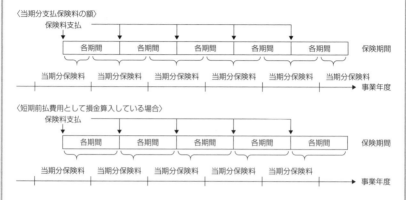

## 【資産計上期間と取崩期間】

［Q3］　法基通9-3-5の2の表のうち，最高解約返戻率が85％超の区分となる場合の資産計上期間の欄や取崩期間の欄にある「期間」とは，どのような意味ですか。

［A］

　　法基通9-3-5の2では，保険期間を基に資産計上期間及び取崩期間を設定し，各事業年度に資産計上期間又は取崩期間があるか否かにより，当期分支払保険料の額の取扱いを定めています。
　　ここで，「保険期間」とは，保険契約に定められている契約日から満了日までの期間をいい，当該保険期間の開始の日（契約日）以後1年ごとに区分した各期間で構成されているものとしています（法基通9-3-5の2（注）1のニ）。
したがって，最高解約返戻率が85％超の区分となる場合における資産計上期間の欄や取崩期間の欄にある「期間」とは，保険期間の開始の日（契約日）以後1年ごとに区分した各期間のうちの特定の期間（例えば，「最高解約返戻率となる期間」や「解約返戻金相当額が最も高い金額となる期間」など）のことをいい，当該法人の各事業年度とは異なります。

## 【（最高）解約返戻率と解約返戻金相当額】

［Q4］　（最高）解約返戻率の計算や，最高解約返戻率が85％超の区分となる場合の資産計上期間の判定に用いる「解約返戻金相当額」は，どのように把握するのですか。また，解約返戻率に端数が生じた場合はどうするのですか。

［A］

　　保険期間中の各期間における解約返戻金相当額は，契約時に保険会社から各期間の解約返戻金相当額として保険契約者に示された金額（「○年目の解約返戻金△△円」などと示された金額）によることとなります。

　なお，この金額は，各保険商品の標準例としてパンフレット等に記載された金額ではなく，保険設計書等に記載される個々の契約内容に応じて設定される金額となります。

　また，解約返戻率は，解約返戻金相当額について，それを受けることとなるまでの間に支払うこととなる保険料の額の合計額で除した割合としていますので（法基通9-3-5の2（注）1のイ），これに端数が生じた場合，原則として，端数の切捨て等を行わずに最高解約返戻率を計算することとなりますが，現状，各保険会社は小数点1位までの数値により解約返戻率を通知しているという実務や経理事務の簡便性を考慮し，小数点2位以下の端数を切り捨てて計算した解約返戻率が保険設計書等に記載されている場合には，その解約返戻率を用いて最高解約返戻率の区分を判定しても差し支えありません。

[Q5]　いわゆる前納制度を利用して前納金を支払った場合や，保険料を短期払込とした場合，（最高）解約返戻率はどのように計算するのですか。

[A]

　いわゆる前納制度を利用して前納金を支払った場合には，各期間の保険料として充当されることとなる部分の額の合計額を分母とし，その合計額に係る解約返戻金相当額を分子として（最高）解約返戻率を計算することとなります。

　一方で，保険料を短期払込とした場合には，各期間までに実際に支払うこととなる短期払込の保険料の額の合計額を分母とし，その合計額に係る解約返戻金相当額を分子として（最高）解約返戻率を計算することとなります。

　また，最高解約返戻率が85％超の区分となる場合の資産計上期間の判定における解約返戻金相当額についても同様に計算することになります。

　なお，契約者には，上記のことを踏まえた解約返戻金相当額が保険会社から示されるものと考えられます。

[Q6]　特約に係る保険料や特別保険料を支払った場合，（最高）解約返戻率はどのように計算するのですか。

[A]

　保険給付のない特約に係る保険料（例えば，保険料払込免除特約等）や特別保険料は，主契約に係る保険料に含め，また，当該特約保険料や特別保険料を含めたところで計算される解約返戻金相当額により，（最高）解約返戻率を計算することとなります。

　なお，保険給付のある特約に係る保険料は，主契約に係る保険料とは区分して取り扱われることとなります（法基通9-3-6の2）（[Q18]参照）。

[Q7]　契約者配当の額や，いわゆる「生存給付金」，「無事故給付金」は，解約返戻金相当額に含まれますか。

[A]

　契約者配当の額は，一般に，利差益，死差益及び費差益から成り，将来の払戻しを約束しているものではないため，解約返戻金相当額には含まれません。したがって，契約時の参考指標として，過去の契約者配当の実績を踏まえた予

想配当額が示されている場合でも，解約返戻金相当額に含める必要はありません。ただし，契約時に，契約者配当が確実に見込まれているような場合は，この限りではありません。

　次に，いわゆる「生存給付金」や「無事故給付金」は，契約者に将来の払戻しを約束しているものですので，解約返戻金相当額に含まれます。したがって，契約時に，保険会社が各期間の「解約返戻金」として示す金額と「生存給付金」や「無事故給付金」とを区分して表示している場合には，これらの金額を合計した金額が解約返戻金相当額となります。

[Q8]　いわゆる「変額保険」，「積立利率変動型保険」，「外貨建て保険」及び「健康増進型保険」のように，将来の解約返戻金相当額が確定していない場合，解約返戻金相当額はどのように把握するのですか。
[A]

　いわゆる「変額保険」や「積立利率変動型保険」については，契約時に示される予定利率を用いて計算した解約返戻金相当額を用いて差し支えありません。また，「外貨建て保険」については，契約時の為替レートを用いて計算した解約返戻金相当額を用いて差し支えありません。

　なお，いわゆる「健康増進型保険」については，保険商品ごとにその契約内容が異なりますので，その取扱いは個別に判断する必要がありますが，将来の達成が不確実な事由（例えば，毎日 1 万歩歩くなど）によって，キャッシュバックが生じたり支払保険料等が変動するような商品については，そのキャッシュバックが生じないあるいは支払保険料等の変動がないものとして，契約時に示される解約返戻金相当額とこれに係る保険料によって（最高）解約返戻率を計算して差し支えありません。

　また，これらの事由が契約後に確定した場合には，契約内容の変更（[Q11]参照）には該当しないものとして差し支えありません。

**【年換算保険料相当額が30万円以下の場合】**
[Q9]　年換算保険料相当額が30万円以下か否かは，どのように判定するのですか。
[A]

　年換算保険料相当額が30万円以下か否かは，保険会社やそれぞれの保険契約への加入時期の違いにかかわらず，一の者（例えば，代表取締役：甲）を被保険者として，その法人が加入している全ての定期保険等に係る年換算保険料相当額の合計額で判定することとなりますが，その判定に際しては，特に次の点に留意する必要があります。
① 　合計額に含めるのは，保険期間が 3 年以上の定期保険又は第三分野保険で最高解約返戻率が50％超70％以下のものに係る年換算保険料相当額となります。
　　なお，役員又は部課長その他特定の使用人（これらの者の親族を含みます。）のみを被保険者としている場合で，その保険料の額が当該役員又は使用人に対する給与となるものは，判定に含める必要はありません。

②　事業年度の途中で上記1の定期保険等の追加加入又は解約等をした場合の取扱いは次のとおりです。最初に加入した定期保険等に係る年換算保険料相当額が30万円以下で，当期に追加加入した定期保険等に係る年換算保険料相当額を合計した金額が30万円超となる場合には，最初に加入した定期保険等に係る当期分支払保険料の額のうちその追加加入以後の期間に対応する部分の金額については，法基通9-3-5の2の取扱いによることとなります（経理事務が煩雑となるため，追加加入した日を含む事業年度に係る当期分支払保険料の額の全額について同通達の取扱いによることとしている場合には，それでも差し支えありません。）。

反対に，2つの定期保険等に加入している場合で，事業年度の途中に一方の定期保険等を解約等したことにより，年換算保険料相当額の合計額が30万円以下となるときには，他の定期保険等に係る当期分支払保険料の額のうちその解約等以後の期間に対応する部分の金額については，法基通9-3-5の2の取扱いの適用はありません（経理事務が煩雑となるため，解約等した日を含む事業年度に係る当期分支払保険料の額の全額について同通達の取扱いによらないこととしている場合には，それでも差し支えありません。）。この場合，既往の資産計上額の累積額については，保険期間の100分の75相当期間経過後から，保険期間の終了の日までの取崩期間の経過に応じて取り崩すこととなります。

③　改正通達の適用日前に契約した定期保険等に係る年換算保険料相当額は判定に含める必要はありません。

〈途中加入した場合の適用関係〉

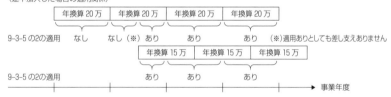

## 【最高解約返戻率が85％超となる場合の資産計上期間】

［Q10］　最高解約返戻率が85％超の区分となる場合の資産計上期間は，どのように判定するのですか。特に，法基通9-3-5の2の表中の資産計上期間の欄の（注）は，どのような場面で適用されるのですか。

［A］

最高解約返戻率が85％超の区分となる場合の資産計上期間は，原則として，保険期間の開始日から，最高解約返戻率となる期間の終了の日までとなります。ただし，最高解約返戻率となる期間経過後の期間においても，その支払保険料の中に相当多額の前払部分の保険料が含まれている場合（解約返戻金相当額の対前年増加額を年換算保険料相当額で除した割合が7割を超える場合）には，7割を超える期間の終了の日まで資産計上期間が延長されることとなります。

　　なお，この増加割合が7割を超える期間が複数ある場合には，その最も遅い期間の終了の日までが資産計上期間となります（法基通9-3-5の2（注）3）。

　　また，最高解約返戻率となる期間が極めて早期に到来し，その後，解約返戻率が急減するような商品については，資産計上期間を最低でも5年間とする必要があります。ただし，そのような商品であっても，保険期間が10年未満である場合の資産計上期間については，保険期間の5割相当期間となります。したがって，例えば，法基通9-3-5の2の表中の資産計上期間の欄の本文に従って計算された資産計上期間が3年，かつ，保険期間が8年の保険契約の場合，その資産計上期間は4年となります。

## 【契約内容の変更】

[Q11]　法基通9-3-5の2（注）5にある「契約内容の変更」とは，どのような変更をいうのですか。

[A]

　　法基通9-3-5の2は，契約時の最高解約返戻率の区分に応じて資産計上期間，資産計上割合及び取崩期間を設定していますので，解約返戻率の変動を伴う契約内容の変更や保険期間の変更は，原則として，「契約内容の変更」に当たり，例えば，次に掲げるような変更が該当します。

　(1)　払込期間の変更（全期払（年払・月払）を短期払に変更する場合等）
　(2)　特別保険料の変更
　(3)　保険料払込免除特約の付加・解約
　(4)　保険金額の増額，減額又は契約の一部解約に伴う高額割引率の変更により解約返戻率が変動する場合
　(5)　保険期間の延長・短縮
　(6)　契約書に記載した年齢の誤りの訂正等により保険料が変動する場合
　　　　一方で，例えば，次に掲げるような変更は，原則として，「契約内容の変更」には当たりません。
　(7)　払込方法の変更（月払を年払に変更する場合等）
　(8)　払込経路の変更（口座振替扱いを団体扱いに変更する場合等）
　(9)　前納金の追加納付
　(10)　契約者貸付
　(11)　保険金額の減額（部分解約）

　　なお，保険給付のある特約に追加加入した場合，その特約に係る保険料は，主契約に係る保険料とは区分して取り扱われることとなりますので，特約の付加に伴う高額割引率の変更により主契約の保険料が変動するようなことがない限り，主契約の「契約内容の変更」としては取り扱われません（法基通9-3-6の2）（[Q18]参照）。

　　また，契約の転換，払済保険への変更，契約の更新も，法基通9-3-5の2（注）5の「契約内容の変更」としては取り扱われません（[Q14]参照）。

　　上記のとおり，解約返戻率の変動を伴う契約内容の変更は，原則として，「契約内容の変更」に当たることから，次の[Q12]の処理を行う必要がありますが，「契約内容の変更」により最高解約返戻率が低くなることが見込まれる

場合で，経理事務が煩雑となるため，あえて［Q12］の処理を行わないこととしているときには，それでも差し支えありません。

［Q12］ 定期保険等に加入後，「契約内容の変更」があった場合，具体的には，どのような処理を行うのですか。

［A］

法基通9-3-5の2は，契約時の契約内容に基づいて適用されますので，その契約後に契約内容の変更があった場合，保険期間のうち当該変更があった時以後の期間においては，変更後の契約内容に基づいて法基通9-3-4から9-3-6の2までの取扱いを適用することとなります（法基通9-3-5の2（注）5）。

なお，保険料や保険金額の異動（これに伴い解約返戻率も変動）を伴う契約内容の変更がある場合には，変更前の責任準備金相当額と変更後の契約内容に応じて必要となる責任準備金相当額との過不足の精算を行うのが一般的であり，これにより，責任準備金相当額は契約当初から変更後の契約内容であったのと同じ額となりますので，税務上の資産計上累積額もこれに合わせた調整を行う必要があります。

具体的には，変更時に精算（追加払い又は払戻し）される責任準備金相当額を損金の額又は益金の額に算入するとともに，契約当初から変更後の契約内容であったとした場合の各期間の解約返戻率を基にその保険期間に係る最高解約返戻率の区分を再判定して契約当初から変更時までの資産計上累積額を計算し，これと既往の資産計上累積額との差額について，変更時の益金の額又は損金の額に算入することとなります。この調整により，税務上の資産計上累積額は契約当初から変更後の契約内容であったのと同じ額となります（この処理は，契約変更時に行うものですので，過去の事業年度に遡って修正申告等をする必要はありません。）。

変更後の各事業年度における当期分支払保険料の額については，上記の新たな最高解約返戻率の区分に応じて取り扱い，上記の調整後の資産計上累積額についても，この新たな区分に応じた取崩し期間に従って取り崩すこととなります。

また，最高解約返戻率が85％以下の場合で，最高解約返戻率の区分に変更がないときには，資産計上期間や資産計上割合は変わらないことから，必ずしも上記の処理によることなく，責任準備金相当額の精算のみを行う処理も認められます。例えば，①責任準備金相当額の追加払があった場合に，変更後の保険料に含めて処理することや，②責任準備金相当額の払戻しがあった場合に，既往の資産計上累積額のうち払い戻された責任準備金相当額に応じた金額を取り崩すといった処理も認められます。

〔責任準備金相当額の追加払がある場合〕

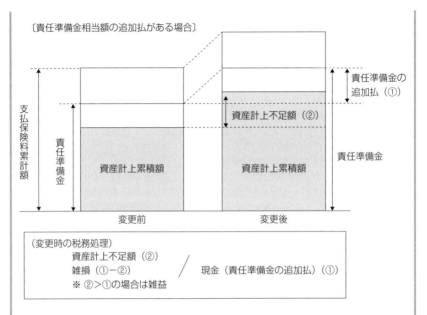

（変更時の税務処理）
　　資産計上不足額（②）
　　雑損（①－②）　　　／　現金（責任準備金の追加払）（①）
　　※ ②＞①の場合は雑益

[Q13]　改正通達の適用日前の契約に係る定期保険等について，改正通達の適用日以後に契約内容の変更があった場合はどのように取り扱われるのですか。
[A]

　　改正通達の適用日前の契約に係る定期保険等の保険料については，改正通達の適用日以後に契約内容の変更があった場合であっても，改正前の取扱い又は廃止前の個別通達の取扱いの例によりますので，改正後の取扱いは適用されません。

[Q14]　改正通達の適用日前の契約に係る定期保険等について，改正通達の適用日後に，転換，払済保険への変更，契約の更新，保険給付のある特約の付加があった場合はどのように取り扱われるのですか。
[A]

　　契約の転換は，既契約の保険契約を新たな契約に切り替えるものですので，改正通達の適用日前の契約に係る定期保険等を改正通達の適用日後に転換した場合には，転換後の契約については，改正後の取扱いによることとなります（[Q19]　参照）。このことは，改正通達の適用日後に払済保険に変更した場合も同様です。
　　次に，契約の更新も，既契約の保険契約を新たな契約に切り替えるものですので，改正通達の適用日前の契約に係る定期保険等を改正通達の適用日後に更新した場合には，更新後の契約については，改正後の取扱いによるのが相当と考えられます。ただし，実務的には自動更新される場合が多く，契約者にとっては新たな保険に加入したとの認識もないため，自動更新を前提に保険に加入

した契約者の予測可能性の確保等の観点から，保障内容に変更のない自動更新については新たな契約とは取り扱わずに，改正前の取扱いによって差し支えありません。

　なお，改正通達の適用日前の契約に係る定期保険等について，改正通達の適用日後に，保険給付のある特約を付加した場合には，その特約に係る保険料については，改正後の取扱いによることとなります。

## 【解約返戻金相当額のない短期払の定期保険又は第三分野保険】

[Q15]　法基通9-3-5の⑴及び⑵では，支払った保険料の額は，原則として，保険期間の経過に応じて損金の額に算入するとされていますが，同通達の（注）2では，保険料を支払った日の属する事業年度の損金の額に算入することが認められています。具体的には，どのような場合に（注）2の対象となるのですか。

[A]

　法人が支払った保険料の額は，原則として，保険期間の経過に応じて損金の額に算入することとなりますが，納税者の事務負担に配慮し，法人が，保険期間を通じて解約返戻金相当額のない短期払の定期保険又は第三分野保険に加入した場合において，一の被保険者につき当該事業年度に支払った保険料の額が30万円以下であるものについて，その支払った日の属する事業年度の損金の額に算入しているときには，その処理が認められます（法基通9-3-5の（注）2）。

　なお，役員又は部課長その他特定の使用人（これらの者の親族を含みます。）のみを被保険者としている場合で，その保険料の額が当該役員又は使用人に対する給与となるものについては，（注）2の取扱いは適用されません。

（注）法基通9-3-5の2では，年換算保険料相当額（保険料総額を保険期間の年数で除した金額）により，同通達の適用対象となるかを判定しますが，同9-3-5の（注）2では，年換算保険料相当額とは異なり当該事業年度中に支払った保険料の額で適用関係を判定することに留意する必要があります。

[Q16]　保険期間のうち一定期間のみ解約返戻金のない商品は，法基通9-3-5の（注）2の対象となりますか。

　また，「ごく少額の払戻金がある契約」とは，どのような契約をいうのですか。

[A]

　法基通9-3-5の（注）2は，「保険期間を通じて」解約返戻金相当額のない定期保険又は第三分野保険と定めていますので，例えば，保険料払込期間中は解約返戻金相当額がないものの，払込期間終了以後は解約返戻金相当額があるような商品は，同通達の対象となりません。

　なお，ここでいう解約返戻金相当額とは，法基通9-3-5の2の解約返戻金相当額と同じ意味です（[Q7]参照）。

　また，現行の終身保障の第三分野保険のなかには，払込期間終了以後，ごく少額の解約返戻金や死亡保険金が支払われる商品や，保険期間中にごく少額の健康祝金や出産祝金などが支払われる商品が多くありますが，このように，ごく少額の払戻金しかない商品については，解約返戻金相当額のない保険に含ま

れます。

　「ごく少額の払戻金」の範囲について，現行の商品では，入院給付金日額などの基本給付金額（5千円～1万円程度）の10倍としている商品が多いようであり，このような払戻金は，一般的にはごく少額のものと考えられますが，ごく少額か否かは，支払保険料の額や保障に係る給付金の額に対する割合などを勘案して個別に判断することとなります（廃止された，いわゆる「がん保険通達」と考え方が変わるものではありません。）。

[Q17]　当該事業年度に支払った保険料の額が30万円以下か否かは，どのように判定するのですか。

[A]

　当該事業年度に支払った保険料の額が30万円以下か否かについては，特に次の点に留意する必要があります。

①　一の被保険者（例えば，代表取締役：甲）につき，法基通9-3-5の（注）2に定める「解約返戻金相当額のない短期払の定期保険又は第三分野保険」に複数加入している場合は，保険会社やそれぞれの保険契約への加入時期の違いにかかわらず，その全ての保険について当該事業年度に支払った保険料の額を合計して判定することとなります。したがって，例えば，年払保険料20万円の無解約返戻金型終身医療保険（払込期間30年）と年払保険料100万円の無解約返戻金型終身がん保険（払込期間5年）に加入して当該事業年度に保険料を支払った場合，いずれの保険料についても，同通達の（注）2の取扱いは認められず，それぞれの保険期間（保険期間の開始から116歳までの期間）の経過に応じて損金算入することとなります。

　なお，役員又は部課長その他特定の使用人（これらの者の親族を含みます。）のみを被保険者としている場合で，その保険料の額が当該役員又は使用人に対する給与となるものは，判定に含める必要はありません。

②　事業年度の途中で「解約返戻金相当額のない短期払の定期保険又は第三分野保険」の追加加入又は解約等をした場合の取扱いは次のとおりです。

　最初に加入した定期保険又は第三分野保険の年払保険料の額が30万円以下で，事業年度の途中で追加加入した定期保険又は第三分野保険について当該事業年度に支払った保険料の額との合計額が30万円超となる場合には，当該事業年度に支払ったいずれの保険料についても，同通達の（注）2の取扱いは認められず，それぞれの保険期間の経過に応じて損金の額に算入することとなります。

　反対に，2つの定期保険又は第三分野保険に加入している場合で，事業年度の途中に一方の保険を解約等したことにより，当該事業年度に支払った保険料の合計額が30万円以下となるときには，当該事業年度に支払った保険料の額を当期の損金の額に算入することができます。

③　改正通達の適用日前に契約した「解約返戻金相当額のない短期払の定期保険又は第三分野保険」に係る支払保険料の額は判定に含める必要はありません。

**【特約に係る保険料】**

[Q18]　特約に係る保険料を支払った場合，どのように取り扱われるのですか。

[A]

　　　法人が，自己を契約者とし，役員又は使用人（これらの者の親族を含みます。）を被保険者とする特約を付した養老保険，定期保険，第三分野保険又は定期付養老保険等に加入し，当該特約に係る保険料を支払った場合には，その支払った保険料の額については，当該契約の内容に応じ，法基通9-3-4，9-3-5又は9-3-5の2の例によることとなります（法基通9-3-6の2）。

　　　ここでいう特約とは，保険給付がある特約のことをいい，保険給付がある特約に係る保険料を支払った場合には，主契約に係る保険料とは区別して，法基通9-3-4，9-3-5又は9-3-5の2の取扱いによることとなります。

　　　一方で，保険給付のない特約に係る保険料（例えば，保険料払込免除特約に係る保険料）は，主契約に係る保険料に含めて各通達の取扱いによることとなります（[Q6]及び[Q11]参照）。

**【保険契約の転換】**

[Q19]　いわゆる契約転換制度により，現在加入している養老保険を定期保険又は第三分野保険に転換した場合，転換後契約はどのように取り扱われるのですか。

[A]

　　　いわゆる契約転換制度により，現在加入している養老保険を定期保険又は第三分野保険に転換した場合には，養老保険の保険料について資産計上した金額のうち，転換後の定期保険又は第三分野保険の責任準備金に充当される部分の金額（充当額）を超える部分の金額を転換日の属する事業年度の損金の額に算入することができ，その上で，充当額に相当する部分の金額については，転換後の定期保険又は第三分野保険に係る保険料の一時払いをしたものとして，法基通9-3-5及び9-3-5の2の例によることとなります（法基通9-3-7）。

　　　この充当額（転換価格）については，前納金として扱い転換後契約の応当日に各期間の保険料に充当していく方式（保険料充当方式）と，転換後契約の保険料の一部の一時払いとする方式（一部一時払方式）があるようですが，いずれの方式であっても転換後契約が定期保険又は第三分野保険である場合には，その充当額（転換価格）の全額を資産に計上し，資産計上した金額のうち転換後の各事業年度に対応する部分の金額が当期分支払保険料の額として法基通9-3-5の2の本文の取扱いによることとなります（法基通9-3-5の2（注）4）（[Q2]参照）。

　　　ところで，転換後契約については，上記の充当額（転換価格）のほかに平準保険料を支払うのが一般的なようですが，そのような場合には，この平準保険料を合わせた額を当期分支払保険料の額として法基通9-3-5の2の本文の取扱いによることとなります。

　　　なお，転換後契約に係る（最高）解約返戻率については，転換時に保険会社から示される転換後契約に係る解約返戻金相当額について，それを受けることとなるまでの間に支払うこととなる保険料の額の合計額で除した割合によることとなります。

　　　また，契約の転換は，既契約の保険契約を新たな契約に切り替えるものですので，転換のあった日を保険期間の開始の日として資産計上期間や取崩期間を判定することとなりますが，転換後の定期保険又は第三分野保険の最高解約返戻率が85％超の区分となる場合でも，同通達の表の資産計上期間の欄の（注）に定める資産計上期間を最低でも 5 年間とする取扱いの適用はありません（法基通9-3-7）。

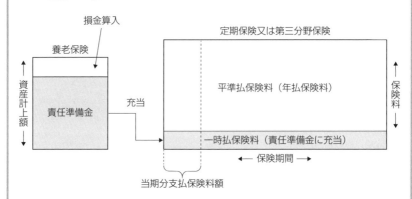

**【長期傷害保険】**
［Q20］　文書回答事例「長期傷害保険（終身保障タイプ）に関する税務上の取扱いについて」（平成18年 4 月28日回答）にある長期傷害保険は，通達改正後，どのように取り扱われるのですか。

［A］
　　　長期傷害保険は，法基通9-3-5に定める第三分野保険に該当することとなりますので，改正通達の適用日以後の契約に係る長期傷害保険の保険料については，改正後の取扱いによることとなります。
　　　なお，同日前の契約に係る長期傷害保険の保険料については，文書回答事例「長期傷害保険（終身保障タイプ）に関する税務上の取扱いについて」（平成18年 4 月28日回答）の取扱いの例によることとなります。

**オ　令和元年 6 月28日付課法2-13ほか 2 課共同「法人税基本通達等の一部改正について」（法令解釈通達）（定期保険及び第三分野保険に係る保険料の取扱い）の趣旨説明（令和 3 年 5 月31日）**

**1　保険料等**
　　**定期保険及び第三分野保険に係る保険料の取扱いの改正の背景**

**1　原則的な考え方**

法人税法上，当該事業年度の損金の額に算入される費用の額は，別段の定め

があるものを除き，一般に公正妥当と認められる会計処理の基準に従って計算されるものとされている（法22③④）。また，企業会計原則では，前払費用については，当期の損益計算から除去し，資産の部に計上しなければならないとされており（企業会計原則第二損益計算書原則一，原則第三貸借対照表原則四，財務諸表等規則16，31の2），このような会計処理は一般に公正妥当と認められる会計処理の基準に適合するものと認められることから，法人税法上，前払部分の保険料は資産計上するのが原則となる。

## 2　改正前の取扱い

　保険期間が複数年となる定期保険の支払保険料は，加齢に伴う支払保険料の上昇を抑える観点から平準化されているため，保険期間前半における支払保険料の中には，保険期間後半における保険料に充当される部分，すなわち前払部分の保険料が含まれている。しかし，その平準化された定期保険の保険料は，いわゆる掛捨ての危険保険料及び付加保険料のみで構成されており，これらを期間の経過に応じて損金の額に算入したとしても，一般に，課税所得の適正な期間計算を大きく損なうこともないと考えられることから，令和元年6月28日付課法2-13ほか2課共同「法人税基本通達等の一部改正について」（法令解釈通達）（定期保険及び第三分野保険に係る保険料の取扱い）（以下「令和元年改正通達」という。）による改正前の法人税基本通達（以下「旧通達」という。）9-3-5《定期保険に係る保険料》において，その保険料の額は期間の経過に応じて損金の額に算入することと取り扱う旨を定めていた。

　しかし，特に保険期間が長期にわたる定期保険や保険期間中に保険金額が逓増する定期保険は，その保険期間の前半において支払う保険料の中に相当多額の前払部分の保険料が含まれており，中途解約をした場合にはその前払部分の保険料の多くが返戻されるため，このような保険についても旧通達9-3-5の取扱いをそのまま適用すると課税所得の適正な期間計算を損なうこととなる。したがって，このような保険については，上記1の原則的な考え方に則った取扱いとすることが適当であるため，令和元年改正通達による廃止前の昭和62年6月16日付課法2-2「法人が支払う長期平準定期保険等の保険料の取扱いについて」により，保険商品の内容に応じて前払部分の保険料を資産計上することとし，その支払保険料の損金算入時期等に関する取扱いの適正化を図っていた。

　また，いわゆる第三分野保険についても上記と同様の考え方の下，いずれも

令和元年改正通達による廃止前の昭和54年6月8日付直審4-18「法人契約の新成人病保険の保険料の取扱いについて」，平成元年12月16日付直審4-52「法人又は個人事業者が支払う介護費用保険の保険料の取扱いについて」，平成13年8月10日付課審4-100「法人契約の『がん保険（終身保障タイプ）・医療保険（終身保障タイプ）』の保険料の取扱いについて」（法令解釈通達）及び平成24年4月27日付課法2-5ほか1課共同「法人が支払う『がん保険』（終身保障タイプ）の保険料の取扱いについて」（法令解釈通達）により，それぞれの個別通達に定める保険について，上記と同様に支払保険料の損金算入時期等に関する取扱いを明らかにしていた。

### 3　改正後の取扱い

しかしながら，これらの個別通達の発遣後相当年月を経過し，①保険会社各社の商品設計の多様化や長寿命化等により，それぞれの保険の保険料に含まれる前払部分の保険料の割合にも変化が見られること，②類似する商品であっても個別通達に該当するか否かで取扱いに差異が生じていること，③前払部分の保険料の割合が高い同一の商品であっても加入年齢や保険期間の長短により取扱いが異なること，④第三分野保険のうち個別通達に定めるもの以外はその取扱いが明らかではなかったことから，各保険商品の実態を確認して，その実態に応じた取扱いとなるよう資産計上ルールの見直しを行うとともに，類似する商品や第三分野保険の取扱いに差異が生じることのないよう定期保険及び第三分野保険の保険料に関する取扱いを統一することとした。

具体的には，法人が，自己を契約者とし，役員又は使用人（これらの者の親族を含む。）を被保険者とする保険期間が3年以上の定期保険又は第三分野保険で最高解約返戻率が50％を超えるものに加入してその保険料を支払った場合には，その支払った保険料の額については，最高解約返戻率の区分に応じて資産計上する取扱いとし（基通9-3-5の2），それ以外の定期保険又は第三分野保険に加入してその保険料を支払った場合には，その支払った保険料の額については，従前どおり，期間の経過に応じて損金の額に算入することとした（基通9-3-5）。

なお，法人が，保険期間を通じて解約返戻金のない短期払の定期保険又は第三分野保険に加入した場合において，その支払った保険料の額が一定額以下であるものについて，その支払った日の属する事業年度の損金の額に算入しているときには，その処理を認めることとした（基通9-3-5（注）2）。

　おって，令和元年改正通達の制定に際しては，意見公募手続を実施しており，その中で改正等の背景や改正の概要を明らかにしている。

① 「法人税基本通達の制定について」（法令解釈通達）ほか１件の一部改正（案）（定期保険及び第三分野保険に係る保険料の取扱い）等に対する意見公募の実施について

② 「法人税基本通達の制定について」（法令解釈通達）ほか１件の一部改正（案）（定期保険及び第三分野保険に係る保険料の取扱い）等に対する意見公募の結果について

　また，改正後の通達に関して「定期保険及び第三分野保険に係る保険料の取扱いに関するＦＡＱ」（以下「ＦＡＱ」という。）を国税庁ホームページにおいて公表している。

---

**【改正】（定期保険及び第三分野保険に係る保険料）**

**9-3-5** 法人が，自己を契約者とし，役員又は使用人（これらの者の親族を含む。）を被保険者とする定期保険（一定期間内における被保険者の死亡を保険事故とする生命保険をいい，特約が付されているものを含む。以下9-3-7の２までにおいて同じ。）又は第三分野保険（保険業法第３条第４項第２号《免許》に掲げる保険（これに類するものを含む。）をいい，特約が付されているものを含む。以下9-3-7の２までにおいて同じ。）に加入してその保険料を支払った場合には，その支払った保険料の額（特約に係る保険料の額を除く。以下9-3-5の２までにおいて同じ。）については，9-3-5の２《定期保険等の保険料に相当多額の前払部分の保険料が含まれる場合の取扱い》の適用を受けるものを除き，次に掲げる場合の区分に応じ，それぞれ次により取り扱うものとする。

(1)　保険金又は給付金の受取人が当該法人である場合　その支払った保険料の額は，原則として，期間の経過に応じて損金の額に算入する。

(2)　保険金又は給付金の受取人が被保険者又はその遺族である場合　その支払った保険料の額は，原則として，期間の経過に応じて損金の額に算入する。ただし，役員又は部課長その他特定の使用人（これらの者の親族を含む。）のみを被保険者としている場合には，当該保険料の額は，当該役員又は使用人に対する給与とする。

　(注)　1　保険期間が終身である第三分野保険については，保険期間の開始の日から被保険者の年齢が116歳に達する日までを計算上の保険期間とする。

　　　2　(1)及び(2)前段の取扱いについては，法人が，保険期間を通じて解約返戻金相当額のない定期保険又は第三分野保険（ごく少額の払戻金のある契約を含み，保険料の払込期間が保険期間より短いものに限る。以下9-3-5において「解約返戻金相当額のない短期払の定期保険又は第三分野保険」という。）に加入した場合において，当該事業年度に支払った保険料の額（一の被保険者につき２以上の解約返戻金相当額のない短期払の定期保険又は第三分野保険に加入している場合にはそれぞれについて支払った保険料の額の合計額）が30万円以下であるものについて，その支払った日の属する事業年度の損金の額に算入しているときには，これを認める。

**【解説】**

1　本通達は，法人が自己を契約者とし，役員又は使用人を被保険者とする定
　期保険又は第三分野保険に加入してその保険料を支払った場合の取扱いを明
　らかにしている。

　　「定期保険」とは，一定期間内における被保険者の死亡を保険事故とする
　生命保険をいう。一般的には，終身保険や養老保険と合わせて第一分野保険
　と称され，保険業法第3条第4項第1号《免許》に掲げられている。

　　「第三分野保険」とは，同項第2号に掲げる保険をいい，同号では，人が疾
　病にかかったこと（同号イ），傷害を受けたこと又は疾病にかかったことを原
　因とする人の状態（同号ロ），傷害を受けたことを直接の原因とする人の死亡
　（同号ハ），同号イ又はロに掲げるものに類するものとして内閣府令で定める
　もの（人の死亡を除く。）（同号ニ），同号イ，ロ又はニに掲げるものに関し，治療
　を受けたこと（同号ホ）に関し，「一定額の保険金を支払うこと又はこれらに
　よって生ずることのある当該人の損害をてん補することを約し，保険料を収
　受する保険」と規定されている。「第三分野保険」の商品内容は極めて多岐
　にわたるが，例えば「傷害保険」，「疾病保険」，「がん保険」，「医療保険」，
　「介護保険」と称される保険商品などが該当する。また，保険業法の適用を
　受けない外国の保険商品や共済商品などであっても，定期保険又は第三分野
　保険に類するものについては本通達の取扱いが適用される。

　　さらに，本通達の対象となる「定期保険」又は「第三分野保険」は，特約
　が付されているものを含むとしている。「特約」には，例えば傷害特約のよ
　うに保険事故が生じた場合に主契約とは別に保険金又は給付金の支払がある
　ものと，例えば保険料払込免除特約やリビングニーズ特約のように主契約と
　は別に保険金又は給付金の支払がないものとがあるが，前者の特約に係る保
　険料を支払った場合には，主契約に係る保険料とは区別して取り扱うことと
　なる（基通9-3-6の2）。

2　法人が支払った保険料（以下「支払保険料」という。）の額については，保険金
　又は給付金の受取人の区分に応じて取り扱うこととしており，受取人が当該
　法人である場合には，原則として，期間の経過に応じて損金の額に算入する
　こととしている。

　　また，受取人が被保険者又はその遺族である場合にも，原則として，期間

の経過に応じて損金の額に算入することとしている。これについては，受取人である被保険者又はその遺族に対する給与として取り扱うという考え方もあるが，被保険者に保険事故が生じた場合に初めて保険金又は給付金が支払われることからすれば，保険料の支払段階でおよそ一律に給与課税するというのも実情に即さないため，一種の福利厚生費として損金算入を認めることとしている。ただし，被保険者が役員又は部課長その他特定の使用人（これらの者の親族を含む。）のみである場合には，当該役員又は使用人に対して経済的利益を供与したものとするのが相当であるから，その保険料の額は，当該役員又は使用人に対する給与として取り扱うこととしている。

　なお，所得税基本通達36-31の2《使用者契約の定期保険に係る経済的利益》においても同様の取扱いを定めており，第三分野保険も含め所得税においても同様に取り扱うこととなる。

3　ところで，法人税法上，当該事業年度の損金の額に算入される費用の額は，別段の定めがあるものを除き，一般に公正妥当と認められる会計処理の基準に従って計算されるものとされている（法22③④）。また，企業会計原則では，前払費用については，当期の損益計算から除去し，資産の部に計上しなければならないとされており（企業会計原則第二損益計算書原則一，原則第三貸借対照表原則四，財務諸表等規則16，31の2），このような会計処理は一般に公正妥当と認められる会計処理の基準に適合するものと認められる。

　保険期間が複数年となる定期保険又は第三分野保険の支払保険料は，加齢に伴う支払保険料の上昇を抑える観点から平準化されているため，保険期間前半における支払保険料の中には，保険期間後半における保険料に充当される部分，すなわち前払部分の保険料が含まれている。しかし，その平準化された定期保険又は第三分野保険の保険料は，いわゆる掛捨ての危険保険料及び付加保険料のみで構成されており，これらを期間の経過に応じて損金の額に算入したとしても，一般に，課税所得の適正な期間計算を大きく損なうこともないと考えられることから，その支払保険料の額は，原則として，期間の経過に応じて損金の額に算入することとしている。

　しかし，特に保険期間が長期にわたるものや保険期間中に保険金額が逓増するものは，その保険期間の前半において支払う保険料の中に相当多額の前払部分の保険料が含まれており，中途解約をした場合にはその前払部分の保

険料の多くが返戻されるため，このような保険についても本通達の取扱いを
そのまま適用すると課税所得の適正な期間計算を損なうこととなる。

　　そのため，このような保険については，前払費用は資産に計上するという
原則的な考え方にのっとった取扱いとすることが適当であるため，保険期間
が3年以上で最高解約返戻率が50％を超えるものについては，本通達の取扱
いによらず，法人税基本通達9-3-5の2《定期保険等の保険料に相当多額の
前払部分の保険料が含まれる場合の取扱い》の取扱いによることとしている。

4　支払保険料の額は，原則として，期間の経過に応じて損金の額に算入する
のであるが，保険期間が終身で保険料の払込期間が有期（例えば，20年払や70歳
払込満了など）である第三分野保険の場合には，保険期間の開始の日から被保
険者の年齢が116歳（公益社団法人日本アクチュアリー協会が作成した第三分野標準生
命表2018（男）における最終年齢）に達する日までを計算上の保険期間とし，原
則として，当該期間の経過に応じて損金の額に算入することとなる。本通達
（注）1では，このことを明らかにしている。

　　他方，保険期間と保険料の払込期間のいずれもが終身である第三分野保険
の場合には，その支払った保険料の額を支払った日の属する事業年度の損金
の額に算入することとなる。

5　本通達の本文のとおり，定期保険又は第三分野保険に係る支払保険料の額
は，原則として，保険期間の経過に応じて損金の額に算入するのであるが，
納税者の事務負担に配慮し，法人が，保険期間を通じて解約返戻金相当額の
ない短期払の定期保険又は第三分野保険に加入した場合において，一の被保
険者につき当該事業年度に支払った保険料の額が30万円以下であるものにつ
いて，その支払った日の属する事業年度の損金の額に算入しているときには，
その処理を認めることとしている。本通達（注）2では，このことを明らかに
にしている。

　　この取扱いは，令和元年改正通達により廃止した平成24年4月27日付課法
2-5ほか1課共同「法人が支払う『がん保険』（終身保障タイプ）の保険料の取
扱いについて」（法令解釈通達）（以下「がん保険通達」という。）の「2⑶例外的取
扱い」において認めていた取扱いについて，課税所得の適正な期間計算を著
しく損なわないと考えられる範囲内で部分的に存置することとしたものであ
る。

　また，本通達（注）2において「(1)及び(2)前段の取扱いについては」としていることからも明らかなとおり，本通達(2)後段のように，法人が役員又は部課長その他特定の使用人（これらの者の親族を含む。）のみを被保険者とする定期保険又は第三分野保険に加入した場合には，本通達（注）2の取扱いは適用されず，その支払保険料の額は当該役員又は使用人に対する給与として取り扱うこととなる。

6　本通達（注）2の取扱いは「保険期間を通じて」解約返戻金相当額のない定期保険又は第三分野保険について適用することとしているため，例えば，保険料払込期間中は解約返戻金相当額がないものの払込期間終了後は解約返戻金相当額があるような保険商品には適用されないことに留意する必要がある。ここにいう「解約返戻金相当額」とは，法人税基本通達9-3-5の2の解約返戻金相当額と同義である（FAQのQ16）。

　また，本通達（注）2の取扱いは，貯蓄性のない保険商品を対象としており，具体的には，解約返戻金相当額のない定期保険又は第三分野保険について適用することとしている。現在販売されている第三分野保険の中には，保険料払込期間終了後，ごく少額の解約返戻金又は死亡保険金が支払われる商品や，その保険期間中にごく少額の健康祝金又は出産祝金などと称する金員が支払われる商品が数多く存在するが，ごく少額の払戻金しかない保険商品を貯蓄性のあるものとして取り扱うのは実情にそぐわないことから，このようにごく少額の払戻金しかない保険商品については，解約返戻金相当額のない定期保険又は第三分野保険に含めて本通達（注）2の取扱いを認めることとしている。現行の保険商品では，入院給付金日額などの基本給付金額（5千円から1万円程度）の10倍としているものが多いようであり，このような払戻金は，一般的には「ごく少額の払戻金」と考えられるが，その範囲については，廃止されたがん保険通達の取扱いと同様に，支払保険料の額や保障に係る給付金の額に対する割合などを勘案して保険契約ごとに個別に判断する必要がある（FAQのQ16）。

　なお，本通達（注）2の取扱いは，一の被保険者につき当該事業年度に支払った保険料の額が30万円以下である場合に認められるのであるが，一の被保険者がこれらの保険に複数加入している場合には，当該事業年度に支払った保険料の額を合計して判定することとなる。また，当該事業年度の途中で

保険に追加加入したことにより当該事業年度に支払った保険料の合計額が30万円超となる場合には，追加加入した保険に係る支払保険料のみならず，当該事業年度前に加入した保険に係る支払保険料についても本通達（注）2の取扱いの適用を受けることはできず，期間の経過に応じて損金の額に算入することとなる。他方で，複数の保険に加入している場合で，当該事業年度の途中にいずれかの保険を解約等したことにより当該事業年度に支払った保険料の額が30万円以下となるときには，当該事業年度に支払った保険料について本通達（注）2の取扱いの適用があることとなる（FAQのQ17）。

6　連結納税制度においても，同様の通達改正（連基通8-3-5）を行っている。

---

**【新設】（定期保険等の保険料に相当多額の前払部分の保険料が含まれる場合の取扱い）**

**9-3-5の2**　法人が，自己を契約者とし，役員又は使用人（これらの者の親族を含む。）を被保険者とする保険期間が3年以上の定期保険又は第三分野保険（以下9-3-5の2において「定期保険等」という。）で最高解約返戻率が50％を超えるものに加入して，その保険料を支払った場合には，当期分支払保険料の額については，次表に定める区分に応じ，それぞれ次により取り扱うものとする。ただし，これらの保険のうち，最高解約返戻率が70％以下で，かつ，年換算保険料相当額（一の被保険者につき2以上の定期保険等に加入している場合にはそれぞれの年換算保険料相当額の合計額）が30万円以下の保険に係る保険料を支払った場合については，9-3-5の例によるものとする。

(1)　当該事業年度に次表の資産計上期間がある場合には，当期分支払保険料の額のうち，次表の資産計上額の欄に掲げる金額（当期分支払保険料の額に相当する額を限度とする。）は資産に計上し，残額は損金の額に算入する。

　(注)　当該事業年度の中途で次表の資産計上期間が終了する場合には，次表の資産計上額については，当期分支払保険料の額を当該事業年度の月数で除して当該事業年度に含まれる資産計上期間の月数（1月未満の端数がある場合には，その端数を切り捨てる。）を乗じて計算した金額により計算する。また，当該事業年度の中途で次表の資産計上額の欄の「保険期間の開始の日から，10年を経過する日」が到来する場合の資産計上についても，同様とする。

(2)　当該事業年度に次表の資産計上期間がない場合（当該事業年度に次表の取崩期間がある場合を除く。）には，当期分支払保険料の額は，損金の額に算入する。

(3)　当該事業年度に次表の取崩期間がある場合には，当期分支払保険料の額（(1)により資産に計上することとなる金額を除く。）を損金の額に算入するとともに，(1)により資産に計上した金額の累積額を取崩期間（当該取崩期間に1月未満の端数がある場合には，その端数を切り上げる。）の経過に応じて均等に取り崩した金額のうち，当該事業年度に対応する金額を損金の額に算入する。

| 区分 | 資産計上期間 | 資産計上額 | 取崩期間 |
|---|---|---|---|
| 最高解約返戻率 50％70％以下 | 保険期間の開始の日から，当該保険期間の100分の40相当期間を経過する日まで | 当期分支払保険料の額に100分の40を乗じて計算した金額 | 保険期間の100分の75相当期間経過後から，保険期間の終了の日まで |
| 最高解約返戻率 70％超85％以下 | | 当期分支払保険料の額に100分の60を乗じて計算した金額 | |
| 最高解約返戻率 85％超 | 保険期間の開始の日から，最高解約返戻率となる期間（当該期間経過後の各期間において，その期間における解約返戻金相当額からその直前の期間における解約返戻金相当額を控除した金額を年換算保険料相当額で除した割合が100分の70を超える期間がある場合には，その超えることとなる期間）の終了の日まで<br>（注）　上記の資産計上期間が5年未満となる場合には，保険期間の開始の日から，5年を経過する日まで（保険期間が10年未満の場合には，保険期間の開始の日から，当該保険期間の100分の50相当期間を経過する日まで）とする。 | 当期分支払保険料の額に最高解約返戻率の100分の70（保険期間の開始の日から，10年を経過する日までは，100分の90）を乗じて計算した金額 | 解約返戻金相当額が最も高い金額となる期間（資産計上期間がこの表の資産計上期間の欄に掲げる（注）に該当する場合には，当該（注）による資産計上期間）経過後から，保険期間の終了の日まで |

（注）1　「最高解約返戻率」，「当期分支払保険料の額」，「年換算保険料相当額」及び「保険期間」とは，それぞれ次のものをいう。

　　イ　最高解約返戻率とは，その保険の保険期間を通じて解約返戻率（保険契約時において契約者に示された解約返戻金相当額について，それを受けることとなるまでの間に支払うこととなる保険料の額の合計額で除した割合）が最も高い割合となる期間におけるその割合をいう。

　　ロ　当期分支払保険料の額とは，その支払った保険料の額のうち当該事業年度に対応する部分の金額をいう。

　　ハ　年換算保険料相当額とは，その保険の保険料の総額を保険期間の年数で除した金額をいう。

　　ニ　保険期間とは，保険契約に定められている契約日から満了日までをいい，当該保険期間の開始の日以後1年ごとに区分した各期間で構成されているものとして本文の取扱いを適用する。

　　2　保険期間が終身である第三分野保険については，保険期間の開始の日から被保険者の年齢が116歳に達する日までを計算上の保険期間とする。

　　3　表の資産計上期間の欄の「最高解約返戻率となる期間」及び「100分の70を超える期間」並びに取崩期間の欄の「解約返戻金相当額が最も高い金額となる期間」が複数ある場合には，いずれもその最も遅い期間がそれぞれの期間となることに留意する。

　　4　一定期間分の保険料の額の前払をした場合には，その全額を資産に計上し，資産に計上した金額のうち当該事業年度に対応する部分の金額について，本文の取扱いによることに留意する。

　　5　本文の取扱いは，保険契約時の契約内容に基づいて適用するのであるが，その契約内容の変更があった場合，保険期間のうち当該変更以後の期間においては，変更後の契約内容に基づいて9-3-4から9-3-6の2の取扱いを適用する。

> なお，その契約内容の変更に伴い，責任準備金相当額の過不足の精算を行う場合には，その変更後の契約内容に基づいて計算した資産計上額の累積額と既往の資産計上額の累積額との差額について調整を行うことに留意する。
>
> 6　保険金又は給付金の受取人が被保険者又はその遺族である場合であって，役員又は部課長その他特定の使用人（これらの者の親族を含む。）のみを被保険者としているときには，本文の取扱いの適用はなく，9-3-5の(2)の例により，その支払った保険料の額は，当該役員又は使用人に対する給与となる。

## 【解説】

1　本通達は，支払保険料の額に相当多額の前払部分の保険料が含まれている場合の資産計上額の取扱いについて明らかにしている。具体的には，法人を契約者とし，役員又は使用人（これらの者の親族を含む。）を被保険者とする保険期間が3年以上の定期保険又は第三分野保険（以下「定期保険等」という。）で最高解約返戻率が50％を超えるものについては，最高解約返戻率の区分に応じて一定額を一定期間資産計上し，所定の期間経過後に取り崩して損金の額に算入することとしている。

2　保険期間が複数年となる定期保険又は第三分野保険の保険料は，加齢に伴う保険料の上昇を抑える観点から平準化されているため，保険期間前半における保険料の中には，保険期間後半における保険料に充当される部分，すなわち前払部分の保険料が含まれており，これについては，資産計上するのが原則となる。しかし，その平準化された定期保険又は第三分野保険の保険料は，いわゆる掛捨ての危険保険料及び付加保険料のみで構成されており，これらを期間の経過に応じて損金の額に算入したとしても，一般に，課税所得の適正な期間計算を大きく損なうこともないと考えられることから，法人税基本通達9-3-5《定期保険及び第三分野保険に係る保険料》において，支払保険料の額は，原則として，期間の経過に応じて損金の額に算入することとしている。

　一方，特に保険期間が長期にわたるものや保険期間中に保険金額が逓増するものなどは，その保険期間の前半において支払う保険料の中に相当多額の前払部分の保険料が含まれており，中途解約をした場合にはその前払部分の保険料の多くが返戻されるため，このような保険についても法人税基本通達9-3-5の取扱いをそのまま適用すると課税所得の適正な期間計算を損なうこととなる。

　　したがって，このような保険については，上記の原則的な考え方にのっとった取扱いとすることが適当であるため，法人税基本通達9-3-5の取扱いによらず，本通達の取扱いによることとしている。

　　なお，そもそも解約返戻金相当額のない保険については本通達の適用はなく，その支払保険料の額は，法人税基本通達9-3-5の取扱いにより，期間の経過に応じて損金の額に算入することとなる。また，当該保険に係る支払保険料の額が少額である場合には，法人税基本通達9-3-5（注）2の取扱いにより，支払時の損金算入が認められることとなる。

2　令和元年の通達改正前においては，このような保険については，保険商品ごとに個別通達として取扱いを定めていたが，これらの個別通達の発遣後相当の年月を経過し，①保険会社各社の商品設計の多様化や長寿命化等により，それぞれの保険の保険料に含まれる前払部分の保険料の割合にも変化が見られること，②類似する商品であっても個別通達に該当するか否かで取扱いに差異が生じていること，③前払部分の保険料の割合が高い同一の商品であっても加入年齢や保険期間の長短により取扱いが異なること，④第三分野保険のうち個別通達に定めるもの以外はその取扱いが明らかではなかったことから，類似する商品や第三分野保険の取扱いに差異が生じることのないよう定期保険及び第三分野保険の保険料に関する取扱いを統一するとともに，各保険商品の実態に応じた取扱いとなるよう資産計上ルールの見直しを行っている。

3　この資産計上ルールについては，支払保険料の額に含まれる前払部分の保険料の額は，保険契約者には通知されないことから，保険契約者がその金額を把握して資産計上することは極めて困難となる。そこで，保険契約者が把握可能で客観的かつ合理的な指標として，前払部分の保険料の累積額に近似する解約返戻金に着目し，解約返戻率に基づいて資産計上すべき金額を算定することとしている。また，解約返戻率は保険期間の経過に応じて変動するところ，解約返戻率の変動に伴い資産計上割合を変動させることは実務上も煩雑となることや，その保険期間中の資産計上割合の平均値などを求めることも困難であるため，計算の簡便性の観点から，最高解約返戻率を用いて資産計上額を算定することとしている。

　　令和元年改正通達による廃止前の各個別通達では，法人が支払保険料の額

に一定割合を乗じた金額を一律の期間資産計上するという，納税者の事務負担に配慮した簡便的な資産計上ルールとしていたことから，本通達においても，各保険商品の実態を踏まえつつ，廃止前の各個別通達とも整合性のとれた資産計上ルールとしている。具体的には，最高解約返戻率が85％以下の定期保険等については，支払保険料の額に一定割合を乗じた金額を一律の期間資産計上するという廃止前の各個別通達と同様に簡便な計算方法とし，最高解約返戻率が85％超の定期保険等については，資産計上額の累積額が前払部分の保険料の累積額に極力近似するように，最高解約返戻率に応じてより高い割合で資産計上することとしている。

　この「最高解約返戻率」とは，その保険の保険期間を通じて解約返戻率が最も高い割合となる期間におけるその割合をいい，「解約返戻率」とは，保険契約時において契約者に示された解約返戻金相当額を，それを受けることとなるまでの間に支払う保険料の額の累計額で除して計算した割合をいう（本通達（注）1イ）。一般的には，契約時に個々の契約内容に応じて作成される保険設計書等において「○年目の解約返戻金△円，○年目の解約返戻率×％」などと示される金額や割合によることとなる。（最高）解約返戻率と解約返戻金相当額の具体的な計算については，FAQのQ4からQ8までにおいて示しているので参考とされたい。

4　本通達では，保険期間が3年以上の定期保険等で最高解約返戻率が50％を超えるものについては，その最高解約返戻率の区分に応じて資産計上することとしている。しかし，このような保険であっても，最高解約返戻率が70％以下の保険で，その年換算保険料相当額が30万円以下の場合には，支払保険料の中に含まれる前払部分の保険料を期間の経過に応じて損金の額に算入したとしても，一般に，課税所得の適正な期間計算を大きく損なうこともないことから，納税者の事務負担への配慮や計算の簡便性といった点も踏まえ，この場合の保険は本通達の適用対象外としている。

　この「年換算保険料」とは，その保険の保険料の総額を保険期間の年数で除した金額をいう（本通達（注）1ハ）。また，年換算保険料相当額が30万円以下か否かの判定については，保険会社や保険契約への加入時期の違いにかかわらず，一の者（例えば，代表取締役である甲）を被保険者として，法人が加入している全ての定期保険等に係る年換算保険料相当額の合計額で判定するこ

とになる。この判定に際して特に留意すべきことについては，FAQ の Q 9
において示しているので参考とされたい。

5　上記 4 の保険を除き，法人が保険期間が 3 年以上の定期保険等で最高解約
　返戻率が50％を超えるものに加入して，その保険料を支払った場合には，当
　期分支払保険料の額については，本通達の表に定める最高解約返戻率の区分
　に応じて資産計上を行うこととなる。この「当期分支払保険料の額」とは，
　その支払った保険料の額のうち当該事業年度に対応する部分の金額をいう
　（本通達（注）1 ロ）。
　　したがって，例えば，いわゆる前納制度を利用して前納保険料を支払った
　場合や，保険料を短期払した場合など，一定期間分の保険料の額の前払をし
　たときには，その全額を資産に計上し，資産に計上した金額のうち当該事業
　年度に対応する部分の金額について，当期分支払保険料の額として資産計上
　額を計算することとなる（本通達（注）4）。
　　また，例えば，保険料を年払としている場合において，法人税基本通達
　2-2-14《短期の前払費用》の取扱いにより，その年払保険料の額を継続して
　支払日の属する事業年度の支払保険料の額としているときは，その額を当期
　分支払保険料の額として資産計上額を計算することが認められる（FAQ の Q
　2）。

6　本通達では，保険期間を基に資産計上期間及び取崩期間を設定し，各事業
　年度に資産計上期間又は取崩期間があるか否かにより，当期分支払保険料の
　額の損金算入額及び資産計上額が異なることとなる。その具体的な算定の例
　は，次のとおりである。
　（1）法人が，最高解約返戻率60％（50％超70％以下の区分に該当）の定期保険
　　等に加入して，その保険料を支払った場合
　　イ　資産計上期間（保険期間の開始の日から当該保険期間の前半 4 割相当期間を
　　　経過する日までの期間）
　　　　当期分支払保険料の額の 4 割相当額を資産に計上し，残額を損金の
　　　額に算入する（本通達(1)）。
　　ロ　資産計上期間経過後から保険期間の終了の日までの期間（ハの取崩期
　　　間を含む。）
　　　　当期分支払保険料の額を損金の額に算入する（本通達(2)，(3)）。

ハ　取崩期間（保険期間のうち後半4分の1の期間）

ロの損金算入額に加えて，イで資産に計上した金額の累積額を均等
に取り崩して損金の額に算入する（本通達(3)）。

なお，事業年度の途中で資産計上期間が終了する場合又は事業年度の
途中から取崩期間が開始する場合には，月割りにより資産計上額又は取
崩額を計算するのであるが，前者の場合には1月未満の端数は切捨てと
し（本通達(1)（注）），後者の場合には切上げとしている（本通達(3)）。

(2)　法人が，最高解約返戻率80%（70%超85%以下の区分に該当）の定期保険
等に加入して，その保険料を支払った場合

資産計上期間に当期分支払保険料の額の6割相当額を資産に計上する
こと以外は，上記(1)と同様の取扱いとなる。

(3)　法人が，最高解約返戻率90%（85%超の区分に該当）の定期保険等に加入
して，その保険料を支払った場合

イ　資産計上期間（保険期間の開始の日から最高解約返戻率となる期間の終了の
日まで）

保険期間の開始の日から10年間は，当期分支払保険料の額に当該最
高解約返戻率90%の9割（＝81%）を乗じた金額を，10年経過後の残り
の資産計上期間は，当期分支払保険料の額に最高解約返戻率90%の7
割（＝63%）を乗じた金額を資産に計上し，残額を損金の額に算入する
（本通達(1)）。

ロ　資産計上期間経過後から保険期間の終了の日までの期間（ハの取崩期
間を含む。）

当期分支払保険料の額を損金の額に算入する（本通達(2)，(3)）。

ハ　取崩期間（解約返戻金相当額が最も高い金額となる期間経過後から保険期間
の終了の日までの期間）

ロの損金算入額に加えて，イで資産に計上した金額の累積額を均等
に取り崩して損金の額に算入する（本通達(3)）。

上記(3)イの最高解約返戻率となる「期間」及び上記(3)ハの解約返戻金相当
額が最も高い金額となる「期間」のように，本通達の表のうち，最高解約返
戻率が85%超の区分となる場合の資産計上期間の欄及び取崩期間の欄などに
ある「期間」とは，保険期間の開始の日以後1年ごとに区分した各期間のこ

とをいう（本通達（注）1ニ）。例えば，「最高解約返戻率となる期間」とは，保険期間を構成する各期間のうち，解約返戻率が最高率となる期間のことである（FAQのQ3）。

　また，例えば，最高解約返戻率が同率の期間が複数ある場合には，その最も遅い期間の終了の日までが資産計上期間ということになる（本通達（注）3）。

　最高解約返戻率が85％超の区分に該当する場合の原則的な取扱いは上記(3)のとおりであるが，上記(3)イの資産計上期間経過後の各期間において支払う保険料の中に相当多額の前払部分の保険料が含まれている場合，すなわち，最高解約返戻率となる期間経過後の期間における解約返戻金相当額からその直前期間における解約返戻金相当額を控除した金額（対直前期間増加額）を年換算保険料相当額で除した割合が7割を超える期間がある場合には，その7割を超える期間の終了の日まで資産計上期間が延長されることとなる。この取扱いは，保険期間開始後，早期に最高解約返戻率に到達した後も依然として高解約返戻率を維持する保険商品に対応することとしたものである。

　なお，この割合が7割を超える期間が複数ある場合には，その最も遅い期間の終了の日までが資産計上期間となることを本通達（注）3で明らかにしている。したがって，一時的にこの割合が7割を下回ることがあっても，資産計上期間が途切れることはないこととなる。

　また，最高解約返戻率が111％を超えるような場合には，算出される資産計上額が当期分支払保険料の額を超える場合が生じ得るが，このような場合には，当期分支払保険料の額に相当する金額が資産計上額の上限となる（本通達(1)）。

　ところで，保険商品の設計によっては，最高解約返戻率となる期間が極めて早期に到来し，その後，解約返戻率が急減するような保険商品が考えられる。そのため，このような保険商品で最高解約返戻率が85％を超えるものについては，本通達の表中の資産計上期間の欄の注書において，最低でも5年間は資産計上することとしているが，このような商品であっても，保険期間が10年未満である場合には，当該保険期間の5割相当期間を資産計上期間とすることとしている。したがって，例えば，保険期間が8年の保険契約について表中の資産計上期間の欄の本文に従って計算された資産計上期間が3年となる場合であっても，資産計上期間は4年（8年の5割相当期間）となり

（FAQ の Q10），当期分支払保険料の額に最高解約返戻率の 9 割を乗じた金額を資産計上することとなる。そして，この取扱いによる場合には，資産計上期間経過後から保険期間の終了の日までが取崩期間となる。

7　本通達の取扱いは，保険契約時の契約内容に基づいて適用するのであるが，その契約内容の変更があった場合，保険期間のうち当該変更以後の期間においては，変更後の契約内容に基づいて各通達（基通9-3-4〜9-3-6の2）を適用することとなる。このことを本通達（注）5で明らかにしている。

　　具体的に，どのような変更がここでいう「契約内容の変更」に当たるかについては，FAQ の Q11において示している。解約返戻率の変動を伴う契約内容の変更や保険期間の変更は，原則として「契約内容の変更」に当たるものとしており，例えば，①払込期間の変更（全期払（年払・月払）を短期払に変更する場合等），②特別保険料の変更，③保険料払込免除特約の付加・解約，④保険金額の増額，減額又は契約の一部解約に伴う高額割引率の変更により解約返戻率が変動する場合，⑤保険期間の延長・短縮，⑥契約書に記載した年齢の誤りの訂正等により保険料が変動する場合を挙げている。

　　また，原則として「契約内容の変更」に当たらないものとして，⑦払込方法の変更（月払を年払に変更する場合等），⑧払込経路の変更（口座振替扱いを団体扱いに変更する場合等），⑨前納金の追加納付，⑩契約者貸付，⑪保険金額の減額（部分解約）を挙げている。

　　なお，保険料や保険金額の異動を伴う契約内容の変更がある場合には，変更前の責任準備金相当額と変更後の契約内容に応じて必要となる責任準備金相当額との過不足の精算を行うのが一般的であり，これにより，責任準備金相当額は契約当初から変更後の契約内容であったのと同じ額となるため，税務上の資産計上累計額もこれに合わせた調整を行う必要がある。具体的な調整方法については FAQ の Q12において示しているので参考とされたい。

8　連結納税制度においても同様の取扱い（連基通8-3-5の2）を定めている。

## 2　経過的取扱い

### 【解説】

1　本通達においては，令和元年改正通達の取扱いは，解約返戻金相当額のない短期払の定期保険又は第三分野保険以外の定期保険又は第三分野保険については，令和元年7月8日以後に新たに契約する保険契約に係る保険料について適用することを明らかにしている。

　　また，解約返戻金相当額のない短期払の定期保険又は第三分野保険については，令和元年10月8日以後に新たに契約する保険契約に係る保険料について，改正後の通達を適用することを明らかにしている。

2　解約返戻金相当額のない短期払の定期保険又は第三分野保険の経過的取扱いを定めた趣旨は次のとおりである。

　　廃止したがん保険通達において定めていた「例外的取扱い」は，保険期間が終身で保険料の払込期間が有期の保険のうち，保険契約の解約等において払戻金のないものについて，保険料の払込の都度，損金算入することを認めるというものであった。この取扱いは，がん保険通達を定めた当時に発売されていたがん保険が，払込期間と保険期間（終身）に著しい差異がないという実態であったことを前提に，給与課税の対象とならない保険期間が終身，かつ，保険契約の解約等において払戻金のないがん保険については，保険契約者である納税者の事務負担に配慮し，その支払った保険料の額について，厳格に期間の経過に応じて損金算入を求めなくても，課税所得の適正な期間計算を著しく損なうことがないとの考え方の下に定めたものであった。

　　令和元年改正通達の意見公募手続に付した改正案においては，定期保険及び第三分野保険に該当する保険商品間の取扱いの統一化を図る観点から，この「例外的取扱い」を存置せずに，廃止することとしていた。その背景として，近年，保険料の払込期間を著しく短期間に設定し，かつ，その支払保険料の額が高額なものが，法人経営者向けに販売されている実態があり，このような商品を「例外的取扱い」の対象とすることで，課税所得の適正な期間計算を損なう結果が生じていたことや，がん保険以外の第三分野保険においては，保険料の払込の都度，損金算入する取扱いを認めておらず，保険商品間の取扱いに差異が生じていたという事情があった。

　　しかしながら，意見公募手続において，経理処理として定着している「例

外的取扱い」が一切認められないこととなれば，保険契約者である納税者の
事務負担が過重となる等の意見があったことを踏まえ，保険商品間の取扱い
に差異がないことを前提に，改正後の法人税基本通達9-3-5《定期保険及び
第三分野保険に係る保険料》の（注）2において，その支払った事業年度の
損金の額に算入することを認めるという取扱いを追加している。この追加し
た内容の周知には一定程度の期間が必要となると考えられたことから，これ
らの保険の保険料については，上記1の解約返戻金相当額のない短期払の定
期保険又は第三分野保険以外の定期保険又は第三分野保険に係る保険料の取
扱いとは異なる適用関係を設けている。

3　さらに，本通達の後段では，令和元年7月8日前に契約した上記1の解約
返戻金相当額のない短期払の定期保険又は第三分野保険以外の定期保険又は
第三分野保険に係る保険料及び令和元年10月8日前に契約した上記2の解約
返戻金相当額のない短期払の定期保険又は第三分野保険に係る保険料につい
ては，令和元年の通達改正前の法人税基本通達の取扱い並びに令和元年改正
通達に伴い廃止する前の昭和54年6月8日付直審4-18「法人契約の新成人病
保険の保険料の取扱いについて」，昭和62年6月16日付直法2-2「法人が支払
う長期平準定期保険等の保険料の取扱いについて」，平成元年12月16日付直
審4-52「法人又は個人事業者が支払う介護費用保険の保険料の取扱いについ
て」，平成13年8月10日付課審4-100「法人契約の「がん保険（終身保障タイ
プ）・医療保険（終身保障タイプ）」の保険料の取扱いについて（法令解釈通達）」
及び平成24年4月27日付課法2-5ほか1課共同「法人が支払う『がん保険』
（終身保障タイプ）の保険料の取扱いについて（法令解釈通達）」の各取扱いの例
によることを明らかにしている。

4　なお，従前，長期傷害保険（終身保障タイプ）の税務上の取扱いについては，
社団法人生命保険協会が行った文書照会に対する国税庁の回答として国税庁
ホームページに掲載されている平成18年4月28日付文書回答事例「長期傷害
保険（終身保障タイプ）に関する税務上の取扱いについて」によることとして
差し支えないとしていたが，上記3の令和元年改正通達に伴い廃止する前の
各個別通達の取扱いと同様に，令和元年改正通達の適用日以後の契約に係る
長期傷害保険の保険料については改正後の取扱いによることとし，同日前の
契約に係る長期傷害保険の保険料については，従前の文書回答事例の取扱い

の例によることとなることを，FAQ の Q20において示しているので参考と
されたい。
　　また，令和元年改正通達の適用日前の契約に係る定期保険又は第三分野保
険について，その適用日後に契約内容の変更，転換，払済保険への変更，契
約の更新及び保険給付のある特約の付加があった場合の適用関係については，
FAQ の Q13及び Q14において示しているので参考とされたい。
5　連結納税制度においても，同様の通達（連基通（経過的取扱い…改正通達の適用
　　時期））を定めている。

## カ　令和元年 7 月 8 日前の契約に係る定期保険又は第三分野保険の保険料の取扱い

### ㈎　定期保険・長期平準定期保険・逓増定期保険等

〔法人が支払う長期平準定期保険等の保険料の取扱いについて（平成20年 2 月28日）〕

---

※　令和元年 6 月28日付課法2-13ほか 2 課共同「法人税基本通達等の一部改正について（法令解釈通達）」（以下「改正通達」といいます。）の発遣により，本通達は，令和元年 6 月28日をもって廃止されています。
　ただし，改正通達の取扱いは令和元年 7 月 8 日以後の契約に係る定期保険又は第三分野保険（法人税基本通達9-3-5及び連結納税基本通達8-3-5に定める解約返戻金相当額のない短期払の定期保険又は第三分野保険を除く。）の保険料及び令和元年10月 8 日以後の契約に係る定期保険又は第三分野保険（法人税基本通達9-3-5及び連結納税基本通達8-3-5に定める解約返戻金相当額のない短期払の定期保険又は第三分野保険に限る。）の保険料について適用し，それぞれの日前の契約に係る定期保険又は第三分野保険の保険料については，改正通達による改正前の取扱い並びに改正通達による廃止前の本通達の取扱いの例によることとされています。

**法人が支払う長期平準定期保険等の保険料の取扱いについて**
昭和62年 6 月16日直法2-2（例規）
平成 8 年 7 月 4 日課法2-3（例規）により改正
平成20年 2 月28日課法2-3，課審5-18により改正
　標題のことについては，当面下記により取り扱うこととしたから，これによられたい。

**（趣旨）**
　定期保険は，満期保険金のない生命保険であるが，その支払う保険料が平準化されているため，保険期間の前半において支払う保険料の中に前払保険料が含まれている。特に保険期間が長期にわたる定期保険や保険期間中に保険金額が逓増する定期保険は，当該保険の保険期間の前半において支払う保険料の中に相当多額の前払保険料が含まれていることから，その支払保険料の損金算入時期等に関する取扱いの適正化を図ることとしたものである。（平 8 年課法2-3により改正）

記
1　対象とする定期保険の範囲
　この通達に定める取扱いの対象とする定期保険は，法人が，自己を契約者とし，役員又は使用人（これらの者の親族を含む。）を被保険者として加入した定期保険（一定期間内における被保険者の死亡を保険事故とする生命保険をいい，障害特約等の特約の付されているものを含む。以下同じ。）のうち，次に掲げる長期平準定期保険及び逓増定期保険（以下これらを「長期平準定期保険等」という。）とする。（平 8 年課法2-3，平20年課法2-3により改正）

---

(1)　長期平準定期保険（その保険期間満了の時における被保険者の年齢が70歳を超え，かつ，当該保険に加入した時における被保険者の年齢に保険期間の２倍に相当する数を加えた数が105を超えるものをいい，(2)に該当するものを除く。）

(2)　逓増定期保険（保険期間の経過により保険金額が５倍までの範囲で増加する定期保険のうち，その保険期間満了の時における被保険者の年齢が45歳を超えるものをいう。）

（注）「保険に加入した時における被保険者の年齢」とは，保険契約証書に記載されている契約年齢をいい，「保険期間満了の時における被保険者の年齢」とは，契約年齢に保険期間の年数を加えた数に相当する年齢をいう。

## 2　長期平準定期保険等に係る保険料の損金算入時期

法人が長期平準定期保険等に加入してその保険料を支払った場合（役員又は部課長その他特定の使用人（これらの者の親族を含む。）のみを被保険者とし，死亡保険金の受取人を被保険者の遺族としているため，その保険料の額が当該役員又は使用人に対する給与となる場合を除く。）には，法人税基本通達9-3-5及び9-3-6（定期保険に係る保険料等）にかかわらず，次により取り扱うものとする。（平８年課法2-3，平20年課法2-3により改正）

(1)　次表に定める区分に応じ，それぞれ次表に定める前払期間を経過するまでの期間にあっては，各年の支払保険料の額のうち次表に定める資産計上額を前払金等として資産に計上し，残額については，一般の定期保険（法人税基本通達9-3-5の適用対象となる定期保険をいう。以下同じ。）の保険料の取扱いの例により損金の額に算入する。

〔前払期間，資産計上額等の表〕

| 区分 | | 前払期間 | 資産計上額 |
|---|---|---|---|
| (1)長期平準定期保険 | 保険期間満了の時における被保険者の年齢が70歳を超え，かつ，当該保険に加入した時における被保険者の年齢に保険期間の２倍に相当する数を加えた数が105を超えるもの | 保険期間の開始の時から当該保険期間の60％に相当する期間 | 支払保険料の２分の１に相当する金額 |
| (2)逓増定期保険 | ①　保険期間満了の時における被保険者の年齢が45歳を超えるもの（②又は③に該当するものを除く。） | 保険期間の開始の時から当該保険期間の60％に相当する期間 | 支払保険料の２分の１に相当する金額 |
| | ②　保険期間満了の時における被保険者の年齢が70歳を超え，かつ，当該保険に加入した時における被保険者の年齢に保険期間の２倍に相当する数を加えた数が95を超えるもの（③に該当するものを除く。） | 同上 | 支払保険料の３分の２に相当する金額 |
| | ③　保険期間満了の時における被保険者の年齢が80歳を超え，かつ，当該保険に加入した時における被保険者の年齢に保険期間の２倍に相当する数を加えた数が120を超えるもの | 同上 | 支払保険料の４分の３に相当する金額 |

（注）　前払期間に１年未満の端数がある場合には，その端数を切り捨てた期間を前払期間とする。

(2)　保険期間のうち前払期間を経過した後の期間にあっては，各年の支払保険料の額を一般の定期保険の保険料の取扱いの例により損金の額に算入するとともに，(1)により資産に計上した前払金等の累積額をその期間の経過に応じ取り崩して損金の額に算入する。

（注）

1　保険期間の全部又はその数年分の保険料をまとめて支払った場合には，いったんその保険料の全部を前払金として資産に計上し，その支払の対象となった期間（全保険期間分の保険料の合計額をその全保険期間を下回る一定の期間に分割して支払う場合には，その全保険期間とする。）の経過に応ずる経過期間分の保険料について，(1)又は(2)の処理を行うことに留意する。

2　養老保険等に付された長期平準定期保険等特約（特約の内容が長期平準定期保険等と同様のものをいう。）に係る保険料が主契約たる当該養老保険等に係る保険料と区分されている場合には，当該特約に係る保険料についてこの通達に定める取扱いの適用があることに留意する。

**（経過的取扱い・・・逓増定期保険に係る改正通達の適用時期）**

　この法令解釈通達による改正後の取扱いは平成20年2月28日以後の契約に係る改正後の1(2)に定める逓増定期保険（2(2)の注2の適用を受けるものを含む。）の保険料について適用し，同日前の契約に係る改正前の1(2)に定める逓増定期保険の保険料については，なお従前の例による。（平20年課法2-3により追加）

別　紙
　昭和62年6月16日付直法2-2「法人が支払う長期平準定期保険等の保険料の取扱いについて」（法令解釈通達）のうち次の「改正前」欄に掲げるものをそれぞれ「改正後」欄のように改める。
　　　（注）アンダーラインを付した箇所が，新設し，又は改正した箇所である。

| 改　正　後 | 改　正　前 |
|---|---|
| **1　対象とする定期保険の範囲**<br>　この通達に定める取扱いの対象とする定期保険は，法人が，自己を契約者とし，役員又は使用人（これらの者の親族を含む。）を被保険者として加入した定期保険（一定期間内における被保険者の死亡を保険事故とする生命保険をいい，障害特約等の特約の付されているものを含む。以下同じ。）のうち，次に掲げる長期平準定期保険及び逓増定期保険（以下これらを「長期平準定期保険等」という。）とする。<br>　(1)　長期平準定期保険（その保険期間満了の時における被保険者の年齢が70歳を超え，かつ，当該保険に加入した時における被保険者の年齢に保険期間の2倍に相当する数を加えた数が105を超えるものをいい，(2)に該当するものを除く。）<br>　(2)　逓増定期保険（保険金額が5倍までの範囲で増加する定期保険のうち，その保険期間満了の時における被保険者の年齢が45歳を超えるものをいう。）<br>　（注）「保険に加入した時における被保険者の年齢」とは，保険契約証書に記載されている契約年齢をいい，「保険期間満了の時における被保険者の年齢」とは，契約年齢に保険期間の年数を加えた数に相当する年齢をいう。 | **1　対象とする定期保険の範囲**<br>　この通達に定める取扱いの対象とする定期保険は，法人が，自己を契約者とし，役員又は使用人（これらの者の親族を含む。）を被保険者として加入した定期保険（一定期間内における被保険者の死亡を保険事故とする生命保険をいい，障害特約等の特約の付されているものを含む。以下同じ。）のうち，次に掲げる長期平準定期保険及び逓増定期保険（以下これらを「長期平準定期保険等」という。）とする。<br>　(1)　長期平準定期保険（その保険期間満了の時における被保険者の年齢が70歳を超え，かつ，当該保険に加入した時における被保険者の年齢に保険期間の2倍に相当する数を加えた数が105を超えるものをいい，(2)に該当するものを除く。）<br>　(2)　逓増定期保険（保険期間の経過により保険金額が5倍までの範囲で増加する定期保険のうち，その保険期間満了の時における被保険者の年齢が60歳を超え，かつ，当該保険に加入した時における被保険者の年齢に保険期間の2倍に相当する数を加えた数が90を超えるものをいう。）<br>　（注）「保険に加入した時における被保険者の年齢」とは，保険契約証書に記載されている契約年齢をいい，「保険期間満了の時における被保険者の年齢」とは，契約年齢に保険期間の年数を加えた数に相当する年齢をいう。 |
| **2　長期平準定期保険等に係る保険料の損金算入時期**<br>　法人が長期平準定期保険等に加入してその保険料を支払った場合（役員又は部課長その他特定の使用人（これらの者の親族を含む。）のみを被保険者とし，死亡保険金の受取人を被保険者の遺族としているため，その保険料の額が当該役員又は使用人に対する給与となる場合を除く。）には，法人税基本通達9-3-5及び9-3-6（定期保険に係る保険料等）にかかわらず，次により取り扱うものとする。<br>　(1)　次表に定める区分に応じ，それぞれ次表に定める前払期間を経過するまでの期間にあっては，各年の支払保険料の額のうち次表に定める資産計上額を前払金等として資産に計上し，残額については，一般の定期保険（法人税基本通達9-3-5の適用対象となる定期保険をいう。以下同じ。）の保険料の取扱いの例により損金の額に算入する。 | **2　長期平準定期保険等に係る保険料の損金算入時期**<br>　法人が長期平準定期保険等に加入してその保険料を支払った場合（役員又は部課長その他特定の使用人（これらの者の親族を含む。）のみを被保険者とし，死亡保険金の受取人を被保険者の遺族としているため，その保険料の額が当該役員又は使用人に対する給与となる場合を除く。）には，法人税基本通達9-3-5及び9-3-6（定期保険に係る保険料等）にかかわらず，次により取り扱うものとする。<br>　(1)　次表に定める区分に応じ，それぞれ次表に定める前払期間を経過するまでの期間にあっては，各年の支払保険料の額のうち次表に定める資産計上額を前払金等として資産に計上し，残額については，一般の定期保険（法人税基本通達9-3-5の適用対象となる定期保険をいう。以下同じ。）の保険料の取扱いの例により損金の額に算入する。 |

〔前払期間，資産計上額等の表〕

| 区　　分 | 前払期間 | 資産計上額 |
|---|---|---|
| (1) 長期平準定期保険 | 保険期間満了の時における被保険者の年齢が70歳を超え，かつ，当該保険に加入した時における被保険者の年齢に保険期間の2倍に相当する数を加えた数が105を超えるもの | 保険期間の開始の時から当該保険期間の60％に相当する期間 | 支払保険料の2分の1に相当する金額 |
| (2) 逓増定期保険 | ① 保険期間満了の時における被保険者の年齢が45歳を超えるもの（②又は③に該当するものを除く。） | 保険期間の開始の時から当該保険期間の60％に相当する期間 | 支払保険料の2分の1に相当する金額 |
| | ② 保険期間満了の時における被保険者の年齢が70歳を超え，かつ，当該保険に加入した時における被保険者の年齢に保険期間の2倍に相当する数を加えた数が95を超えるもの（③に該当するものを除く。） | 同　上 | 支払保険料の3分の2に相当する金額 |
| | ③ 保険期間満了の時における被保険者の年齢が80歳を超え，かつ，当該保険に加入した時における被保険者の年齢に保険期間の2倍に相当する数を加えた数が120を超えるもの | 同　上 | 支払保険料の4分の3に相当する金額 |

（注）　前払期間に1年未満の端数がある場合には，その端数を切り捨てた期間を前払期間とする。
(2)　保険期間のうち前払期間を経過した後の期間にあっては，各年の支払保険料の額を一般の定期保険の保険料の取扱いの例により損金の額に算入するとともに，(1)により資産に計上した前払金等の累積額をその期間の経過に応じ取り崩して損金の額に算入する。

〔前払期間，資産計上額等の表〕

| 区　　分 | 前払期間 | 資産計上額 |
|---|---|---|
| (1) 長期平準定期保険 | 保険期間満了の時における被保険者の年齢が70歳を超え，かつ，当該保険に加入した時における被保険者の年齢に保険期間の2倍に相当する数を加えた数が105を超えるもの | 保険期間の開始の時から当該保険期間の60％に相当する期間 | 支払保険料の2分の1に相当する金額 |
| (2) 逓増定期保険 | ① 保険期間満了の時における被保険者の年齢が60歳を超え，かつ，当該保険に加入した時における被保険者の年齢に保険期間の2倍に相当する数を加えた数が90を超えるもの（2又は3に該当するものを除く。） | 保険期間の開始の時から当該保険期間の60％に相当する期間 | 支払保険料の2分の1に相当する金額 |
| | ② 保険期間満了の時における被保険者の年齢が70歳を超え，かつ，当該保険に加入した時における被保険者の年齢に保険期間の2倍に相当する数を加えた数が105を超えるもの（③に該当するものを除く。） | 同　上 | 支払保険料の3分の2に相当する金額 |
| | ③ 保険期間満了の時における被保険者の年齢が80歳を超え，かつ，当該保険に加入した時における被保険者の年齢に保険期間の2倍に相当する数を加えた数が120を超えるもの | 同　上 | 支払保険料の4分の3に相当する金額 |

（注）　前払期間に1年未満の端数がある場合には，その端数を切り捨てた期間を前払期間とする。
(2)　保険期間のうち前払期間を経過した後の期間にあっては，各年の支払保険料の額を一般の定期保険の保険料の取扱いの例により損金の額に算入するとともに，(1)により資産に計上した前払金等の累積額をその期間の経過に応じ取り崩して損金の額に算入する。

<table>
<tr><td>

（注）1　保険期間の全部又はその数年分の保険料をまとめて支払った場合には，いったんその保険料の全部を前払金として資産に計上し，その支払の対象となった期間（全保険期間分の保険料の合計額をその全保険期間を下回る一定の期間に分割して支払う場合には，その全保険期間とする。）の経過に応ずる経過期間分の保険料について，(1)又は(2)の処理を行うことに留意する。

2　養老保険等に付された長期平準定期保険等特約（特約の内容が長期平準定期保険等と同様のものをいう。）に係る保険料が主契約たる当該養老保険等に係る保険料と区分されている場合には，当該特約に係る保険料についてこの通達に定める取扱いの適用があることに留意する。

（廃　止）

**（経過的取扱い…逓増定期保険に係る改正通達の適用時期）**
　この法令解釈通達による改正後の取扱いは平成20年2月28日以後の契約に係る改正後の1(2)に定める逓増定期保険（2(2)の注2の適用を受けるものを含む。）の保険料について適用し，同日前の契約に係る改正前の1(2)に定める逓増定期保険の保険料については，なお従前の例による。

</td><td>

（注）1　保険期間の全部又はその数年分の保険料をまとめて支払った場合には，いったんその保険料の全部を前払金として資産に計上し，その支払の対象となった期間（全保険期間分の保険料の合計額をその全保険期間を下回る一定の期間に分割して支払う場合には，その全保険期間とする。）の経過に応ずる経過期間分の保険料について，(1)又は(2)の処理を行うことに留意する。

2　養老保険等に付された長期平準定期保険等特約（特約の内容が長期平準定期保険等と同様のものをいう。）に係る保険料が主契約たる当該養老保険等に係る保険料と区分されている場合には，当該特約に係る保険料についてこの通達に定める取扱いの適用があることに留意する。

3　既契約分の取扱い
　平成8年9月1日以前の契約に係る逓増定期保険（上記2の(2)の注2の適用を受けるものを含む。）の保険料については，同日以後にその支払期日が到来するものにつきこの通達の取扱いを適用する。

（新　設）

</td></tr>
</table>

〔解約返戻金のない定期保険の取扱い〕（国税庁ホームページ）

（問）
法人が自己を契約者及び保険金受取人とし，役員又は従業員を被保険者として次のような内容の定期保険に加入した場合には，被保険者の加入年齢によっては長期平準定期保険の要件に該当するときもありますが，契約者である法人の払い込む保険料は，定期保険の原則的な処理に従って，その支払時に損金の額に算入して差し支えないでしょうか。

（定期保険の内容）
1　保険事故及び保険金
・被保険者が死亡した場合　死亡保険金
・被保険者が高度障害状態に該当した場合　高度障害保険金
2　保険期間と契約年齢

| 保険期間 | 加入年齢 | 保険期間 | 加入年齢 |
|---|---|---|---|
| 30年満了 | 0歳から50歳まで | 75歳満了 | 0歳から70歳まで |
| 70歳満了 | 0歳から65歳まで | 80歳満了 | 0歳から75歳まで |

3　保険料払込期間

保険期間と同一期間（短期払込はない）

4　払戻金

　この保険は掛捨てで，いわゆる満期保険金はありません。また，契約失効，契約解除，解約，保険金の減額及び保険期間の変更等によっても，金銭の払戻しはありません。

（注）　傷害特約等が付された場合も解約返戻金等の支払は一切ありません。

【答】

契約者である法人の払い込む保険料は，その支払時に損金の額に算入することが認められます。

【解説】

(1)　定期保険の税務上の取扱い

　定期保険は，養老保険と異なり満期返戻金や配当金がないことから，その支払保険料については，原則として，資産に計上することを要せず，その支払時に支払保険料，福利厚生費又は給与として損金の額に算入することとされています（基通9-3-5）。

　ただし，定期保険といっても，保険期間が非常に長期に設定されている場合には，年を経るに従って事故発生率が高くなるため，本来は保険料は年を経るに従って高額になりますが，実際の支払保険料は，その長期の保険期間にわたって平準化して算定されることから，保険期間の前半において支払う保険料の中に相当多額の前払保険料が含まれることとなります。このため，例えば，保険期間の前半に中途解約をしたような場合は，支払保険料の相当部分が解約返戻金として契約者に支払われることになり，支払保険料を支払時に損金算入することに課税上の問題が生じます。

　そこで，このような問題を是正するため，一定の要件を満たす長期平準定期保険の保険料については，保険期間の60％に相当する期間に支払う保険料の2分の1相当額を前払保険料等として資産計上することとされています（平8.7.4　付課法2-3「法人が支払う長期平準定期保険等の保険料の取扱いについて」通達参照）。

（注）　長期平準定期保険とは，その保険期間満了の時における被保険者の年齢が70歳を超え，かつ，当該保険に加入した時における被保険者の年齢に保険期間の2倍に相当する数を加えた数が105を超えるものをいいます。

(2)　解約返戻金のない定期保険の取扱い

　本件の定期保険についても，加入年齢によっては，上記の長期平準定期保険の要件に該当する場合がありますが，当該定期保険は，その契約内容によると，支払保険料は掛捨てで，契約失効，契約解除，解約，保険金の減額及び保険期間の変更等があっても，一切解約返戻金等の支払はなく，純粋な保障のみを目的とした商品となっています。

　したがって，当該定期保険については，保険料の支払時の損金算入による税効果を利用して，一方で簿外資金を留保するといった，課税上の問題は生じることもなく，また，長期平準定期保険の取扱いは本件のような解約返戻金の支払が一切ないものを対象とする趣旨ではありません。

　このため，本件定期保険については，長期平準定期保険の取扱いを適用せず，定期保険の一般的な取扱い（基通9-3-5）に従って，その支払った保険料の額は，期間の経過に応じて損金の額に算入して差し支えないものと考えられます。

### (イ)　がん保険等

〔法人が支払う「がん保険」（終身保障タイプ）の保険料の取扱いについて（法令解釈通達）（平成24年4月27日）〕

※　令和元年 6 月 28 日付課法 2－13 ほか 2 課共同「法人税基本通達等の一部改正について（法令解釈通達）」（以下「改正通達」といいます。）
　　の発遣により，本通達は，令和元年 6 月 28 日をもって廃止されています。
　　　ただし，改正通達の取扱いは令和元年 7 月 8 日以後の契約に係る定期保険又は第三分野保険（法人税基本通達 9－3－5 及び連結納税基本通
　　達 8－3－5 に定める解約返戻金相当額のない短期払の定期保険又は第三分野保険を除く。）の保険料及び令和元年 10 月 8 日以後の契約に係る
　　定期保険又は第三分野保険（法人税基本通達 9－3－5 及び連結納税基本通達 8－3－5 に定める解約返戻金相当額のない短期払の定期保険又
　　は第三分野保険に限る。）の保険料について適用し，それぞれの日前の契約に係る定期保険又は第三分野保険の保険料については，改正通達に
　　よる改正前の取扱い並びに改正通達による廃止前の本通達の取扱いの例によることとされています。

課法 2－5

課審 5－6

平成 24 年 4 月 27 日

各 国 税 局 長

沖縄国税事務所長　　　殿

国 税 庁 長 官

法人が支払う「がん保険」（終身保障タイプ）
の保険料の取扱いについて（法令解釈通達）

標題のことについては，当面下記により取り扱うこととしたから，これによられたい。

（趣　旨）

　保険期間が終身である「がん保険」は，保険期間が長期にわたるものの，高齢化するにつれて高まる発生率等に対し，平準化した保険料を算出していることから，保険期間の前半において中途解約又は失効した場合には，相当多額の解約返戻金が生ずる。このため，支払保険料を単に支払の対象となる期間の経過により損金の額に算入することは適当でない。そこで，その支払保険料を損金の額に算入する時期等に関する取扱いを明らかにすることとしたものである。

記

1　対象とする「がん保険」の範囲

　この法令解釈通達に定める取扱いの対象とする「がん保険」の契約内容等は，以下のとおりである。

(1)　契約者等

　法人が自己を契約者とし，役員又は使用人（これらの者の親族を含む。）を被保険者とする契約。

　ただし，役員又は部課長その他特定の使用人（これらの者の親族を含む。）のみを被保険者としており，これらの者を保険金受取人としていることによりその保険料が給与に該当する場合の契約を除く。

(2)　主たる保険事故及び保険金

　次に掲げる保険事故の区分に応じ，それぞれ次に掲げる保険金が支払われる契約。

| 保 険 事 故 | 保 険 金 |
|---|---|
| 初めてがんと診断 | がん診断給付金 |
| がんによる入院 | がん入院給付金 |
| がんによる手術 | がん手術給付金 |
| がんによる死亡 | がん死亡保険金 |

（注）1　がん以外の原因により死亡した場合にごく小額の普通死亡保険金を支払うものを含むこととする。

　　　2　毎年の付保利益が一定（各保険金が保険期間を通じて一定であることをいう。）である契約に限る（がん以外の原因により死亡した場合にごく小額の普通死亡保険金を支払う契約のうち、保険料払込期間が有期払込であるもので、保険料払込期間において当該普通死亡保険金の支払がなく、保険料払込期間が終了した後の期間においてごく小額の普通死亡保険金を支払うものを含む。）。

(3)　保険期間
　　保険期間が終身である契約。

(4)　保険料払込方法
　　保険料の払込方法が一時払、年払、半年払又は月払の契約。

(5)　保険料払込期間
　　保険料の払込期間が終身払込又は有期払込の契約。

(6)　保険金受取人
　　保険金受取人が会社、役員又は使用人（これらの者の親族を含む。）の契約。

(7)　払戻金
　　保険料は掛け捨てであり、いわゆる満期保険金はないが、保険契約の失効、告知義務違反による解除及び解約等の場合には、保険料の払込期間に応じた所定の払戻金が保険契約者に払い戻されることがある。
　　(注)　上記の払戻金は、保険期間が長期にわたるため、高齢化するにつれて高まる保険事故の発生率等に対して、平準化した保険料を算出していることにより払い戻されるものである。

**2　保険料の税務上の取扱い**
　　法人が「がん保険」に加入してその保険料を支払った場合には、次に掲げる保険料の払込期間の区分等に応じ、それぞれ次のとおり取り扱う。

(1)　終身払込の場合
　イ　前払期間
　　　加入時の年齢から105歳までの期間を計算上

の保険期間（以下「保険期間」という。）とし、当該保険期間開始の時から当該保険期間の50%に相当する期間（以下「前払期間」という。）を経過するまでの期間にあっては、各年の支払保険料の額のうち2分の1に相当する金額を前払金等として資産に計上し、残額については損金の額に算入する。
　　(注)　前払期間に1年未満の端数がある場合には、その端数を切り捨てた期間を前払期間とする。
　ロ　前払期間経過後の期間
　　　保険期間のうち前払期間を経過した後の期間にあっては、各年の支払保険料の額を損金の額に算入するとともに、次の算式により計算した金額を、イによる資産計上額の累計額（既にこのロの処理により取り崩した金額を除く。）から取り崩して損金の額に算入する。
　　〔算　式〕
　　資産計上額の累計額 ×

$$\frac{1}{105 - 前払期間経過年齢} = 損金算入額（年　額）$$

　　　(注)　前払期間経過年齢とは、被保険者の加入時年齢に前払期間の年数を加算した年齢をいう。

(2)　有期払込（一時払を含む。）の場合
　イ　前払期間
　　　保険期間のうち前払期間を経過するまでの期間にあっては、次に掲げる期間の区分に応じ、それぞれ次に定める処理を行う。
　①　保険料払込期間が終了するまでの期間
　　　次の算式により計算した金額（以下「当期分保険料」という。）を算出し、各年の支払保険料の額のうち、当期分保険料の2分の1に相当する金額と当期分保険料を超える金額を前払金等として資産に計上し、残額については損金の額に算入する。

　　〔算式〕
　　支払保険料（年　額）×

$$\frac{保険料払込期間}{保険期間} = 当期分保険料（年　額）$$

　（注）　保険料払込方法が一時払の場合には、その一時払による支払保険料を上記算式の「支払保険料（年額）」とし、「保険料払込期間」を1として計算する。

②　保険料払込期間が終了した後の期間

　当期分保険料の2分の1に相当する金額を、①による資産計上額の累計額（既にこの②の処理により取り崩した金額を除く。）から取り崩して損金の額に算入する。

ロ　前払期間経過後の期間

　保険期間のうち前払期間を経過した後の期間にあっては、次に掲げる期間の区分に応じ、それぞれ次に定める処理を行う。

①　保険料払込期間が終了するまでの期間

　各年の支払保険料の額のうち、当期分保険料を超える金額を前払金等として資産に計上し、残額については損金の額に算入する。

　また、次の算式により計算した金額（以下「取崩損金算入額」という。）を、イの①による資産計上額の累計額（既にこの①の処理により取り崩した金額を除く。）から取り崩して損金の額に算入する。

［算　式］

$$\frac{\left[\frac{当期分保険料}{2} \times 前払期間\right] \times \frac{1}{105-前払期間経過年齢}}{} = 取崩損金算入額$$

②　保険料払込期間が終了した後の期間

　当期分保険料の金額と取崩損金算入額を、イ及びこのロの①による資産計上額の累計額（既にイの②及びこのロの処理により取り崩した金額を除く。）から取り崩して損金の額に算入する。

(3)　例外的な取扱い

　保険契約の解約等において払戻金のないもの（保険料払込期間が有期払込であり、保険料払込期間が終了した後の解約等においてごく小額の払戻金がある契約を含む。）である場合には、上記

(1)及び(2)にかかわらず、保険料の払込の都度当該保険料を損金の額に算入する。

3　適用関係

　上記2の取扱いは、平成24年4月27日以後の契約に係る「がん保険」の保険料について適用する。

－ 3 －

〔法人契約の「がん保険（終身保障タイプ）・医療保険（終身保障タイプ）」の保険料の取扱いについて（法令解釈通達）（平成13年8月10日）〕

※　令和元年6月28日付課法2-13ほか2課共同「法人税基本通達等の一部改正について（法令解釈通達）」（以下「改正通達」といいます。）の発遣により，本通達は，令和元年6月28日をもって廃止されています。
　ただし，改正通達の取扱いは令和元年7月8日以後の契約に係る定期保険又は第三分野保険（法人税基本通達9-3-5及び連結納税基本通達8-3-5に定める解約返戻金相当額のない短期払の定期保険又は第三分野保険を除く。）の保険料及び令和元年10月8日以後の契約に係る定期保険又は第三分野保険（法人税基本通達9-3-5及び連結納税基本通達8-3-5に定める解約返戻金相当額のない短期払の定期保険又は第三分野保険に限る。）の保険料について適用し，それぞれの日前の契約に係る定期保険又は第三分野保険の保険料については，改正通達による改正前の取扱い並びに改正通達による廃止前の本通達の取扱いの例によることとされています。

**課審4-100**
平成13年8月10日
平成24年4月27日課法2-3，課審5-5により改正

国税局長　殿
沖縄国税事務所長　殿

国税庁長官

**法人契約の「がん保険（終身保障タイプ）・医療保険（終身保障タイプ）」の保険料の取扱いについて（法令解釈通達）**
　標題のことについて，社団法人生命保険協会から別紙2のとおり照会があり，これに対して当庁課税部長名をもって別紙1のとおり回答したから，平成13年9月1日以降にその保険に係る保険料の支払期日が到来するものからこれによられたい。
　なお，昭和50年10月6日付直審4-76「法人契約のがん保険の保険料の取扱いについて」（法令解釈通達）は，平成13年9月1日をもって廃止する。
　おって，この法令解釈通達による保険料の取扱いのうち，がん保険（終身保障タイプ）に係る取扱いは，平成24年4月27日をもって廃止する。ただし，同日前の契約に係るがん保険（終身保障タイプ）に係る取扱いについては，なお従前の例による。

別紙1

**課審4-99**
平成13年8月10日

社団法人生命保険協会
専務理事　○○○　殿

国税庁課税部長
○○○○

**法人契約の「がん保険（終身保障タイプ）・医療保険（終身保障タイプ）」の保険料の取扱いについて（平成13年8月8日付企第250号照会に対する回答）**

標題のことについては，貴見のとおり取り扱って差し支えありません。

なお，御照会に係る事実関係が異なる場合又は新たな事実が生じた場合には，この回答内容と異なる課税関係が生ずることがあります。

おって，当庁においては，平成13年9月1日以降にその保険に係る保険料の支払期日が到来するものから御照会のとおり取り扱うこととしましたので申し添えます。

企第250号
平成13年8月8日

国税庁
課税部長　　○○○○　　殿

社団法人生命保険協会
専務理事　　○○○

## がん保険（終身保障タイプ）及び医療保険（終身保障タイプ）に関する税務上の取扱について

　当協会の加盟会社の中には，下記の内容のがん保険（終身保障タイプ）及び医療保険（終身保障タイプ）を販売している会社があります。

　つきましては，法人が自己を契約者とし，役員又は使用人（これらの者の親族を含む。）を被保険者としてがん保険（終身保障タイプ）及び医療保険（終身保障タイプ）に加入した場合の保険料の取扱いについては，以下のとおり取り扱って差し支えないか，貴庁の御意見をお伺いしたく御照会申し上げます。

記

〈がん保険（終身保障タイプ）の概要〉
（省　略）

〈医療保険（終身保障タイプ）の概要〉
1. 主たる保険事故及び保険金
保険事故　保険金
災害による入院　　　災害入院給付金
病気による入院　　　病気入院給付金
災害又は病気による手術　　　手術給付金
（注）　保険期間の終了（保険事故の発生による終了を除く。）に際して支払う保険金はない。
　なお上記に加えて，ごく小額の普通死亡保険金を支払うものもある。
2. 保険期間　終身
3. 保険料払込方法　一時払，年払，半年払，月払
4. 保険料払込期間　終身払込，有期払込
5. 保険金受取人　会社，役員又は使用人（これらの者の親族を含む。）
6. 払戻金
　この保険は，保険料は掛け捨てでいわゆる満期保険金はないが，保険契約の失効，告知義務違反による解除及び解約等の場合には，保険料の払込期間に応じた所定の払戻金が保険契約者に払い戻される。これは，保険期間が長期にわたるため，高齢化するにつれて高まる死亡率等に対して，平準化した保険料を算出しているためである。

〈保険料の税務上の取扱いについて〉

1. 保険金受取人が会社の場合

⑴　終身払込の場合は，保険期間の終了（保険事故の発生による終了を除く。）に際して支払う保険金がないこと及び保険契約者にとって毎年の付保利益は一定であることから，保険料は保険期間の経過に応じて平準的に費用化することが最も自然であり，その払込の都度損金の額に算入する。

⑵　有期払込の場合は，保険料払込期間と保険期間の経過とが対応しておらず，支払う保険料の中に前払保険料が含まれていることから，生保標準生命表の最終の年齢「男性106歳，女性109歳」を参考に「105歳」を「計算上の満期到達時年齢」とし，払込保険料に「保険料払込期間を105歳と加入時年齢の差で除した割合」を乗じた金額を損金の額に算入し，残余の金額を積立保険料として資産に計上する。

⑶　保険料払込満了後は，保険料払込満了時点の資産計上額を「105歳と払込満了時年齢の差」で除した金額を資産計上額より取り崩して，損金の額に算入する。ただし，この取り崩し額は年額であるため，払込満了時が事業年度の中途である場合には，月数あん分により計算する。

2. 保険金受取人が役員又は使用人（これらの者の親族を含む。）の場合

⑴　終身払込の場合は，保険期間の終了（保険事故の発生による終了を除く。）に際して支払う保険金がないこと及び保険契約者にとって毎年の付保利益は一定であることから，保険料は保険期間の経過に応じて平準的に費用化することが最も自然であり，その払込の都度損金の額に算入する。

⑵　有期払込の場合は，保険料払込期間と保険期間の経過とが対応しておらず，支払う保険料の中に前払保険料が含まれていることから，生保標準生命表の最終の年齢「男性106歳，女性109歳」を参考に「105歳」を「計算上の満期到達時年齢」とし，払込保険料に「保険料払込期間を105歳と加入時年齢の差で除した割合」を乗じた金額を損金の額に算入し，残余の金額を積立保険料として資産に計上する。

⑶　保険料払込満了後は，保険料払込満了時点の資産計上額を「105歳と払込満了時年齢の差」で除した金額を資産計上額より取り崩して，損金の額に算入する。ただし，この取り崩し額は年額であるため，払込満了時が事業年度の中途である場合には，月数あん分により計算する。

⑷　ただし，役員又は部課長その他特定の使用人（これらの者の親族を含む。）のみを被保険者としている場合には，当該役員又は使用人に対する給与とする。

## ㈡ 長期傷害保険

〔長期傷害保険（終身保障タイプ）に関する税務上の取扱いについて（平成18年4月28日）〕

---

**長期傷害保険（終身保障タイプ）に関する税務上の取扱いについて**
取引等に係る税務上の取扱い等に関する照会（同業者団体等用）
照会

| 照会者 | ① （フリガナ）<br>団体の名称 | （シャダンホウジン　セイメイホケンキョウカイ）<br>社団法人　生命保険協会 |
|---|---|---|
| | ② （フリガナ）<br>代表者等 | （センムリジ　〇〇　〇〇〇）<br>専務理事　〇〇　〇 |
| 照会の内容 | ③ 照会の趣旨（法令解釈・適用上の疑義の<br>要約及び事前照会者の求める見解の内容） | 別紙1のとおり |
| | ④ 照会に係る取引等の事実関係（取引等関<br>係者の名称，取引等における権利・義務関<br>係等） | 別紙1のとおり |
| | ⑤ ④の事実関係に対して照会者の求める見<br>解となることの理由 | 別紙2のとおり |
| ⑥ | 関係する法令条項等 | 法人税法 |
| ⑦ | 添付書類 | 照会文書（別紙1，別紙2） |

回答

| ⑧ | 回答年月日 | 平成18年4月28日 |
|---|---|---|
| ⑨ | 回答者 | 国税庁課税部長 |
| ⑩ | 回答内容 | 標題のことについては，ご照会に係る事実関係を前提とする限り，貴見のとおりで差し支えありません。<br>　ただし，次のことを申し添えます。<br>⑴ この文書回答は，ご照会に係る事実関係を前提とした一般的な回答ですので，個々の納税者が行う具体的な取引等に適用する場合においては，この回答内容と異なる課税関係が生ずることがあります。<br>⑵ この回答内容は国税庁としての見解であり，個々の納税者の申告内容等を拘束するものではありません。 |

※　令和元年6月28日付課法2-13ほか2課共同「法人税基本通達等の一部改正について（法令解釈通達）」（以下「改正通達」といいます。）の発遣により，本文書回答による保険料の取扱いは，令和元年6月28日をもって廃止されています。

　　ただし，改正通達の取扱いは令和元年7月8日以後の契約に係る定期保険又は第三分野保険（法人税基本通達9-3-5及び連結納税基本通達8-3-5に定める解約返戻金相当額のない短期払の定期保険又は第三分野保険を除く。）の保険料及び令和元年10月8日以後の契約に係る定期保険又は第三分野保険（法人税基本通達9-3-5及び連結納税基本通達8-3-5に定める解約返戻金相当額のない短期払の定期保険又は第三分野保険に限る。）の保険料について適用し，それぞれの日前の契約に係る定期保険又は第三分野保険の保険料については，改正通達による改正前の取扱い並びに改正通達による廃止前の本文書回答の取扱いの例によることとされています。

（別紙1）

企第458号

平成18年3月31日

　国税庁

課税部長　○○　○○殿

社団法人生命保険協会

専務理事　○○　○

**長期傷害保険（終身保障タイプ）に関する税務上の取扱いについて**

　当協会の加盟会社の中には，下記内容の長期傷害保険（終身保障タイプ）を販売している会社があります。

　つきましては，法人が自己を契約者とし，役員又は使用人（これらの者の親族を含む。）を被保険者として長期傷害保険（終身保障タイプ）に加入した場合の保険料の取扱いについては，以下のとおり取扱って差し支えないか，貴庁の御意見をお伺いしたく御照会申し上げます。

記

〈長期傷害保険（終身保障タイプ）の概要〉

1. 主たる保険事故及び保険金

　保険事故　保険金

　災害による死亡　災害死亡保険金（保険期間を通じて定額）

　災害による障害　障害給付金

　病気による死亡　保険金はないが，保険料の払込期間に応じた所定の払戻金が保険契約者に払い戻される。

　（注）　保険期間の終了（保険事故の発生による終了を除く）に際して支払う保険金はない。

2. 保険期間　終身
3. 保険料払込方法　一時払，年払，半年払，月払
4. 保険料払込期間　終身払込，有期払込
5. 保険金受取人　法人，役員又は使用人（これらの者の親族を含む。）
6. 払戻金

　この保険は，保険料は掛け捨てでいわゆる満期保険金はないが，病気による死亡，保険契約の失効，告知義務違反による解除及び解約等の場合には，保険料の払込期間に応じた所定の払戻金が保険契約者に払い戻される。これは，保険期間が長期にわたるため，高齢化するにつれて高まる災害死亡率等に対して，平準化した保険料を算出しているためである。（その結果，ピーク時の解約返戻率は50％を大きく超えている。）

〈保険料の税務上の取扱いについて〉

　法人が長期傷害保険（終身保障タイプ）に加入してその保険料を支払った場合（役員又は部課長その他特定の使用人（これらの者の親族を含む。）のみを被保険者とし，災害死亡保険金受取人を被保険者の遺族としているため，その保険料の額が当該役員又は使用人に対する給与となる場合を除く）には，次のとおり取扱う。

(1)　生保標準生命表の最終の年齢「男性106歳，女性109歳」を参考に「105歳」を「計算上の保険期間満了時の年齢」とし，保険期間の開始の時から当該保険期間の70％に相当する期間（前払期間）を経過するまでの期間にあっては，各年の支払保険料の額のうち4分の3に相当する金額を前払金等として資産に計上し，残額については損金の額に算入する。

(2)　保険期間のうち前払期間を経過した後の期間にあっては，各年の支払保険料の額を損金の額に算入するとともに，(1)による資産計上額の累計額（既にこの(2)の処理により取り崩したものを除く。）につき，次の算式により計算した金額を取り崩して損金の額に算入する。

$$\text{資産計上額} \atop \text{の累計額} \times \frac{1}{(105-\text{前払期間経過年齢})} = \text{損金算入額（年額）}$$

　前払期間経過年齢：前払期間が経過したときにおける被保険者の年齢をいう。

注1）　解約返戻率とは，仮に保険契約を解約した場合における解約返戻金を当該解約時における支払保険料の累計額で除した割合をいい，ピーク時の解約返戻率とは当該割合が最も高い時点におけるその割合をいう。

注2）　前払期間に1年未満の端数がある場合には，その端数を切り捨てた期間を前払期間とする。

注3）　保険料払込方法が有期払込（一時払を含む）の場合には，次の算式により計算した金額を当期分保険料として上記(1)，(2)の経理処理を行う。

$$\text{支払保険料} \times \frac{\text{保険料払込期間}}{(105-\text{加入時年齢})} = \text{当期分保険料（年額）}$$

支払保険料から当期分保険料を差し引いた残余の金額については，前払金等として資産に計上し，払込期間が終了した後は毎年当期分保険料と同額を取り崩し，「各年の支払保険料」を「当期分保険料」に読み替えて，上記(1)，(2)の経理処理を行う。

注4）　終身保険等に付された長期傷害保険特約（特約の内容が長期傷害保険（終身保障タイプ）と同様のものをいう。）に係る保険料が主契約たる当該終身保険等に係る保険料と区分されている場合には，当該特約に係る保険料について，同様の取扱いとする。なお，長期傷害保険特約が付された養老保険，終身保険及び年金保険から同種類の払済保険に変更した場合には法人税基本通達9-3-7の2の原則に従い，その変更時における解約返戻金相当額とその保険契約により資産計上している保険料の額との差額を，その変更した日の属する事業年度の益金の額又は損金の額に算入することを要する。

以上

（別紙2）

⑤　④の事実関係に対して照会者の見解となることの理由

　本件照会の長期傷害保険（終身保障タイプ）については，その保険期間の前半において支払う保険料の中に相当多額の前払保険料が含まれている。各商品の保険料に占める前払保険料の割合の平均値を，前払期間の経過にわたってみると，概ね7割程度であり，3/4資産計上した場合であれば，平均値を上回る商品においても，概ね10ポイント程度の乖離に収まっていることから，支払保険料の3/4を資産計上することは相当である。

　また，各商品の前払保険料累計額のピークは，計算上の満期年齢を105歳とした場合，概ね保険期間の7割程度を経過した時点であることから，保険期間の7割の期間を前払期間とすることは相当である。

## キ　国税庁タックスアンサー（よくある税の質問）

〔役員の退職金の損金算入時期〕

**No.5208　役員の退職金の損金算入時期**

［令和3年4月1日現在法令等］

　法人が役員に支給する退職金で適正な額のものは，損金の額に算入されます。その退職金の損金算入時期は，原則として，株主総会の決議等によって退職金の額が具体的に確定した日の属する事業年度となります。

　ただし，法人が退職金を実際に支払った事業年度において，損金経理をした場合は，その支払った事業年度において損金の額に算入することも認められます。

（注1）退職金の額が具体的に確定する事業年度より前の事業年度において，取締役会で内定した金額を損金経理により未払金に計上した場合であっても，未払金に計上した時点での損金の額に算入することはできません。

（注2）法人が退職年金制度を実施している場合に支給する退職年金は，その年金を支給すべき事業年度が損金算入時期となります。

　　　　したがって，退職した時に年金の総額を計算して未払金に計上しても損金の額に算入することができません。

（法法34，法令70，法基通9-2-28〜29）

## (2)　所得税

### ア　所得税法

（非課税所得）
**第九条**　次に掲げる所得については，所得税を課さない。
（省略）
十七　保険業法（平成七年法律第百五号）第二条第四項（定義）に規定する損害保険
会社又は同条第九項に規定する外国損害保険会社等の締結した保険契約に基づき支払
を受ける保険金及び損害賠償金（これらに類するものを含む。）で，心身に加えられ
た損害又は突発的な事故により資産に加えられた損害に基因して取得するものその他
の政令で定めるもの（以下，省略）

（家事関連費等の必要経費不算入等）
**第四十五条**　居住者が支出し又は納付する次に掲げるものの額は，その者の不動産所
得の金額，事業所得の金額，山林所得の金額又は雑所得の金額の計算上，必要経費に
算入しない。
一　家事上の経費及びこれに関連する経費で政令で定めるもの
二　（省略）

### イ　所得税法施行令

（非課税とされる保険金，損害賠償金等）
**第三十条**　法第九条第一項第十七号（非課税所得）に規定する政令で定める保険金及
び損害賠償金（これらに類するものを含む。）は，次に掲げるものその他これらに類
するもの（これらのものの額のうちに同号の損害を受けた者の各種所得の金額の計算
上必要経費に算入される金額を補てんするための金額が含まれている場合には，当該
金額を控除した金額に相当する部分）とする。
一　損害保険契約（保険業法（平成七年法律第百五号）第二条第四項（定義）に規定
する損害保険会社若しくは同条第九項に規定する外国損害保険会社等の締結した保険
契約又は同条第十八項に規定する少額短期保険業者（以下この号において「少額短期
保険業者」という。）の締結したこれに類する保険契約をいう。以下この条において
同じ。）に基づく保険金，生命保険契約（同法第二条第三項に規定する生命保険会社
若しくは同条第八項に規定する外国生命保険会社等の締結した保険契約又は少額短期
保険業者の締結したこれに類する保険契約をいう。以下この号において同じ。）又は
旧簡易生命保険契約（郵政民営化法等の施行に伴う関係法律の整備等に関する法律
（平成十七年法律第百二号）第二条（法律の廃止）の規定による廃止前の簡易生命保
険法（昭和二十四年法律第六十八号）第三条（政府保証）に規定する簡易生命保険契
約をいう。）に基づく給付金及び損害保険契約又は生命保険契約に類する共済に係る
契約に基づく共済金で，身体の傷害に基因して支払を受けるもの並びに心身に加えら
れた損害につき支払を受ける慰謝料その他の損害賠償金（その損害に基因して勤務又

は業務に従事することができなかつたことによる給与又は収益の補償として受けるものを含む。）

二，三（省略）

（家事関連費）

**第九十六条**　法第四十五条第一項第一号（必要経費とされない家事関連費）に規定する政令で定める経費は，次に掲げる経費以外の経費とする。

一　家事上の経費に関連する経費の主たる部分が不動産所得，事業所得，山林所得又は雑所得を生ずべき業務の遂行上必要であり，かつ，その必要である部分を明らかに区分することができる場合における当該部分に相当する経費

二　前号に掲げるもののほか，青色申告書を提出することにつき税務署長の承認を受けている居住者に係る家事上の経費に関連する経費のうち，取引の記録等に基づいて，不動産所得，事業所得又は山林所得を生ずべき業務の遂行上直接必要であつたことが明らかにされる部分の金額に相当する経費

## ウ　所得税基本通達

（身体に損害を受けた者以外の者が支払を受ける傷害保険金等）

**9-20**　令第30条第1号の規定により非課税とされる「身体の傷害に基因して支払を受けるもの」は，自己の身体の傷害に基因して支払を受けるものをいうのであるが，その支払を受ける者と身体に傷害を受けた者とが異なる場合であっても，その支払を受ける者がその身体に傷害を受けた者の配偶者若しくは直系血族又は生計を一にするその他の親族であるときは，当該保険金又は給付金についても同号の規定の適用があるものとする。（昭55直所3-19，直法6-8，平元直所3-14，直法6-9，直資3-8，平23課個2-33，課法9-9，課審4-46改正）

　　（注）　いわゆる死亡保険金は，「身体の傷害に基因して支払を受けるもの」には該当しないのであるから留意する。

（高度障害保険金等）

**9-21**　疾病により重度障害の状態になったことなどにより，生命保険契約又は損害保険契約に基づき支払を受けるいわゆる高度障害保険金，高度障害給付金，入院費給付金等（一時金として受け取るもののほか，年金として受け取るものを含む。）は，令第30条第1号に掲げる「身体の傷害に基因して支払を受けるもの」に該当するものとする。（昭55直所3-19，直法6-8，昭57直所3-8，平元直所3-14，直法6-9，直資3-8改正）

（所得補償保険金）

**9-22**　被保険者の傷害又は疾病により当該被保険者が勤務又は業務に従事することができなかったことによるその期間の給与又は収益のとして損害保険契約に基づき当該被保険者が支払を受ける保険金は，令第30条第1号に掲げる「身体の傷害に基因して支払を受けるもの」に該当するものとする。（昭55直所3-19，直法6-8追加，平元直所3-14，直法6-9，直資3-8，平23課個2-33，課法9-9，課審4-46改正）

（注）　業務を営む者が自己を被保険者として支払う当該保険金に係る保険料は，当該業務に係る所得の金額の計算上必要経費に算入することができないのであるから留意する。

（葬祭料，香典等）

**9-23**　葬祭料，香典又は災害等の見舞金で，その金額がその受贈者の社会的地位，贈与者との関係等に照らし社会通念上相当と認められるものについては，令第30条の規定により課税しないものとする。（平元直所3-14，直法6-9，直資3-8改正）

（一時所得の例示）

**34-1**　次に掲げるようなものに係る所得は，一時所得に該当する。（省略）

(4)　令第183条第 2 項《生命保険契約等に基づく一時金に係る一時所得の金額の計算》に規定する生命保険契約等に基づく一時金（業務に関して受けるものを除く。）及び令第184条第 4 項《損害保険契約等に基づく満期返戻金等》に規定する損害保険契約等に基づく満期返戻金等

（以下，省略）

（生命保険契約等に基づく一時金又は損害保険契約等に基づく満期返戻金等に係る所得金額の計算上控除する保険料等）

**34-4**　令第183条第 2 項第 2 号又は第184条第 2 項第 2 号に規定する保険料又は掛金の総額（令第183条第 4 項又は第184条第 3 項の規定の適用後のもの。）には，以下の保険料又は掛金の額が含まれる。（平11課所4-1，平24課個2-11，課審4-8改正）

(1)　その一時金又は満期返戻金等の支払を受ける者が自ら支出した保険料又は掛金

(2)　当該支払を受ける者以外の者が支出した保険料又は掛金であって，当該支払を受ける者が自ら負担して支出したものと認められるもの

（注）

1　使用者が支出した保険料又は掛金で36-32により給与等として課税されなかったものの額は，上記(2)に含まれる。

2　相続税法の規定により相続，遺贈又は贈与により取得したものとみなされる一時金又は満期返戻金等に係る部分の金額は，上記(2)に含まれない。

（使用者契約の養老保険に係る経済的利益）

**36-31**　使用者が，自己を契約者とし，役員又は使用人（これらの者の親族を含む。）を被保険者とする養老保険（被保険者の死亡又は生存を保険事故とする生命保険をいい，傷害特約等の特約が付されているものを含むが，36-31の 3 に定める定期付養老保険を含まない。以下36-31の 5 までにおいて同じ。）に加入してその保険料（令第64条《確定給付企業年金規約等に基づく掛金等の取扱い》及び第65条《不適格退職共済契約等に基づく掛金の取扱い》の規定の適用があるものを除く。以下この項において同じ。）を支払ったことにより当該役員又は使用人が受ける経済的利益（傷害特約等の特約に係る保険料の額に相当する金額を除く。）については，次に掲げる場合の区分に応じ，それぞれ次により取り扱うものとする。（昭63直法6-7，直所3-8追加，平14課法8-5，課個2-7，課審3-142改正）

(1)　死亡保険金（被保険者が死亡した場合に支払われる保険金をいう。以下36-31の2までにおいて同じ。）及び生存保険金（被保険者が保険期間の満了の日その他一定の時期に生存している場合に支払われる保険金をいう。以下この項において同じ。）の受取人が当該使用者である場合　当該役員又は使用人が受ける経済的利益はないものとする。

(2)　死亡保険金及び生存保険金の受取人が被保険者又はその遺族である場合　その支払った保険料の額に相当する金額は，当該役員又は使用人に対する給与等とする。

(3)　死亡保険金の受取人が被保険者の遺族で，生存保険金の受取人が当該使用者である場合　当該役員又は使用人が受ける経済的利益はないものとする。ただし，役員又は特定の使用人（これらの者の親族を含む。）のみを被保険者としている場合には，その支払った保険料の額のうち，その2分の1に相当する金額は，当該役員又は使用人に対する給与等とする。

（注）
1　傷害特約等の特約に係る保険料を使用者が支払ったことにより役員又は使用人が受ける経済的利益については，36-31の4参照
2　上記(3)のただし書については，次によることに留意する。
(1)　保険加入の対象とする役員又は使用人について，加入資格の有無，保険金額等に格差が設けられている場合であっても，それが職種，年齢，勤続年数等に応ずる合理的な基準により，普遍的に設けられた格差であると認められるときは，ただし書を適用しない。
(2)　役員又は使用人の全部又は大部分が同族関係者である法人については，たとえその役員又は使用人の全部を対象として保険に加入する場合であっても，その同族関係者である役員又は使用人については，ただし書を適用する。

（使用者契約の定期保険に係る経済的利益）
**36-31の2**　使用者が，自己を契約者とし，役員又は使用人（これらの者の親族を含む。）を被保険者とする定期保険（一定期間内における被保険者の死亡を保険事故とする生命保険をいい，傷害特約等の特約が付されているものを含む。以下36-31の5までにおいて同じ。）に加入してその保険料を支払ったことにより当該役員又は使用人が受ける経済的利益（傷害特約等の特約に係る保険料の額に相当する金額を除く。）については，次に掲げる場合の区分に応じ，それぞれ次により取り扱うものとする。（昭63直法6-7，直所3-8追加）

(1)　死亡保険金の受取人が当該使用者である場合　当該役員又は使用人が受ける経済的利益はないものとする。

(2)　死亡保険金の受取人が被保険者の遺族である場合　当該役員又は使用人が受ける経済的利益はないものとする。ただし，役員又は特定の使用人（これらの者の親族を含む。）のみを被保険者としている場合には，当該保険料の額に相当する金額は，当該役員又は使用人に対する給与等とする。

（注）
1　傷害特約等の特約に係る保険料を使用者が支払ったことにより役員又は使用人が受ける経済的利益については，36-31の4参照
2　36-31の（注）2の取扱いは，上記(2)のただし書について準用する。

（保険契約等に関する権利の評価）

**36-37**　使用者が役員又は使用人に対して生命保険契約若しくは損害保険契約又はこれらに類する共済契約（以下「保険契約等」という。）に関する権利を支給した場合には，その支給時において当該保険契約等を解除したとした場合に支払われることとなる解約返戻金の額（解約返戻金のほかに支払われることとなる前納保険料の金額，剰余金の分配額等がある場合には，これらの金額との合計額。以下「支給時解約返戻金の額」という。）により評価する。

　　ただし，次の保険契約等に関する権利を支給した場合には，それぞれ次のとおり評価する。

(1)　支給時解約返戻金の額が支給時資産計上額の70％に相当する金額未満である保険契約等に関する権利（法人税基本通達9-3-5の２の取扱いの適用を受けるものに限る。）を支給した場合には，当該支給時資産計上額により評価する。

(2)　復旧することのできる払済保険その他これに類する保険契約等に関する権利（元の契約が法人税基本通達9-3-5の２の取扱いの適用を受けるものに限る。）を支給した場合には，支給時資産計上額に法人税基本通達9-3-7の２の取扱いにより使用者が損金に算入した金額を加算した金額により評価する。

　　（注）「支給時資産計上額」とは，使用者が支払った保険料の額のうち当該保険契約等に関する権利の支給時の直前において前払部分の保険料として法人税基本通達の取扱いにより資産に計上すべき金額をいい，預け金等で処理した前納保険料の金額，未収の剰余金の分配額等がある場合には，これらの金額を加算した金額をいう。

（支払った生命保険料等の金額）

**76-3**　法第76条第１項第１号に規定する「支払った新生命保険料の金額」，同項第２号に規定する「支払った旧生命保険料の金額」，同条第２項各号に規定する「支払った介護医療保険料の金額」，同条第３項第１号に規定する「支払った新個人年金保険料の金額」又は同項第２号に規定する「支払った旧個人年金保険料の金額」については，次による。（昭60直所3-1，直法6-1，直資3-1，平２直法6-5，直所3-6，平23課個2-33，課法9-9，課審4-46改正）

(1)　生命保険契約等（法第76条第５項に規定する「新生命保険契約等」（76-6において「新生命保険契約等」という。），同条第６項に規定する「旧生命保険契約等」（76-6において「旧生命保険契約等」という。），同条第７項に規定する「介護医療保険契約等」（76-6において「介護医療保険契約等」という。），同条第８項に規定する「新個人年金保険契約等」（76-6及び76-8において「新個人年金保険契約等」という。）及び旧個人年金保険契約等をいう。76-5，76-7及び76-8において同じ。）に基づく保険料又は掛金（以下76-6までにおいて「生命保険料等」という。）で払込期日が到来したものであっても，現実に支払っていないものは含まれない。

(2)　その年中にいわゆる振替貸付けにより生命保険料等の払込みに充当した金額は，その年において支払った金額とする。

　　（注）

　　1　いわゆる振替貸付けとは，払込期日までに生命保険料等の払込みがない契約を有効に継続させるため，保険約款等に定めるところにより保険会社等が生命保険料等の払込みに充当するために貸付けを行い，その生命保険料等の払込みに充当する処理を行うことをいう。

　　2　いわゆる振替貸付けにより生命保険料等に充当した金額を後日返済しても，その返済した金額は支払った生命保険料等には該当しない。

(3)　前納した生命保険料等については，次の算式により計算した金額をその年において支払った金額とする。

$$\text{前納した生命保険料等}\atop\begin{array}{l}\text{の総額（前納により割}\\\text{引された場合にはその}\\\text{割引後の金額）}\end{array} \times \frac{\text{前納した生命保険料等に係るその}}{\text{年中に到来する払込期日の回数}\atop\begin{array}{c}\text{前納した生命保険料等に係る払込}\\\text{期日の総回数}\end{array}}$$

　(注)　前納した生命保険料等とは，各払込期日が到来するごとに生命保険料等の払込みに充当するものとしてあらかじめ保険会社等に払い込んだ金額で，まだ充当されない残額があるうちに保険事故が生じたなどにより生命保険料等の払込みを要しないこととなった場合に当該残額に相当する金額が返還されることとなっているものをいう。

(4)　いわゆる団体扱いにより生命保険料等を払い込んだ場合において，生命保険料等の額が減額されるときは，その減額後の額を支払った金額とする。

（使用者が負担した使用人等の負担すべき生命保険料等）

**76-4**　役員又は使用人の負担すべき生命保険料等を使用者が負担した場合には，その負担した金額は役員又は使用人が支払った生命保険料等の金額には含まれないものとする。ただし，その負担した金額でその役員又は使用人の給与等として課税されたものは，その役員又は使用人が支払った生命保険料等の金額に含まれるものとする。（昭和60直所3-1，直法6-1，直資3-1，昭63直法6-7，直所3-8，平2直法6-5，直所3-6改正）

　(注)　36-31から36-31の6までにより給与等として課税されない生命保険料等及び36-32により給与等として課税されない少額の生命保険料等は，いずれも生命保険料控除の対象とはならない。

（保険金等の支払とともに又は保険金等の支払開始の日以後に分配を受ける剰余金等）

**76-5**　生命保険契約等に基づく剰余金の分配又は割戻金の割戻しで，その契約に基づく生命保険料等の払込みを要しなくなった後において保険金，年金又は共済金等の支払開始の日以後に支払を受けるものは，法第76条第1項第1号イ若しくは第2号イ，同条第2項第1号又は同条第3項第1号イ若しくは第2号イのかっこ内に規定する剰余金の分配又は割戻金の割戻しには該当しないものとする。（昭60直所3-1，直法6-1，直資3-1，平2直法6-5，直所3-6，平23課個2-33，課法9-9，課審4-46改正）

## エ　国税庁質疑応答事例

### 一時払養老保険の保険金額を減額した場合における清算金等に係る一時所得の金額の計算

**【照会要旨】**

　次の事例のように一時払養老保険の保険金額を減額した場合には，減額した保険金額に対応する清算金が支払われることになりますが，この場合に一時所得の収入金額から控除する「その収入を得るために支出した金額」は，次のいずれによりますか。

A案：既払保険料のうち清算金の金額に達するまでの金額

B案：次の算式により計算した金額

$$既払保険料 \times \frac{減額部分の保険金額}{減額前の保険金額}$$

【事例】
1　保険種類：一時払養老保険（10年満期）
2　保険金額：5,000万円
3　保険料　：3,000万円
4　清算金等の支払状況
　①　2年目（保険金2,800万円を減額）：清算金1,600万円
　②　7年目（保険金1,700万円を減額）：清算金1,300万円
　③　満期：満期保険金500万円（他に配当金5万円）

【回答要旨】
　A案によります。
　生命保険契約に基づく一時金の支払を受ける居住者のその支払を受ける年分の当該一時金に係る一時所得の金額の計算については，所得税法施行令第183条第2項《生命保険契約等に基づく年金に係る雑所得の金額の計算上控除する保険料等》に規定されており，この場合の収入を得るために「支出した金額」とは，当該生命保険契約等に係る保険料又は掛金の総額とされています。
　この規定は，保険金額の減額により支払われる清算金に係る一時所得の計算について明定したものではありませんが，次の理由からA案によるのが相当と考えられます。
①　一時所得は，臨時・偶発的な所得であることから，B案のような継続的に収入があることを前提としたあん分方式は，その所得計算に馴染まないと考えられること。
②　生存給付金付養老保険や生命保険契約の転換により責任準備金が取り崩された場合には，次のように既払保険料のうち一時金の金額に達するまでの金額を支出した金額に算入することとしており，本件においても異なる取扱いをする特段の理由はないこと。
イ　生存給付金付養老保険（満期前に生存給付金が複数回支払われる養老保険）においては，その保険金から控除する金額は先取方式（払込保険料の額を給付の早いものから順次配分するという考え方）により取り扱っています。
ロ　保険契約の転換時に，契約者に対する貸付金が責任準備金をもって清算された場合には，保険契約者は，転換前契約に係る保険金支払のための資金である責任準備金の取崩しを受けて借入金を返済したことになる（生命保険契約の一部解約によって解約返戻金の支払を受けたと同様に考えられる）から，一時所得の金額の計算上収入金額から控除する保険料の額は，既払保険料のうち収入金額（貸付金の額）に達するまでの金額に相当する金額と取り扱っています（昭53直資2-36）。

【関係法令通達】
　所得税法施行令第183条，昭53直資2-36「契約転換制度の所得税法及び相続税法上の取扱いについて」

## ⑶　相続税

### ア　相続税法

（相続又は遺贈により取得したものとみなす場合）

**第三条**　次の各号のいずれかに該当する場合においては，当該各号に掲げる者が，当該各号に掲げる財産を相続又は遺贈により取得したものとみなす。この場合において，その者が相続人（相続を放棄した者及び相続権を失つた者を含まない。第十五条，第十六条，第十九条の二第一項，第十九条の三第一項，第十九条の四第一項及び第六十三条の場合並びに「第十五条第二項に規定する相続人の数」という場合を除き，以下同じ。）であるときは当該財産を相続により取得したものとみなし，その者が相続人以外の者であるときは当該財産を遺贈により取得したものとみなす。

一　被相続人の死亡により相続人その他の者が生命保険契約（保険業法（平成七年法律第百五号）第二条第三項（定義）に規定する生命保険会社と締結した保険契約（これに類する共済に係る契約を含む。以下同じ。）その他の政令で定める契約をいう。以下同じ。）の保険金（共済金を含む。以下同じ。）又は損害保険契約（同条第四項に規定する損害保険会社と締結した保険契約その他の政令で定める契約をいう。以下同じ。）の保険金（偶然な事故に基因する死亡に伴い支払われるものに限る。）を取得した場合においては，当該保険金受取人（共済金受取人を含む。以下同じ。）について，当該保険金（次号に掲げる給与及び第五号又は第六号に掲げる権利に該当するものを除く。）のうち被相続人が負担した保険料（共済掛金を含む。以下同じ。）の金額の当該契約に係る保険料で被相続人の死亡の時までに払い込まれたものの全額に対する割合に相当する部分

二　被相続人の死亡により相続人その他の者が当該被相続人に支給されるべきであつた退職手当金，功労金その他これらに準ずる給与（政令で定める給付を含む。）で被相続人の死亡後三年以内に支給が確定したものの支給を受けた場合においては，当該給与の支給を受けた者について，当該給与

三　相続開始の時において，まだ保険事故（共済事故を含む。以下同じ。）が発生していない生命保険契約（一定期間内に保険事故が発生しなかつた場合において返還金その他これに準ずるものの支払がない生命保険契約を除く。）で被相続人が保険料の全部又は一部を負担し，かつ，被相続人以外の者が当該生命保険契約の契約者であるものがある場合においては，当該生命保険契約の契約者について，当該契約に関する権利のうち被相続人が負担した保険料の金額の当該契約に係る保険料で当該相続開始の時までに払い込まれたものの全額に対する割合に相当する部分

四　相続開始の時において，まだ定期金給付事由が発生していない定期金給付契約（生命保険契約を除く。）で被相続人が掛金又は保険料の全部又は一部を負担し，かつ，被相続人以外の者が当該定期金給付契約の契約者であるものがある場合においては，当該定期金給付契約の契約者について，当該契約に関する権利のうち被相続人が負担した掛金又は保険料の金額の当該契約に係る掛金又は保険料で当該相続開始の時までに払い込まれたものの全額に対する割合に相当する部分

五　定期金給付契約で定期金受取人に対しその生存中又は一定期間にわたり定期金を給付し，かつ，その者が死亡したときはその死亡後遺族その他の者に対して定期金又

は一時金を給付するものに基づいて定期金受取人たる被相続人の死亡後相続人その他の者が定期金受取人又は一時金受取人となつた場合においては，当該定期金受取人又は一時金受取人となつた者について，当該定期金給付契約に関する権利のうち被相続人が負担した掛金又は保険料の金額の当該契約に係る掛金又は保険料で当該相続開始の時までに払い込まれたものの全額に対する割合に相当する部分

六　被相続人の死亡により相続人その他の者が定期金（これに係る一時金を含む。）に関する権利で契約に基づくもの以外のもの（恩給法（大正十二年法律第四十八号）の規定による扶助料に関する権利を除く。）を取得した場合においては，当該定期金に関する権利を取得した者について，当該定期金に関する権利（第二号に掲げる給与に該当するものを除く。）

2　前項第一号又は第三号から第五号までの規定の適用については，被相続人の被相続人が負担した保険料又は掛金は，被相続人が負担した保険料又は掛金とみなす。ただし，同項第三号又は第四号の規定により当該各号に掲げる者が当該被相続人の被相続人から当該各号に掲げる財産を相続又は遺贈により取得したものとみなされた場合においては，当該被相続人の被相続人が負担した保険料又は掛金については，この限りでない。

3　第一項第三号又は第四号の規定の適用については，被相続人の遺言により払い込まれた保険料又は掛金は，被相続人が負担した保険料又は掛金とみなす。

（贈与により取得したものとみなす場合）

**第五条**　生命保険契約の保険事故（傷害，疾病その他これらに類する保険事故で死亡を伴わないものを除く。）又は損害保険契約の保険事故（偶然な事故に基因する保険事故で死亡を伴うものに限る。）が発生した場合において，これらの契約に係る保険料の全部又は一部が保険金受取人以外の者によつて負担されたものであるときは，これらの保険事故が発生した時において，保険金受取人が，その取得した保険金（当該損害保険契約の保険金については，政令で定めるものに限る。）のうち当該保険金受取人以外の者が負担した保険料の金額のこれらの契約に係る保険料でこれらの保険事故が発生した時までに払い込まれたものの全額に対する割合に相当する部分を当該保険料を負担した者から贈与により取得したものとみなす。

2　前項の規定は，生命保険契約又は損害保険契約（傷害を保険事故とする損害保険契約で政令で定めるものに限る。）について返還金その他これに準ずるものの取得があつた場合について準用する。

3　前二項の規定の適用については，第一項（前項において準用する場合を含む。）に規定する保険料を負担した者の被相続人が負担した保険料は，その者が負担した保険料とみなす。ただし，第三条第一項第三号の規定により前二項に規定する保険金受取人又は返還金その他これに準ずるものの取得者が当該被相続人から同号に掲げる財産を相続又は遺贈により取得したものとみなされた場合においては，当該被相続人が負担した保険料については，この限りでない。

4　第一項の規定は，第三条第一項第一号又は第二号の規定により第一項に規定する保険金受取人が同条第一項第一号に掲げる保険金又は同項第二号に掲げる給与を相続又は遺贈により取得したものとみなされる場合においては，当該保険金又は給与に相当する部分については，適用しない。

（相続税の非課税財産）

**第十二条** 次に掲げる財産の価額は，相続税の課税価格に算入しない。

一，二，三，四（省略）

五 相続人の取得した第三条第一項第一号に掲げる保険金（前号に掲げるものを除く。以下この号において同じ。）については，イ又はロに掲げる場合の区分に応じ，イ又はロに定める金額に相当する部分

イ 第三条第一項第一号の被相続人のすべての相続人が取得した同号に掲げる保険金の合計額が五百万円に当該被相続人の第十五条第二項に規定する相続人の数を乗じて算出した金額（ロにおいて「保険金の非課税限度額」という。）以下である場合 当該相続人の取得した保険金の金額

ロ イに規定する合計額が当該保険金の非課税限度額を超える場合 当該保険金の非課税限度額に当該合計額のうちに当該相続人の取得した保険金の合計額の占める割合を乗じて算出した金額

六 相続人の取得した第三条第一項第二号に掲げる給与（以下この号において「退職手当金等」という。）については，イ又はロに掲げる場合の区分に応じ，イ又はロに定める金額に相当する部分

イ 第三条第一項第二号の被相続人のすべての相続人が取得した退職手当金等の合計額が五百万円に当該被相続人の第十五条第二項に規定する相続人の数を乗じて算出した金額（ロにおいて「退職手当金等の非課税限度額」という。）以下である場合 当該相続人の取得した退職手当金等の金額

ロ イに規定する合計額が当該退職手当金等の非課税限度額を超える場合 当該退職手当金等の非課税限度額に当該合計額のうちに当該相続人の取得した退職手当金等の合計額の占める割合を乗じて算出した金額

2 （省略）


## イ 相続税法基本通達

（年金により支払を受ける保険金）

**3-6** 法第3条第1項第1号の規定により相続又は遺贈により取得したものとみなされる保険金には，一時金により支払を受けるもののほか，年金の方法により支払を受けるものも含まれるのであるから留意する。（昭46直審（資）6改正）

（法第3条第1項第1号に規定する保険金）

**3-7** 法第3条第1項第1号の生命保険契約又は損害保険契約（以下3-7から3-9まで及び3-11から3-13までにおいてこれらを「保険契約」という。）の保険金は，被保険者（被共済者を含む。以下同じ。）の死亡（死亡の直接の基因となった傷害を含む。以下3-16及び3-17において同じ。）を保険事故（共済事故を含む。以下同じ。）として支払われるいわゆる死亡保険金（死亡共済金を含む。以下同じ。）に限られ，被保険者の傷害（死亡の直接の基因となった傷害を除く。以下3-7において同じ。），疾病その他これらに類するもので死亡を伴わないものを保険事故として支払われる保険金（共済金を含む。以下同じ。）又は給付金は，当該被保険者の死亡後に支払われたものであっ

ても，これに含まれないのであるから留意する。（昭41直審（資）５追加，昭46直審（資）６，昭57直資2-177改正）

　（注）　被保険者の傷害，疾病その他これらに類するもので死亡を伴わないものを保険事故として被保険者に支払われる保険金又は給付金が，当該被保険者の死亡後に支払われた場合には，当該被保険者たる被相続人の本来の相続財産になるのであるから留意する。

（保険金とともに支払を受ける剰余金等）

**3-8**　法第３条第１項第１号の規定により相続又は遺贈により取得したものとみなされる保険金には，保険契約に基づき分配を受ける剰余金，割戻しを受ける割戻金及び払戻しを受ける前納保険料の額で，当該保険契約に基づき保険金とともに当該保険契約に係る保険金受取人（共済金受取人を含む。以下同じ。）が取得するものを含むものとする。（昭57直資2-177追加）

（契約者貸付金等がある場合の保険金）

**3-9**　保険契約に基づき保険金が支払われる場合において，当該保険契約の契約者（共済契約者を含む。以下「保険契約者」という。）に対する貸付金若しくは保険料（共済掛金を含む。以下同じ。）の振替貸付けに係る貸付金又は未払込保険料の額（いずれもその元利合計金額とし，以下3-9及び5-7においてこれらの合計金額を「契約者貸付金等の額」という。）があるため，当該保険金の額から当該契約者貸付金等の額が控除されるときの法第３条第１項第１号の規定の適用については，次に掲げる場合の区分に応じ，それぞれ次による。（昭57直資2-177追加）

(1)　被相続人が保険契約者である場合

　保険金受取人は，当該契約者貸付金等の額を控除した金額に相当する保険金を取得したものとし，当該控除に係る契約者貸付金等の額に相当する保険金及び当該控除に係る契約者貸付金等の額に相当する債務はいずれもなかったものとする。

(2)　被相続人以外の者が保険契約者である場合

　保険金受取人は，当該契約者貸付金等の額を控除した金額に相当する保険金を取得したものとし，当該控除に係る契約者貸付金等の額に相当する部分については，保険契約者が当該相当する部分の保険金を取得したものとする。

（「保険金受取人」の意義）

**3-11**　法第３条第１項第１号に規定する「保険金受取人」とは，その保険契約に係る保険約款等の規定に基づいて保険事故の発生により保険金を受け取る権利を有する者（以下3-12において「保険契約上の保険金受取人」という。）をいうものとする。（昭46直審（資）６，昭57直資2-177改正）

（保険金受取人の実質判定）

**3-12**　保険契約上の保険金受取人以外の者が現実に保険金を取得している場合において，保険金受取人の変更の手続がなされていなかったことにつきやむを得ない事情があると認められる場合など，現実に保険金を取得した者がその保険金を取得することについて相当な理由があると認められるときは，3-11にかかわらず，その者を法第３条第１項第１号に規定する保険金受取人とするものとする。（昭57直資2-177追加）

（被相続人が負担した保険料等）

**3-13**　法第 3 条第 1 項第 1 号，第 3 号及び第 5 号に規定する「被相続人が負担した保険料」は，保険契約に基づき払い込まれた保険料の合計額によるものとし，次に掲げる場合における保険料については，それぞれ次によるものとする。（昭46直審（資）6，昭47直資2-130，昭50直資2-257，昭57直資2-177改正，平15課資2-1改正）

(1)　保険料の一部につき払い込みの免除があった場合　当該免除に係る部分の保険料は保険契約に基づき払い込まれた保険料には含まれない。

(2)　振替貸付けによる保険料の払込みがあった場合（当該振替貸付けに係る貸付金の金銭による返済がされたときを除く。）又は未払込保険料があった場合　当該振替貸付けに係る部分の保険料又は控除された未払込保険料に係る部分の保険料は保険契約者が払い込んだものとする。

　　（注）　法第 3 条第 1 項第 1 号に規定する生命保険契約（以下「生命保険契約」という。）が，いわゆる契約転換制度により，既存の生命保険契約（以下3-13及び5-7において「転換前契約」という。）を新たな生命保険契約（以下5-7において「転換後契約」という。）に転換したものである場合における法第 3 条第 1 項第 1 号，第 3 号及び第 5 号に規定する「被相続人が負担した保険料」には，転換前契約に基づいて被相続人が負担した保険料（5-7の適用がある場合の当該保険料の額については，転換前契約に基づき払い込まれた保険料の額の合計額に，当該転換前契約に係る保険金額のうちに当該転換前契約に係る保険金額から責任準備金（共済掛金積立金，剰余金，割戻金及び前納保険料を含む。）をもって精算された契約者貸付金等の金額を控除した金額の占める割合を乗じて得た金額）も含むのであるから留意する。

（保険料の全額）

**3-14**　法第 3 条第 1 項第 1 号に規定する「当該契約に係る保険料で被相続人の死亡の時まで払い込まれたものの全額」並びに同項第 3 号及び第 5 号に規定する「当該契約に係る保険料で当該相続開始の時までに払い込まれたものの全額」の計算については，3-13の取扱いに準ずるものとする。（昭57直資2-177追加）

（保険料の負担者が被相続人以外の者である場合）

**3-16**　法第 3 条第 1 項第 1 号の規定により相続又は遺贈により取得したものとみなされる保険金は，保険料の負担者の死亡により支払われるものに限られ，その死亡した者及びその受取人以外の者が保険料を負担していたものについては，法第 5 条第 1 項の規定により保険金受取人が保険料を負担した者から贈与により取得したものとみなされるのであるから留意する。（昭46直審（資）6，昭57直資2-177改正）

（雇用主が保険料を負担している場合）

**3-17**　雇用主がその従業員（役員を含む。以下同じ。）のためにその者（その者の配偶者その他の親族を含む。）を被保険者とする生命保険契約又はこれらの者の身体を保険の目的とする損害保険契約に係る保険料の全部又は一部を負担している場合において，保険事故の発生により従業員その他の者が当該契約に係る保険金を取得したときの取扱いは，次に掲げる場合の区分に応じ，それぞれ次によるものとする。ただし，雇用主が当該保険金を従業員の退職手当金等として支給することとしている場合には，当該保険金は法第 3 条第 1 項第 2 号に掲げる退職手当金等に該当するものとし，この取扱いを適用しない。（昭46直審（資）6，昭47直資2-130改正）

(1)　従業員の死亡を保険事故としてその相続人その他の者が当該保険金を取得した場

合　雇用主が負担した保険料は，当該従業員が負担していたものとして，当該保険料に対応する部分については，法第3条第1項第1号の規定を適用する。

(2)　従業員以外の者の死亡を保険事故として当該従業員が当該保険金を取得した場合　雇用主が負担した保険料は，当該従業員が負担していたものとして，当該保険料に対応する部分については，相続税及び贈与税の課税関係は生じないものとする。

(3)　従業員以外の者の死亡を保険事故として当該従業員及びその被保険者以外の者が当該保険金を取得した場合　雇用主が負担した保険料は，当該従業員が負担していたものとして，当該保険料に対応する部分については，法第5条第1項の規定を適用する。

　　（注）　雇用主が契約者で，かつ，従業員以外の者が被保険者である生命保険契約に係る保険料を雇用主が負担している場合において，当該従業員が死亡したときは，当該生命保険契約に関する権利については，法第3条第1項第3号の規定は適用がないものとする。

（弔慰金等の取扱い）

**3-20**　被相続人の死亡により相続人その他の者が受ける弔慰金，花輪代，葬祭料等（以下「弔慰金等」という。）については，3-18及び3-19に該当すると認められるものを除き，次に掲げる金額を弔慰金等に相当する金額として取り扱い，当該金額を超える部分の金額があるときは，その超える部分に相当する金額は退職手当金等に該当するものとして取り扱うものとする。（昭57直資2-177改正）

(1)　被相続人の死亡が業務上の死亡であるときは，その雇用主等から受ける弔慰金等のうち，当該被相続人の死亡当時における賞与以外の普通給与（俸給，給料，賃金，扶養手当，勤務地手当，特殊勤務地手当等の合計額をいう。以下同じ。）の3年分（遺族の受ける弔慰金等の合計額のうち3-23に掲げるものからなる部分の金額が3年分を超えるときはその金額）に相当する金額

(2)　被相続人の死亡が業務上の死亡でないときは，その雇用主等から受ける弔慰金等のうち，当該被相続人の死亡当時における賞与以外の普通給与の半年分（遺族の受ける弔慰金等の合計額のうち3-23に掲げるものからなる部分の金額が半年分を超えるときはその金額）に相当する金額

（「給与」の意義）

**3-24**　法第3条第1項第2号に規定する「給与」には，現物で支給されるものも含むのであるから留意する。

（退職手当金等の支給を受けた者）

**3-25**　法第3条第1項第2号の被相続人に支給されるべきであった退職手当金等の支給を受けた者とは，次に掲げる場合の区分に応じ，それぞれ次に掲げる者をいうものとする。（昭57直資2-177追加）

(1)　退職給与規程その他これに準ずるもの（以下3-25において「退職給与規程等」という。）の定めによりその支給を受ける者が具体的に定められている場合　当該退職給与規程等により支給を受けることとなる者

(2)　退職給与規程等により支給を受ける者が具体的に定められていない場合又は当該被相続人が退職給与規程等の適用を受けない者である場合

イ　相続税の申告書を提出する時又は国税通則法（昭和37年法律第66号。以下「通則法」という。）第24条から第26条までの規定による更正（以下「更正」という。）若しくは決定（以下「決定」という。）をする時までに当該被相続人に係る退職手当金等を現実に取得した者があるとき　その取得した者

ロ　相続人全員の協議により当該被相続人に係る退職手当金等の支給を受ける者を定めたとき　その定められた者

ハ　イ及びロ以外のとき　その被相続人に係る相続人の全員

　　（注）　この場合には，各相続人は，当該被相続人に係る退職手当金等を各人均等に取得したものとして取り扱うものとする。

（契約者が取得したものとみなされた生命保険契約に関する権利）

**3-35**　法第 3 条第 1 項第 3 号の規定により，保険契約者が相続又は遺贈によって取得したものとみなされた部分の生命保険契約に関する権利は，そのみなされた時以後は当該契約者が自ら保険料を負担したものと同様に取り扱うものとする。

（被保険者でない保険契約者が死亡した場合）

**3-36**　被保険者でない保険契約者が死亡した場合における生命保険契約に関する権利についての取扱いは，次に掲げるところによるものとする（昭57直資2-177改正）

(1)　その者が当該契約（一定期間内に保険事故が発生しなかった場合においては，返還金その他これに準ずるものの支払がない生命保険契約を除く。以下(2)において同じ。）による保険料を負担している場合（法第 3 条第 1 項第 3 号の規定により，相続又は遺贈によって保険契約に関する権利を取得したものとみなされる場合を含む。）には，当該契約に関する権利は，相続人その他の者が相続又は遺贈により取得する財産となること。

(2)　その者が当該契約による保険料を負担していない場合（法第 3 条第 1 項第 3 号の規定により，相続又は遺贈によって保険契約に関する権利を取得したものとみなされる場合を除く。）には，課税しないものとすること。

（保険契約者の範囲）

**3-37**　法第 3 条第 1 項第 3 号に規定する「生命保険契約の契約者」には，当該契約に関する権利を承継したものを含むものとする。

（保険金受取人が取得した保険金で課税関係の生じない場合）

**3-38**　保険金受取人の取得した保険金の額のうち，法第 3 条第 1 項第 3 号の規定により当該保険金受取人が相続又は遺贈により取得したものとみなされた部分に対応する金額又は自己の負担した保険料の金額に対応する部分の金額については，相続又は遺贈によって取得する財産とはならないのであるから留意する。

（「返還金その他これに準ずるもの」の意義）

**3-39**　法第 3 条第 1 項第 3 号に規定する「返還金その他これに準ずるもの」とは，生命保険契約の定めるところにより生命保険契約の解除（保険金の減額の場合を含む。）又は失効によって支払を受ける金額又は一定の事由（被保険者の自殺等）に基づき保

険金の支払をしない場合において支払を受ける払戻金等をいうものとする。（昭46直審（資）6改正）

（法第3条第1項第1号の規定の適用を受ける保険金に関する取扱いの準用）
**5-1**　法第5条第1項の規定により贈与により取得したものとみなされる保険金については，3-6及び3-8から3-10までの取扱いに準ずるものとする。（昭57直資2-177追加）

（保険金受取人の取扱いの準用）
**5-2**　法第5条第1項に規定する「保険金受取人」については，3-11及び3-12の取扱いに準ずるものとする。（昭57直資2-177改正）

（保険金受取人以外の者が負担した保険料等）
**5-3**　法第5条第1項に規定する「保険金受取人以外の者が負担した保険料」及び「これらの契約に係る保険料でこれらの保険事故が発生した時までに払い込まれたものの全額」の計算については，3-13及び3-14の取扱いに準ずるものとする。（昭57直資2-177改正）

（返還金その他これに準ずるものの取扱いの準用）
**5-6**　法第5条第2項に規定する「返還金その他これに準ずるもの」については，3-39の取扱いに準ずるものとする。（昭57直資2-177改正）

（生命保険契約の転換があった場合）
**5-7**　いわゆる契約転換制度により生命保険契約を転換前契約から転換後契約に転換した場合において，当該転換に際し転換前契約に係る契約者貸付金等の額が転換前契約に係る責任準備金（共済掛金積立金，剰余金，割戻金及び前納保険料を含む。）をもって精算されたときは，当該精算された契約者貸付金等の額に相当する金額は，転換前契約に係る契約者が取得した法第5条第2項に規定する「返還金その他これに準ずるもの」に該当するものとする。（昭57直資2-177追加）

## ウ　財産評価基本通達

（生命保険契約に関する権利の評価）
**214**　相続開始の時において，まだ保険事故（共済事故を含む。この項において同じ。）が発生していない生命保険契約に関する権利の価額は，相続開始の時において当該契約を解約するとした場合に支払われることとなる解約返戻金の額（解約返戻金のほかに支払われることとなる前納保険料の金額，剰余金の分配額等がある場合にはこれらの金額を加算し，解約返戻金の額につき源泉徴収されるべき所得税の額に相当する金額がある場合には当該金額を減算した金額）によって評価する。（平15課評2-24追加）

（注）
1　本項の「生命保険契約」とは，相続税法第3条（（相続又は遺贈により取得したものとみなす場合））第1項第1号に規定する生命保険契約をいい，当該生命保険契約には一定期間内に保険事故が発生しなかった場合において返還金その他これに準ずるものの支払がない生命保険契約は含まれないのであるから留意する。
2　被相続人が生命保険契約の契約者である場合において，当該生命保険契約の契約者に対する貸付金若しくは保険料の振替貸付けに係る貸付金又は未払込保険料の額（いずれもその元利合計金額とする。）があるときは，当該契約者貸付金等の額について相続税法第13条（（債務控除））の適用があるのであるから留意する。

## エ　国税庁質疑応答事例

**生命保険契約について契約者変更があった場合**
【照会要旨】
　生命保険契約について，契約者変更があった場合には，生命保険契約に関する権利の贈与があったものとして，その権利の価額に相当する金額について新しく契約者となった者に対し，贈与税の課税が行われることになりますか。
【回答要旨】
　相続税法は，保険事故が発生した場合において，保険金受取人が保険料を負担していないときは，保険料の負担者から保険金等を相続，遺贈又は贈与により取得したものとみなす旨規定しており，保険料を負担していない保険契約者の地位は相続税等の課税上は特に財産的に意義のあるものとは考えておらず，契約者が保険料を負担している場合であっても契約者が死亡しない限り課税関係は生じないものとしています。
　したがって，契約者の変更があってもその変更に対して贈与税が課せられることはありません。ただし，その契約者たる地位に基づいて保険契約を解約し，解約返戻金を取得した場合には，保険契約者はその解約返戻金相当額を保険料負担者から贈与により取得したものとみなされて贈与税が課税されます。
【関係法令通達】
　相続税法第5条第2項
　相続税法基本通達3-36

## （4） 税率等

〔法人税の税率〕

### No. 5759 法人税の税率

［令和3年4月1日現在法令等］

法人税の税率は，次表の法人の区分に応じ，それぞれ次表のとおりとされています。

| 区分 | | | 適用関係（開始事業年度） | | |
|---|---|---|---|---|---|
| | | | 平28.4.1以後 | 平30.4.1以後 | 平31.4.1以後 |
| 普通法人 | 資本金1億円以下の法人など（注1） | 年800万円以下の部分　下記以外の法人 | 15% | 15% | 15% |
| | | 年800万円以下の部分　適用除外事業者 | | | 19%（注2） |
| | | 年800万円超の部分 | 23.40% | 23.20% | 23.20% |
| | 上記以外の普通法人 | | 23.40% | 23.20% | 23.20% |
| 協同組合等（注3） | | 年800万円以下の部分 | 15%【16%】 | 15%【16%】 | 15%【16%】 |
| | | 年800万円超の部分 | 19%【20%】 | 19%【20%】 | 19%【20%】 |
| 公益法人等 | 公益社団法人，公益財団法人又は非営利型法人 | 収益事業から生じた所得　年800万円以下の部分 | 15% | 15% | 15% |
| | | 年800万円超の部分 | 23.40% | 23.20% | 23.20% |
| | 公益法人等とみなされているもの（注4） | 年800万円以下の部分 | 15% | 15% | 15% |
| | | 年800万円超の部分 | 23.40% | 23.20% | 23.20% |
| | 上記以外の公益法人等 | 年800万円以下の部分 | 15% | 15% | 15% |
| | | 年800万円超の部分 | 19% | 19% | 19% |
| 人格のない社団等 | | 年800万円以下の部分 | 15% | 15% | 15% |
| | | 年800万円超の部分 | 23.40% | 23.20% | 23.20% |
| 特定の医療法人（注5） | 年800万円以下の部分 | 下記以外の法人 | 15%【16%】 | 15%【16%】 | 15%【16%】 |
| | | 適用除外事業者 | | | 19%（注6）【20%（注6）】 |
| | 年800万円超の部分 | | 19%【20%】 | 19%【20%】 | 19%【20%】 |

【 】は，協同組合等又は特定の医療法人が連結親法人である場合の税率です。

（注1）　対象となる法人は以下のとおりです。
　　⑴　各事業年度終了の時において資本金の額若しくは出資金の額が1億円以下であるもの又は資本若しくは出資を有しないもの（（注5）に掲げる特定の医療法人を除きます。）。ただし，各事業年度終了の時において次の法人に該当するものについては，除かれます。
　　　イ　相互会社及び外国相互会社
　　　ロ　大法人（次に掲げる法人をいいます。以下同じです。）との間にその大法人による完全支配関係がある普通法人
　　　　（イ）　資本金の額又は出資金の額が5億円以上の法人
　　　　（ロ）　相互会社及び外国相互会社
　　　　（ハ）　受託法人
　　　ハ　100％グループ内の複数の大法人に発行済株式又は出資の全部を直接又は間接に保有されている法人（ロに掲げる法人を除きます。）
　　　ニ　投資法人
　　　ホ　特定目的会社
　　　ヘ　受託法人
　　⑵　非営利型法人以外の，一般社団法人及び一般財団法人
（注2）　平成31年4月1日以後に開始する事業年度において適用除外事業者（その事業年度開始の日前3年以内に終了した各事業年度の所得金額の年平均額が15億円を超える法人等をいいます。以下同じです。）に該当する法人の年800万円以下の部分については，19％の税率が適用されます。
（注3）　協同組合等で，その事業年度における物品供給事業のうち店舗において行われるものに係る収入金額の年平均額が1,000億円以上であるなどの一定の要件を満たすものの年10億円超の部分については，22％の税率が適用されます。
（注4）　公益法人等とみなされているものとは，認可地縁団体，管理組合法人及び団地管理組合法人，法人である政党等，防災街区整備事業組合，特定非営利活動法人並びにマンション建替組合及びマンション敷地売却組合をいいます。
（注5）　特定の医療法人とは，措法第67条の2第1項に規定する国税庁長官の認定を受けたものをいいます。
（注6）　平成31年4月1日以後に開始する事業年度において適用除外事業者に該当する法人の年800万円以下の部分については，19％（その特定の医療法人が連結親法人である場合には，20％）の税率が適用されます。
（法法66，81の12，143，措法42の3の2，67の2，68，68の8，68の100，68の108，平28改正法附則21，26，27，29）

（出所）国税庁タックスアンサー

〔所得税の税率〕
　所得税の税率は，分離課税に対するものなどを除くと，5％から45％の7段階に区分されています。課税される所得金額（千円未満の端数金額を切り捨てた後の金額）に対する所得税の金額は，次の速算表を使用すると簡単に求められます。

**所得税の速算表（平成27年分以降）**

| 課税される所得金額 | 税率 | 控除額 |
|---|---|---|
| 1,000円から1,949,000円まで | 5 % | 0 円 |
| 1,950,000円から3,299,000円まで | 10% | 97,500円 |
| 3,300,000円から6,949,000円まで | 20% | 427,500円 |
| 6,950,000円から8,999,000円まで | 23% | 636,000円 |
| 9,000,000円から17,999,000円まで | 33% | 1,536,000円 |
| 18,000,000円から39,999,000円まで | 40% | 2,796,000円 |
| 40,000,000円以上 | 45% | 4,796,000円 |

＊令和19年までの各年分の確定申告では，所得税と復興特別所得税（原則としてその年分の基準所得税額の2.1％）を併せて申告・納付します。

〔給与所得金額の計算〕

給与等の収入金額が660万円以上の場合の給与所得の金額は，次の速算表を使用すると，簡単に算出することができます。

**令和2年分以降**

| 給与等の収入金額<br>（給与所得の源泉徴収票の支払金額） | 給与所得の金額 |
|---|---|
| 6,600,000円以上　8,500,000円未満 | 収入金額×90％－1,100,000円 |
| 8,500,000円以上 | 収入金額－1,950,000円 |

〔給与所得控除〕

給与所得の金額は，給与等の収入金額から給与所得控除額を差し引いて算出します。給与等の収入金額が660万円未満の場合には，以下の表にかかわらず，所得税法別表第五により給与所得の金額を求めます。

**令和2年分以降**

| 給与等の収入金額<br>（給与所得の源泉徴収票の支払金額） | 給与所得控除額 |
|---|---|
| 1,625,000円まで | 550,000円 |
| 1,625,001円から　1,800,000円まで | 収入金額×40％－100,000円 |
| 1,800,001円から　3,600,000円まで | 収入金額×30％＋80,000円 |
| 3,600,001円から　6,600,000円まで | 収入金額×20％＋440,000円 |
| 6,600,001円から　8,500,000円まで | 収入金額×10％＋1,100,000円 |
| 8,500,001円以上 | 1,950,000円（上限） |

**平成29年分〜令和元年分**

| 給与等の収入金額<br>（給与所得の源泉徴収票の支払金額） | 給与所得控除額 |
|---|---|
| 1,625,000円まで | 650,000円 |
| 1,625,001円から　1,800,000円まで | 収入金額×40％ |
| 1,800,001円から　3,600,000円まで | 収入金額×30％＋180,000円 |
| 3,600,001円から　6,600,000円まで | 収入金額×20％＋540,000円 |
| 6,600,001円から　10,000,000円まで | 収入金額×10％＋1,200,000円 |
| 10,000,001円以上 | 2,200,000円（上限） |

**平成28年分**

| 給与等の収入金額<br>（給与所得の源泉徴収票の支払金額） | 給与所得控除額 |
|---|---|
| 1,625,000円まで | 650,000円 |
| 1,625,001円から　1,800,000円まで | 収入金額×40％ |
| 1,800,001円から　3,600,000円まで | 収入金額×30％＋180,000円 |
| 3,600,001円から　6,600,000円まで | 収入金額×20％＋540,000円 |
| 6,600,001円から　10,000,000円まで | 収入金額×10％＋1,200,000円 |
| 10,000,001円から　12,000,000円まで | 収入金額×5％＋1,700,000円 |
| 12,000,001円以上 | 2,300,000円（上限） |

**平成25年分～平成27年分**

| 給与等の収入金額<br>（給与所得の源泉徴収票の支払金額） | 給与所得控除額 |
|---|---|
| 1,625,000円まで | 650,000円 |
| 1,625,001円から　1,800,000円まで | 収入金額×40％ |
| 1,800,001円から　3,600,000円まで | 収入金額×30％＋180,000円 |
| 3,600,001円から　6,600,000円まで | 収入金額×20％＋540,000円 |
| 6,600,001円から　10,000,000円まで | 収入金額×10％＋1,200,000円 |
| 10,000,001円から　15,000,000円まで | 収入金額×5％＋1,700,000円 |
| 15,000,001円以上 | 2,450,000円（上限） |

**No. 1420　退職金を受け取ったとき（退職所得）**
［令和3年4月1日現在法令等］
**1　退職所得とは**
　退職所得とは，退職により勤務先から受ける退職手当などの所得をいい，社会保険制度などにより退職に基因して支給される一時金，適格退職年金契約に基づいて生命保険会社又は信託会社から受ける退職一時金なども退職所得とみなされます。
　また，労働基準法第20条の規定により支払われる解雇予告手当や賃金の支払の確保等に関する法律第7条の規定により退職した労働者が弁済を受ける未払賃金も退職所得に該当します。

**2　所得の計算方法**
　退職所得の金額は，原則として，次のように計算します。
（収入金額（源泉徴収される前の金額）－退職所得控除額）×1/2＝退職所得の金額

　なお，確定給付企業年金規約に基づいて支給される退職一時金などで，従業員自身が負担した保険料又は掛金がある場合には，その支給額から従業員が負担した保険料又は掛金の金額を差し引いた残額を退職所得の収入金額とします。

（注）1　退職手当等が「特定役員退職手当等」に該当する場合
　特定役員退職手当等（役員等勤続年数が5年以下である人が支払を受ける退職手当等のうち，その役員等勤続年数に対応する退職手当等として支払を受けるもの）については，退職金の額から退職所得控除額を差し引いた額が退職所得の金額になります（上記計算式の1/2計算の適用はありません。）。
　「役員等勤務年数」とは，退職金等に係る勤続期間のうち，役員等として勤務した期間の年数（1年未満の端数がある場合はその端数を1年に切り上げたもの）をいいます。
　「役員等」とは次のイ～ハに掲げる人をいいます。
イ　法人の取締役，執行役，会計参与，監査役，理事，監事及び清算人並びにこれら以外の者で法人の経営に従事している一定の者
ロ　国会議員及び地方公共団体の議会の議員
ハ　国家公務員及び地方公務員

2　退職手当等が「短期退職手当等」に該当する場合（令和4年分以後適用）
　短期退職手当等（短期勤続年数に対応する退職手当等として支払を受けるものであって，特定役員退職手当等に該当しないもの）については，退職金の額から退職所得控除額を差し引いた額のうち300万円を超える部分については，上記計算式の1/2計算の適用はありません。
　「短期勤続年数」とは，役員等以外の者として勤務した期間により計算した勤続年数が5年以下であるものをいい，この勤続年数については役員等として勤務した期間がある場合，その期間を含めて計算します。

## 3 退職所得控除額の計算方法

退職所得控除額は，次のように計算します。

退職所得控除額の計算の表

| 勤続年数（＝A） | 退職所得控除額 |
|---|---|
| 20年以下 | 40万円×A<br>（80万円に満たない場合には，80万円） |
| 20年超 | 800万円＋70万円×（A－20年） |

（注1）障害者になったことが直接の原因で退職した場合の退職所得控除額は，上記の方法により計算した額に，100万円を加えた金額となります。

（注2）前年以前に退職金を受け取ったことがあるときまたは同一年中に2か所以上から退職金を受け取るときなどは，控除額の計算が異なることがあります。

（例1）勤続年数が10年2ヶ月の人の場合の退職所得控除額

勤続年数は11年になります。

（端数の2ヶ月は1年に切上げ）

40万円×（勤続年数）＝40万円×11年＝440万円

（例2）勤続年数が30年の人の場合の退職所得控除額

800万円＋70万円×（勤続年数－20年）＝800万円＋70万円×10年＝1,500万円

## 4 税額の計算方法

退職所得は，原則として他の所得と分離して所得税額を計算します。

(1)「退職所得の受給に関する申告書」を提出している人

退職金等の支払者が所得税額および復興特別所得税額を計算し，その退職手当等の支払の際，退職所得の金額に応じた所得税等の額が源泉徴収されるため，原則として確定申告は必要ありません。

ただし，医療費控除や寄附金控除の適用を受けるなどの理由で確定申告書を提出する場合は，確定申告書に退職所得の金額を記載する必要があります。

(2)「退職所得の受給に関する申告書」を提出していない人

退職金等の支払金額の20.42パーセントの所得税額および復興特別所得税額が源泉徴収されますが，受給者本人が確定申告を行うことにより所得税額および復興特別所得税額の精算をします。

（注）平成25年1月1日から令和19年12月31日までの間に支払を受ける退職手当等については，所得税とともに復興特別所得税が課されます。

（所法30，31，120～122，199，201～203，所令72，措法29の4，平24改正法附則51，所基通30-3，30-5，復興財確法28）

（出所）国税庁タックスアンサー

〔相続税の税率〕

　正味の遺産額から基礎控除額（3,000万円＋600万円×法定相続人の数）を差し引いた残りの額を，法定相続分により按分します。速算表を用いて各人の税額を計算し，その税額を合計したものが相続税の総額になります。

**相続税の速算表（平成27年1月1日以後）**

| 法定相続分に応ずる取得金額 | 税率 | 控除額 |
|---|---|---|
| 1,000万円以下 | 10% | ― |
| 3,000万円以下 | 15% | 50万円 |
| 5,000万円以下 | 20% | 200万円 |
| 1億円以下 | 30% | 700万円 |
| 2億円以下 | 40% | 1,700万円 |
| 3億円以下 | 45% | 2,700万円 |
| 6億円以下 | 50% | 4,200万円 |
| 6億円超 | 55% | 7,200万円 |

〔相続税額の早見表（金額単位：万円）〕

| 課税価格の合計額<br>（基礎控除前の金額） | 配偶者あり | | | 配偶者なし | | |
|---|---|---|---|---|---|---|
| | 子1人 | 子2人 | 子3人 | 子1人 | 子2人 | 子3人 |
| 5,000 | 40 | 10 | — | 160 | 80 | 20 |
| 7,000 | 160 | 113 | 80 | 480 | 320 | 220 |
| 10,000 | 385 | 315 | 262 | 1,220 | 770 | 630 |
| 15,000 | 920 | 748 | 665 | 2,860 | 1,840 | 1,440 |
| 20,000 | 1,670 | 1,350 | 1,217 | 4,860 | 3,340 | 2,460 |
| 25,000 | 2,460 | 1,985 | 1,800 | 6,930 | 4,920 | 3,960 |
| 30,000 | 3,460 | 2,860 | 2,540 | 9,180 | 6,920 | 5,460 |
| 35,000 | 4,460 | 3,735 | 3,290 | 11,500 | 8,920 | 6,980 |
| 40,000 | 5,460 | 4,610 | 4,155 | 14,000 | 10,920 | 8,980 |
| 45,000 | 6,480 | 5,493 | 5,030 | 16,500 | 12,960 | 10,980 |
| 50,000 | 7,605 | 6,555 | 5,962 | 19,000 | 15,210 | 12,980 |
| 55,000 | 8,730 | 7,618 | 6,900 | 21,500 | 17,460 | 14,980 |
| 60,000 | 9,855 | 8,680 | 7,838 | 24,000 | 19,710 | 16,980 |
| 65,000 | 11,000 | 9,745 | 8,775 | 26,570 | 22,000 | 18,990 |
| 70,000 | 12,250 | 10,870 | 9,885 | 29,320 | 24,500 | 21,240 |
| 80,000 | 14,750 | 13,120 | 12,135 | 34,820 | 29,500 | 25,740 |
| 90,000 | 17,250 | 15,435 | 14,385 | 40,320 | 34,500 | 30,240 |
| 100,000 | 19,750 | 17,810 | 16,635 | 45,820 | 39,500 | 35,000 |

＊相続税額は万円未満を四捨五入しています。実際の税額とは若干の相違する場合があります。具体的な税額計算を行う場合は，税理士等の専門家，所轄税務署にご相談ください。

＊相続人が法定相続分を相続した場合の相続税額の合計額です。「配偶者あり」では配偶者の税額軽減（相続税法19の2）が適用されたものと仮定しています。

〔贈与税の税率（暦年課税）〕

① 贈与税の計算は，まず，その年の1月1日から12月31日までの1年間に贈与によりもらった財産の価額を合計します。

② その合計額から基礎控除額110万円を差し引きます。

③ その残りの金額に税率を乗じて税額を計算します。

平成27年以降の贈与税の税率は，「特例贈与財産」と「一般贈与財産」に区分されています。

## 【特例贈与財産用】（特例税率）

直系尊属（祖父母や父母など）から，その年の1月1日において20歳以上の者（子・孫など）への贈与税の計算に使用します。例えば，祖父から孫への贈与，父から子への贈与などに使用します。（夫の父からの贈与等には使用できません）

| 基礎控除後の課税価格 | 200万円以下 | 400万円以下 | 600万円以下 | 1,000万円以下 | 1,500万円以下 | 3,000万円以下 | 4,500万円以下 | 4,500万円超 |
|---|---|---|---|---|---|---|---|---|
| 税　率 | 10% | 15% | 20% | 30% | 40% | 45% | 50% | 55% |
| 控除額 | － | 10万円 | 30万円 | 90万円 | 190万円 | 265万円 | 415万円 | 640万円 |

## 【一般贈与財産用】（一般税率）

「特例贈与財産用」に該当しない場合に使用します。例えば，兄弟間の贈与，夫婦間の贈与，親から子への贈与で子が未成年者の場合などに使用します。

| 基礎控除後の課税価格 | 200万円以下 | 300万円以下 | 400万円以下 | 600万円以下 | 1,000万円以下 | 1,500万円以下 | 3,000万円以下 | 3,000万円超 |
|---|---|---|---|---|---|---|---|---|
| 税　率 | 10% | 15% | 20% | 30% | 40% | 45% | 50% | 55% |
| 控除額 | － | 10万円 | 25万円 | 65万円 | 125万円 | 175万円 | 250万円 | 400万円 |

✍　令和3年度税制改正大綱には「資産移転の時期の選択に中立的な相続税・贈与税に向けた検討」と題して次の記述があり，今後の動向が注目されています。

「高齢化等に伴い，高齢世代に資産が偏在するとともに，相続による資産の世代間移転の時期がより高齢期にシフトしており，結果として若年世代への資産移転が進みにくい状況にある。

高齢世代が保有する資産がより早いタイミングで若年世代に移転することになれば，その有効活用を通じた，経済の活性化が期待される。このため，資産の再分配機能の確保に留意しつつ，資産の早期の世代間移転を促進するための税制を構築することが重要な課題となっている。

わが国の贈与税は，相続税の累進回避を防止する観点から，高い税率が設定されており，生前贈与に対し抑制的に働いている面がある。一方で，現在の税率構造では，富裕層による財産の分割贈与を通じた負担回避を防止するには限界がある。

諸外国では，一定期間の贈与や相続を累積して課税すること等により，資産の移転のタイミング等にかかわらず，税負担が一定となり，同時に意図的な税負担の回避も防止されるような工夫が講じられている。

今後，こうした諸外国の制度を参考にしつつ，相続税と贈与税をより一体的に捉えて課税する観点から，現行の相続時精算課税制度と暦年課税制度のあり方を見直すなど，格差の固定化の防止等に留意しつつ，資産移転の時期の選択に中立的な税制の構築に向けて，本格的な検討を進める。」

# 2　裁判例等

## (1)　死亡保険金の性質（昭和40年2月2日最高裁判所判決）

【裁判要旨】
一　養老保険契約において被保険者死亡の場合の保険金受取人が単に「被保険者死亡の場合はその相続人」と指定されたときは，特段の事情のないかぎり，右契約は，被保険者死亡の時における相続人たるべき者を受取人として特に指定したいわゆる「他人のための保険契約」と解するのが相当である。
二　前項の場合には，当該保険金請求権は，保険契約の効力発生と同時に，右相続人たるべき者の固有財産となり，被保険者の遺産より離脱しているものと解すべきである。

【判決文からの引用】
同第三点について。
　所論は，養老保険契約において保険金受取人を保険期間満了の場合は被保険者，被保険者死亡の場合は相続人と指定したときは，保険契約者は被保険者死亡の場合保険金請求権を遺産として相続の対象とする旨の意思表示をなしたものであり，商法六七五条一項但書の「別段ノ意思ヲ表示シタ」場合にあたると解すべきであり，原判決引用の昭和一三年一二月一四日の大審院判例の見解は改められるべきものであつて，原判決には判決に影響を及ぼすこと明らかな法令違背があると主張するものであるけれども，本件養老保険契約において保険金受取人を単に「被保険者またはその死亡の場合はその相続人」と約定し，被保険者死亡の場合の受取人を特定人の氏名を挙げることなく抽象的に指定している場合でも，保険契約者の意思を合理的に推測して，保険事故発生の時において被指定者を特定し得る以上，右の如き指定も有効であり，特段の事情のないかぎり，右指定は，被保険者死亡の時における，すなわち保険金請求権発生当時の相続人たるべき者個人を受取人として特に指定したいわゆる他人のための保険契約と解するのが相当であつて，前記大審院判例の見解は，いまなお，改める要を見ない。そして右の如く保険金受取人としてその請求権発生当時の相続人たるべき個人を特に指定した場合には，右請求権は，保険契約の効力発生と同時に右相続人の固有財産となり，被保険者（兼保険契約者）の遺産より離脱しているものといわねばならない。然らば，他に特段の事情の認められない本件において，右と同様の見解の下に，本件保険金請求権が右相続人の固有財産に属し，その相続財産に属するものではない旨判示した原判決の判断は，正当としてこれを肯認し得る。原判決に所論の違法は存せず，所論は，ひつきよう，独自の見解に立つて原判決を非難するものであつて，採るを得ない。

（出所）裁判所ホームページ

## (2) 特別受益と生命保険 （平成16年10月29日最高裁判所決定）

【裁判要旨】
　被相続人を保険契約者及び被保険者とし，共同相続人の１人又は一部の者を保険金受取人とする養老保険契約に基づき保険金受取人とされた相続人が取得する死亡保険金請求権は，民法903条１項に規定する遺贈又は贈与に係る財産には当たらないが，保険金の額，この額の遺産の総額に対する比率，保険金受取人である相続人及び他の共同相続人と被相続人との関係，各相続人の生活実態等の諸般の事情を総合考慮して，保険金受取人である相続人とその他の共同相続人との間に生ずる不公平が民法903条の趣旨に照らし到底是認することができないほどに著しいものであると評価すべき特段の事情が存する場合には，同条の類推適用により，特別受益に準じて持戻しの対象となる。

【判決文からの引用】
　４　前記２(5)ア及びイの死亡保険金について
　被相続人が自己を保険契約者及び被保険者とし，共同相続人の１人又は一部の者を保険金受取人と指定して締結した養老保険契約に基づく死亡保険金請求権は，その保険金受取人が自らの固有の権利として取得するのであって，保険契約者又は被保険者から承継取得するものではなく，これらの者の相続財産に属するものではないというべきである（最高裁昭和36年（オ）第1028号同40年２月２日第三小法廷判決・民集19巻１号１頁参照）。また，死亡保険金請求権は，被保険者が死亡した時に初めて発生するものであり，保険契約者の払い込んだ保険料と等価関係に立つものではなく，被保険者の稼働能力に代わる給付でもないのであるから，実質的に保険契約者又は被保険者の財産に属していたものとみることはできない（最高裁平成11年（受）第1136号同14年11月５日第一小法廷判決・民集56巻８号2069頁参照）。したがって，【要旨】上記の養老保険契約に基づき保険金受取人とされた相続人が取得する死亡保険金請求権又はこれを行使して取得した死亡保険金は，民法903条１項に規定する遺贈又は贈与に係る財産には当たらないと解するのが相当である。もっとも，上記死亡保険金請求権の取得のための費用である保険料は，被相続人が生前保険者に支払ったものであり，保険契約者である被相続人の死亡により保険金受取人である相続人に死亡保険金請求権が発生することなどにかんがみると，保険金受取人である相続人とその他の共同相続人との間に生ずる不公平が民法903条の趣旨に照らし到底是認することができないほどに著しいものであると評価すべき特段の事情が存する場合には，同条の類推適用により，当該死亡保険金請求権は特別受益に準じて持戻しの対象となると解するのが相当である。上記特段の事情の有無については，保険金の額，この額の遺産の総額に対する比率のほか，同居の有無，被相続人の介護等に対する貢献の度合いなどの保険金受取人である相続人及び他の共同相続人と被相続人との関係，各相続人の生活実態等の諸般の事情を総合考慮して判断すべきである。
　これを本件についてみるに，前記２(5)ア及びイの死亡保険金については，その保険金の額，本件で遺産分割の対象となった本件各土地の評価額，前記の経緯からうかがわれる乙の遺産の総額，抗告人ら及び相手方と被相続人らとの関係並びに本件に現れ

た抗告人ら及び相手方の生活実態等に照らすと，上記特段の事情があるとまではいえない。したがって，前記2⑸ア及びびイの死亡保険金は，特別受益に準じて持戻しの対象とすべきものということはできない。

（出所）裁判所ホームページ

〔（特別受益者の相続分）民法903条〕
　共同相続人中に，被相続人から，遺贈を受け，又は婚姻若しくは養子縁組のため若しくは生計の資本として贈与を受けた者があるときは，被相続人が相続開始の時において有した財産の価額にその贈与の価額を加えたものを相続財産とみなし，第九百条から第九百二条までの規定により算定した相続分の中からその遺贈又は贈与の価額を控除した残額をもってその者の相続分とする。
2　遺贈又は贈与の価額が，相続分の価額に等しく，又はこれを超えるときは，受遺者又は受贈者は，その相続分を受けることができない。
3　被相続人が前二項の規定と異なった意思を表示したときは，その意思に従う。
4　婚姻期間が二十年以上の夫婦の一方である被相続人が，他の一方に対し，その居住の用に供する建物又はその敷地について遺贈又は贈与をしたときは，当該被相続人は，その遺贈又は贈与について第一項の規定を適用しない旨の意思を表示したものと推定する。

## ⑶　事業保険の保険料の取扱い（平成14年6月10日熊本国税不服審判所裁決）

裁　　決　　書

熊裁（法）平 13 第 24 号

平 成 14 年 6 月 10 日

国税不服審判所長　○　○　○　○

審査請求人
　　所　在　地
　　名　　　称
　　代　表　者
原 処 分 庁
原　処　分　　平成11年12月21日付でされた平成9年1月1日から平成9
　　　　　　　年12月31日まで及び平成10年1月1日から平成10年12月31日
　　　　　　　までの各事業年度の法人税の各更正処分及び過少申告加算税
　　　　　　　の各賦課決定処分

　上記審査請求について、次のとおり裁決する。

主　　文

　原処分は、いずれもその全部を取り消す。

－ 1 －

審査請求人 ▓▓▓▓▓▓▓▓▓

理　　由

## 1　事　実

### (1) 事案の概要

　　本件は、養鶏業を営む同族会社である審査請求人（以下「請求人」という。）が支払った生命保険料を、支払った事業年度の損金の額に算入できるか否かを争点とする事案である。

### (2) 審査請求に至る経緯

　　平成9年1月1日から平成9年12月31日まで及び平成10年1月1日から平成10年12月31日までの各事業年度（以下、順次「平成9年12月期」及び「平成10年12月期」という。）の法人税について、審査請求に至る経緯は別表のとおりである。

### (3) 関係法令等

　イ　法人税法第22条《各事業年度の所得の金額の計算》第1項は、「内国法人の各事業年度の所得の金額は、当該事業年度の益金の額から当該事業年度の損金の額を控除した金額とする。」と規定し、同条第3項は、「内国法人の各事業年度の損金の額に算入すべき金額は、別段の定めがあるものを除き、当該事業年度の収益に係る売上原価のほか販売費、一般管理費その他の費用の額及び資本等取引以外の取引に係る損失の額とする。」旨規定している。

　　　また、法人税法第22条第4項は、「同条第3項の当該事業年度の損金の額に算入すべき金額は、一般に公正妥当と認められる会計処理の基準に従って計算されるものとする。」旨規定している。

　ロ　保険期間が終身で満期保険金がないがん保険については、昭和50年10月6日付直審4－76「法人契約のがん保険の保険料の取扱いについて」通達（以下「本件がん保険通達」という。）において、法人が当該保険料をその払込みの都度損金経理した場合は、その計算を認める旨定めている。

　ハ　満期保険金がない定期保険については、法人税基本通達（昭和44年5月1日付直審（法）25例規国税庁長官通達）9－3－5「定期保険に係る保険料」（以下「本件定期保険通達」という。）において、死亡保険金の受取人が法人であれば、当該定期保険契約により法人が支払った保険料の額は期間の経過に応じて損金の

－2－

額に算入できる旨定めている。

ニ　法人税法第132条《同族会社等の行為又は計算の否認》は、「同族会社等の行為又は計算で、これを容認した場合には法人税の負担を不当に減少させる結果となると認められるものがあるときは、その行為又は計算にかかわらず、税務署長の認めるところにより、その法人に係る法人税の課税標準若しくは欠損金額又は法人税の額を計算することができる。」旨規定している。

(4) 基礎事実

以下の事実は、請求人及び原処分庁の双方に争いがなく、当審判所の調査によってもその事実が認められる。

イ　請求人が契約した生命保険契約は、以下のとおりであり、有効に成立している。

(イ) ████████、████████、████████及び████████（以下、これらを併せて「本件各生命保険会社」という。）とのがん保険契約（以下「本件がん保険契約」という。）は、いずれも①保険契約者が請求人、②被保険者が役員及び従業員（以下、これらを併せて「本件被保険者」という。）、③死亡保険金等の受取人が請求人、④保険期間が終身、⑤保険料の払込期間が5年以上の有期となっている。

(ロ) 本件各生命保険会社との逓増定期保険特約付の生命保険契約（以下「本件逓増定期保険契約」という。）は、いずれも①保険契約者が請求人、②被保険者が本件被保険者、③死亡保険金等の受取人が請求人、④主契約部分については保険期間及び保険料の払込期間が終身、⑤逓増定期保険特約部分については保険期間及び保険料の払込期間が14年ないし38年までの有期となっている。

ロ　請求人は、本件がん保険契約及び本件逓増定期保険契約（以下、これらを併せて「本件各生命保険契約」という。）に基づき、本件がん保険契約に係る生命保険料及び本件逓増定期保険契約のうち逓増定期保険特約部分に係る生命保険料（以下、これらを併せて「本件保険料」という。）を平成9年12月期に159,498,876円、平成10年12月期に262,064,415円支払っており、当該保険料は請求人の所得計算において、その全額が各事業年度の損金の額に算入されている。

なお、本件逓増定期保険契約のうち主契約部分に係る支払保険料は、保険積立金として資産に計上されている。

審査請求人

　ハ　本件がん保険契約に係る生命保険料は、本件がん保険通達に定める「その払込みの都度損金の額に算入することが認められる生命保険料」に該当する。

　ニ　本件逓増定期保険契約のうち逓増定期保険特約部分に係る生命保険料は、平成8年7月4日付課法2-3「法人が支払う長期平準定期保険等の保険料の取扱いについて」通達（以下「本件逓増定期保険通達」という。）に定める前払保険料とすべき逓増定期保険に係る生命保険料には該当せず、本件定期保険通達に定める「期間の経過に応じて損金の額に算入することが認められる生命保険料」に該当する。

## 2　主　張

### (1) 原処分庁の主張

　原処分は、次の理由により適法であるから、審査請求をいずれも棄却するとの裁決を求める。

　イ　本件保険料は、形式的には本件がん保険通達及び本件定期保険通達（以下、これらを併せて「本件各生命保険通達」という。）に定める要件を充たしているが、次の理由から、本件各生命保険契約は、本件各生命保険通達の存在を奇貨として、不当に税負担を軽減するために締結されたものであり、適正・公平な課税を困難ならしめるものであることから、本件各生命保険通達を適用することはできない。

　(イ)本件がん保険契約に係る生命保険料の額は、本件被保険者の年間給与額に比べて異常に高額である。本件被保険者の地位、職務内容等からみてもこのような高額な本件がん保険契約を締結する必要性及び経済的合理性は認められない。

　(ロ)本件各生命保険契約による解約返戻金の返戻率、租税負担、対策効果等は、　　　　　　　　　　　　　　が作成した「決算対策シミュレーション」に記載されており、同社の　　　　　　　は「現行の法令内で損金性が税務否認された場合には、その付加税部分については弊社が補償する。」旨の確認書（以下「本件確認書」という。）を請求人に差し入れている。このことからも、本件各生命保険契約は税負担の軽減を目的に締結されたものと認められる。

　(ハ)本件各生命保険契約は、上記決算対策シミュレーションによると、本件保険料の額から解約返戻金を差し引いた保険料の実質負担額が、本件保険料を損金の額に算入しなかった場合に課税される本件保険料に対応する法人税等の額より少なくなるように設定されている。

(ニ) 本件保険料を支払った各事業年度においてその全額の損金算入を認めた場合
には、損金の額に算入することを認めなかった場合と比べて法人税額を平成9
年12月期で64,420,600円、平成10年12月期で98,068,300円減少させる結果とな
り、これは不当な税負担の軽減に当たる。

ロ　本件各生命保険契約は、次の理由から、従業員等の福利厚生目的で締結された
ものとは認められない。

　(イ) 本件がん保険契約について、本件被保険者への周知が行われていない。

　(ロ) 本件各生命保険契約の死亡保険金等の受取人はいずれも請求人であり、当該
死亡保険金等を本件被保険者の退職金及び弔慰金等の原資に充てるなど福利厚
生目的に使用する旨の退職給与規定及び弔慰金規定等の定めはない。また、労
働基準監督署に提出した就業規則にも従業員の退職金については中小企業退職
金共済事業団から従業員に直接支払われるとだけしか定められていない。

　(ハ) 請求人が事業年度初めに従業員等に提示した給与の額及び就業規則等の社内
決定事項を記載した文書の中にも、本件各生命保険契約についてなんら具体的
に記載されていない。

　(ニ) 本件被保険者には請求人の正式社員以外のパート従業員も含まれている。

　(ホ) 請求人は、平成10年12月期において本件がん保険契約に基づく被保険者の一
部の者が退職しているにもかかわらず、当該事業年度中に解約の手続をとって
いない。

ハ　上記イ及びロから、本件各保険通達は適用できず、本件各生命保険契約は従業
員等の福利厚生目的で締結されたものでもなく、また、その必要性及び経済的合
理性も認められないことから、本件保険料を支払った事業年度でその全額を損金
の額に算入したことは、法人税法第22条第4項に規定する「一般に公正妥当と認
められる会計処理の基準に従って計算されたもの」とはいえない。

　　そうすると、本件保険料を各事業年度の損金の額に算入できないとして保険積
立金に資産計上した原処分は適法である。

ニ　なお、請求人は同族会社であり、本件各生命保険契約は、締結する経済的合理
性が認められず、結果として法人税負担を不当に減少することになることから、
法人税法第132条第1項の規定に該当する。

(2) 請求人の主張

原処分は、次の理由により違法であるから、その全部の取消しを求める。

イ　がん保険及び逓増定期保険に係る生命保険料の額を損金に算入する時期についての法人税の取扱いは、本件各生命保険通達に明文の定めがあり、本件保険料は当該通達によりその全額が支払った事業年度の損金の額に算入することが認められているものである。

　また、生命保険会社は大蔵省(現金融庁)の厳重な指導・管理下にあり、一般的に公序良俗に反したり、常識を逸したりする契約は引き受けない。本件各生命保険契約は正規な契約に基づいて締結されており、本件保険料が高額であったとしても異常な契約でもなく、通達に明文の定めがある以上、税務上の取扱いになんらの影響を与えるものではない。

　さらに、本件各生命保険通達は公開された通達であり、実務社会では法令以上の機能を果たしており、請求人がこれらを信頼し、同通達を適用したことに請求人の責めに帰すべき事由はない。

　よって、請求人についてのみ本件各生命保険通達を適用しない原処分は、平等の原則や信義誠実の原則にも反し、違法である。

ロ　本件各生命保険契約の締結の目的が、本件保険料の損金性及び損金算入の時期の判断に影響を与えるものではない。また、本件各生命保険契約の締結の必要性及び経済的合理性についても、次のとおり問題はない。

(イ)本件各生命保険契約の締結に伴う本件保険料の支払は借入れしてまでのものではなく、請求人の各事業年度の財務状態から見ても、決して不合理なものではない。

(ロ)本件各生命保険契約は解約返戻金も含めて大蔵省(現金融庁)の認可を受けており、本件保険料は本件各生命保険通達で支払った事業年度でその全額を損金の額に算入することが認められているものである。その上で、結果的に平成9年12月期の解約返戻率が49.7%及び平成10年12月期の解約返戻率が52.3%であったということであり、解約を前提とする租税回避を目的としたものではない。

　また、解約返戻金については、解約を仮定しての返戻率を基にして計算されたものにすぎず、解約時に益金処理されて課税の対象となるものであることから、支払った年度のみの実質負担額と法人税とを単純に比較することには合理性がな

い。

(ハ) 本件各生命保険契約は有効に成立しており、経理処理も適正に行われている。また、本件保険料が高額であることから結果として法人税の税負担を減少させる結果となるが、これは「不当な税負担の軽減」ではない。

(ニ) 本件確認書は、請求人がその経理処理に確信を持つために税理士の　　　　に確認を求めたのに対して同人が税務の専門家として作成したものであり、決算対策のみの目的で作成されたものではない。

(ホ) 本件被保険者の一部の者が退職しているにもかかわらず、解約の手続をとっていないことについては、途中解約のメリットがなく、解約しないほうがその間の保証もあることから解約しなかったものである。

ハ 以上のことから、請求人が本件各生命保険通達を適用したのは適法であり、本件保険料は支払った事業年度でその全額が損金の額に算入できる。

ニ なお、本件各生命保険契約の締結及び本件保険料の支払は、同族会社等特有の行為又は計算でもなく、一般に通常行われているものであり、不当に法人税の負担を減少させるものではないことから、法人税法第132条第1項の規定には該当しない。

3 判　断

本件審査請求は、本件保険料が支払った各事業年度の損金の額に算入できるか否かに争いがあるので、以下審理する。

(1) 認定事実

請求人の提出資料、原処分関係資料及び当審判所の調査によれば、次の事実が認められる。

イ 請求人は、本件各生命保険契約に関し、請求人の福利厚生制度規定に記載して周知しているほか、本件がん保険契約については、がん保険加入規定及び「正社員としての心得」に記載して周知し、本件逓増定期保険契約については、各自の署名、なつ印を徴することにより周知している。

ロ 本件各生命保険契約は、年の途中で解約しても支払保険料の未経過分については払戻しがなく、解約返戻金の単純返戻率については契約年数の経過に伴い増加するものである。

ハ 請求人は、本件がん保険契約に係る生命保険料について、本件がん保険通達に

　　　基づき払込期間に応じた均等年払分として、平成9年12月期については被保険者
　　　50名分125,064,239円及び平成10年12月期については新規契約者2名を加えた被保
　　　険者52名分128,541,657円を支払っている。
　ニ　請求人は、本件逓増定期保険契約のうち逓増定期保険特約部分に係る生命保険
　　　料について、本件定期保険通達に基づき払込期間に応じた均等年払分として、平
　　　成9年12月期については被保険者3名分34,434,637円及び平成10年12月期につい
　　　ては新規契約者15名を加えた被保険者18名分133,522,758円を支払っている。
(2)　更正処分について
　イ　法人税法上、内国法人に対して課される各事業年度の所得に対する法人税の課
　　　税標準は、各事業年度の益金の額から損金の額を控除した所得の金額とされてい
　　　るところ、同法第22条第3項は、内国法人の各事業年度の所得の計算上当該事業
　　　年度の損金の額に算入すべき金額は、別段の定めがあるものを除き、「①当該事
　　　業年度の収益に係る売上原価、完成工事原価その他これらに準ずる原価の額、②
　　　当該事業年度の販売費、一般管理費その他の費用（償却費以外の費用で当該事業年
　　　度終了の日までに債務の確定しないものを除く。）の額、③当該事業年度の損失の
　　　額で資本等取引以外の取引に係るもの」とし、同条第4項は、当該事業年度の収
　　　益の額及び損金の額に算入すべき金額は、一般に公正妥当と認められる会計処理
　　　の基準に従って計算されるものとする旨規定している。
　　　　これは、法人の所得の計算が原則として企業利益を算定する際の企業会計に準
　　　拠して行われるべきことを意味するものであるが、企業会計の中心をなす企業会
　　　計原則や確立した会計慣行は、会計処理全般にわたり網羅的かつ細目的なものと
　　　はいえないため、適正な企業会計慣行を尊重しつつ個別事情に即した課税処分を
　　　行うための考え方として、国税庁長官は基本通達及び各種個別通達を職員に対し
　　　て発遣している。そのような意味から、これらの通達の内容は、法人税法第22条
　　　第4項にいう会計処理の基準を補完し、その内容の一部を構成するものというこ
　　　とができる。
　ロ　定期保険に係る支払保険料については、当該保険契約による保険料の支払期日
　　　が到来するごとにその債務が確定するが、一般に死亡事故等の保険事故は保険期
　　　間の後半に生ずるため、実質的には保険期間の前半において支払う保険料の中に
　　　は前払部分の保険料が含まれている。特に、保険期間が長期にわたる定期保険や

保険期間中に保険金額が逓増する定期保険は、当該保険期間の前半において支払う保険料の中に相当多額の前払部分の保険料が含まれていることから、本件がん保険通達、本件逓増定期保険通達及び本件定期保険通達（以下、これらを「本件通達等」という。）により、支払保険料の損金算入時期に関する取扱いの適正化を図ることとしたものであり、当審判所においても当該取扱いは相当と認められる。

　そして、本件通達等の取扱いをもって本件各生命保険契約に係る本件保険料の全額が損金の額に算入されることについては、上記1の(4)のハ及びニの基礎事実のとおり、原処分庁及び請求人において争いのない事実である。

ハ　原処分庁は、請求人が本件各生命保険契約を締結し、本件保険料を支払い、本件各生命保険通達を適用して当該事業年度の損金の額に算入したことは、本件各生命保険通達の存在を奇貨として、不当に税負担を軽減するものであり、適正・公平な課税を困難ならしめることから租税回避行為に該当すると主張するが、次の理由から、当該行為は租税回避行為とはいえない。

　(イ)　本件保険料に係る経理処理は、上記イ及びロのとおり本件通達等の取扱いによったものであり、その結果として各事業年度の納付すべき法人税額が、本件各生命保険契約を締結しなかった場合と比較して減少することとなるとしても、これをもって不当な税負担の軽減に当たるということはできない。

　(ロ)　原処分庁は、本件各生命保険契約を締結するに当たり、▆▆▆▆▆▆▆▆▆▆の作成した「決算対策シミュレーション」の記載内容及び本件確認書が存在することから、本件各生命保険契約は税負担の軽減を目的に締結されたものと主張するが、請求人が、本件各生命保険契約を締結するに当たり実質的な税負担や解約返戻金を検討することは、経営者としての経営判断の一つであると認められるから、原処分庁の主張は採用できない。

ニ　原処分庁は、本件各生命保険契約は、被保険者への周知が行われていないことや平成10年12月期において本件がん保険契約に基づく被保険者の一部の者が退職しているにもかかわらず当該事業年度中に解約手続が取られていないことを理由として、従業員等の福利厚生目的で締結されたものではないと主張するが、上記イの認定事実のとおり従業員等に周知され、また、ロの認定事実のとおり翌事業年度においてその手続を取る方が解約メリットが多いことから途中での解約をし

- 9 -

なかったものと推認されるところ、これをもって従業員等の福利厚生目的ではないということはできない。

　ホ　さらに、本件各生命保険契約の締結は、本件各生命保険会社との間で有効に成立した第三者取引であることから同族会社等特有の取引ではなく、請求人の法人税の負担を不当に減少せしめるものとも認められず、これらは法人税法第132条第1項の同族会社等の行為又は計算には該当しないとするのが相当である。

　ヘ　以上のとおり、請求人が本件通達等の取扱いにより、本件保険料の全額を損金として会計処理したことは、法人税法第22条第4項に定める「一般に公正妥当と認められる会計処理の基準に従っている」というべきであり、原処分庁が本件保険料を支払った事業年度でその全額を損金の額に算入することができないとして行った各事業年度の法人税の各更正処分は、いずれもその全部を取り消すのが相当である。

(3) 過少申告加算税の賦課決定処分について

　各事業年度の法人税の過少申告加算税の各賦課決定処分については、各更正処分の全部の取消しに伴い、いずれもその全部を取り消すのが相当である。

(4) 原処分のその他の部分については、請求人は争わず、当審判所に提出された証拠資料によっても、これを不相当とする理由は認められない。

　よって、主文のとおり裁決する。

別　表

審査請求に至る経緯　　　　　　　　　　　　　　　（単位：円）

| 事業年度 | 区分／項目 | 確定申告 | 修正申告等 | 更正処分等 | 審査請求 |
|---|---|---|---|---|---|
| 平成9年12月期 | 年　月　日 | 期限内 | | 平成11年12月21日 | 平成12年2月21日 |
| | 所得金額 | | | | 確定申告のとおり。 |
| | 納付すべき税額 | | | | |
| | 過少申告加算税の額 | | | | |
| 平成10年12月期 | 年　月　日 | 期限内 | 平成11年9月20日 | 平成11年12月21日 | 平成12年2月21日 |
| | 所得金額 | | | | 修正申告のとおり。 |
| | 納付すべき税額 | | | | |
| | 過少申告加算税の額 | | | | |
| | 重加算税の額 | | | | |

## ⑷　見舞金の取扱い（平成14年 6 月13日熊本国税不服審判所裁決）

> **（平14. 6. 13裁決，裁決事例集 No. 63　309頁）**
> 《裁決書（抄）》
> **1　事実**
> ⑴事案の概要
> 　本件は，建築工事業を営む同族会社である審査請求人（以下「請求人」という。）が，その取締役会長に支払った報酬の額及び退職給与の額が過大か否か並びに同人に支払われた見舞金が同人に対する賞与等に該当するか否かを主な争点とする事案である。
> ⑵審査請求に至る経緯
> 　平成 9 年 8 月 1 日から平成10年 7 月31日まで，平成10年 8 月 1 日から平成11年 7 月31日まで及び平成11年 8 月 1 日から平成12年 7 月31日までの各事業年度（以下，順次「平成10年 7 月期」，「平成11年 7 月期」及び「平成12年 7 月期」といい，これらを併せて「本件各事業年度」という。）の法人税等について，審査請求に至る経緯は別表 1 及び別表 2 のとおりである。
> ⑶関係法令等
> 　法人税法第34条《過大な役員報酬等の損金不算入》第 1 項は，役員に対して支給した報酬の額のうち不相当に高額な部分の金額（以下「不相当に高額な部分の金額」という。）は，損金の額に算入しない旨規定している。また，同法施行令第69条《過大な役員報酬の額》は，不相当に高額な部分の金額として，役員の職務の内容，その法人の収益及びその使用人に対する給与の支給の状況，その法人と同種の事業を営む法人でその事業規模が類似するものの役員に対する報酬の支給の状況に照らして，相当な金額を超える部分の金額の合計額と，定款等で支給限度額が定められている場合において役員に対して支給した報酬の額の合計額がその支給限度額を超える場合におけるその超える部分の金額との，いずれか多い金額である旨規定している。
> ⑷基礎事実
> 　以下の事実は，請求人及び原処分庁の双方に争いがなく，当審判所の調査によってもその事実が認められる。
> イ　請求人は，法人税法第 2 条《定義》第10号に規定する同族会社であり，出資者各人の出資金額及び出資割合等は別表 3 のとおりである。
> ロ　請求人の取締役会長であったH（以下「H」という。）は，請求人が昭和45年 7 月13日に設立された際の発起人である。
> ハ　Hは，請求人の設立と同時に代表取締役社長に，平成 2 年 9 月17日に代表取締役会長に，平成 5 年 7 月20日に取締役相談役に就任し，平成 7 年 9 月14日から死亡した平成12年 4 月21日までは取締役会長であった。

## 2　主張

### (1)原処分庁の主張

原処分は，次のとおり適法であるから，審査請求を棄却するとの裁決を求める。

イ　更正処分について

（イ）役員報酬

請求人は，本件各事業年度において，Hに対し役員報酬として，平成10年7月期については12,000,000円，平成11年7月期については12,000,000円及び平成12年7月期については9,000,000円（以下「本件各報酬額」という。）を支給し，その全額を損金の額に算入しているが，次の理由から，Hの職務に対する対価として相当であると認められる金額は，平成10年7月期及び平成11年7月期については，それぞれ6,000,000円並びに平成12年7月期については4,500,000円であり，当該金額を超える部分の金額は法人税法第34条第1項に規定する不相当に高額な部分の金額に当たり，損金の額に算入できない。

A　Hは，代表取締役辞任後は病気がちであり，特に，平成9年4月以降は長期入院が継続して通常の勤務ができなかったと認められること及び請求人は平成12年7月期の確定申告書に添付している「役員報酬手当等及び人件費の内訳書」の常勤・非常勤の別の表示欄においてHは非常勤である旨の表示を行っていることからHは非常勤取締役と認められる。

なお，常勤，非常勤の区別は，毎日一定の時間勤務するかどうか，又は，本務として専任しているかどうかといった勤務形態に着目した分類であり，役員の社内における地位等を勘案して判断するものではない。

また，取締役の会社への貢献度は，その持株割合によって左右されるものではない。

B　Hの役員報酬の適正額は，次の理由から月額500,000円と認められる。

（A）Hは，平成5年7月に代表取締役を辞任し，分掌変更により取締役となり，その際，退職金60,000,000円を受領し，役員報酬の月額が1,000,000円から500,000円になったこと。

（B）Hは，代表取締役辞任後は病気がちであり，特に平成9年4月以降は長期入院や退院の繰り返しが続くなど，常勤役員として会社業務に従事することがほとんど困難であったと認められるところ，入院療養中の平成9年8月から同人の報酬月額を倍増させるべき特段の事情は見当たらないこと。

（C）請求人の所在地を管轄するX税務署並びに近隣署のJ税務署，K税務署及びL税務署の管内に本店が所在する法人で，請求人と同種，同規模の事業を営む法人（以下「類似法人」という。）の非常勤取締役に支払われた役員報酬の状況をそれぞれ比較検討したところ，Hの役員報酬の適正額は月額500,000円であると認められること。

C　Hが請求人の借入金の連帯保証を行っていたとしても，連帯保証を行っている対価は役員の職務執行の対価ではない。

（ロ）役員賞与

請求人は，平成10年7月期において，Hに対して支払った見舞金3,995,000円（以下「本件見舞金A」という。）を福利厚生費の科目で全額損金の額に算入しているが，次の理由から，福利厚生費として相当であると認められる金額は，入院1回につき30,000円となり，当該金額を超える部分の金額は法人税法第35条《役員賞与等の損金不算入》に規定する役員賞与に該当し，損金の額に算入できない。

A 役員に対して社内規定に基づいて支払われた見舞金の全額が，直ちに福利厚生費として損金の額に算入されるものではなく，損金の額に算入できるのは，社会通念上相当であると認められる金額部分である。

社会通念上相当である金額について，病気等の入院に係る見舞金等の福利厚生費の規定が存するX税務署管内の法人の役員に対する見舞金等の支給状況を検討したところ，入院一回当たり30,000円が社会通念上相当である金額と認められることから，これを超える金額をHに対する賞与としたものである。

B 保険契約上の受取人である請求人において，保険事故の発生により受領した保険金が請求人に帰属するのは当然のことであるのに，社内規定を設け，社内規定の内容によって，保険金の一部が請求人を経ずに直ちに被保険者に帰属することになるという請求人の主張は不当であり，請求人が入院給付金を受領して益金の額に算入することと病気等をした役員等に見舞金を支給し損金の額に算入することとは全く別のことであり，個々に判断されるべきものである。

C 法人税基本通達9-3-6の2《障害特約等に係る保険料》は，「全従業員を被保険者とする障害特約等の特約を付した生命保険に加入し，その保険料を支払った場合には，たとえ，その特約に係る給付金の受取人を従業員（特定の従業員のみを除く。）としている場合にも，当該保険料は給与とはせず，福利厚生費に計上できる。」趣旨の定めである。

この点について，請求人は，請求人が支払う保険料が給与に該当するのか福利厚生費に該当するのかという問題と，受領した保険金をどのように支給するのかという問題とを混同している。

（ハ）役員退職給与

A 請求人は，平成12年7月期において，Hに対し退職給与として，35,400,000円（以下「本件退職給与額」という。）を支給し，その全額を損金の額に算入しているが，次の理由から，Hに対する退職給与として相当であると認められる金額は，17,700,000円となり，当該金額を超える部分の金額は法人税法第36条《過大な役員退職給与の損金不算入》に規定する不相当に高額な部分の金額に当たり，損金の額に算入できない。

（A）原処分は，Hの役員報酬の適正額である月額500,000円を基に請求人の役員退職功労金規定に基づき，役員退職金，功労金及び特別功労金の適正額を算出したものである。

（B）原処分は，Hの役員報酬の適正額である月額500,000円を基に，裁判例でも広く認められた最終月額報酬を基礎とする方法により，役員退職金，功労金及び特別功労金の適正額を算出したものである。

B また，平成12年5月31日に請求人がHに支払った見舞金1,190,980円（以下「本件見舞金B」という。）は，同人の死亡後に支払われていることから，見舞金としての性質を有するものではなく，その全額が，同人に対する退職給与に含まれる支払であると認められる。

以上のとおり，本件各事業年度の各更正処分はいずれも適法である。

ロ 納税告知処分について

上記（ロ）で述べたとおり，Hに支払った本件見舞金Aのうち，福利厚生費として相当であると認められる金額を超える部分の金額は，同人に対する給与に該当するこ

とから，源泉徴収に係る所得税の各納税告知処分はいずれも適法である。

ハ　賦課決定処分について

(イ) 過少申告加算税の賦課決定処分

　上記イのとおり，本件各更正処分はいずれも適法であり，また，この税額の基礎となった事実については，国税通則法第65条《過少申告加算税》第4項に規定する正当な理由があるとは認められないから，本件各事業年度の過少申告加算税の各賦課決定処分はいずれも適法である。

(ロ) 不納付加算税の賦課決定処分

　上記ロのとおり，源泉徴収に係る所得税の各納税告知処分はいずれも適法であり，また，請求人が法定納期限までに源泉所得税を納付しなかったことについて，国税通則法第67条《不納付加算税》第1項に規定する正当な理由があるとは認められないから，不納付加算税の各賦課決定処分はいずれも適法である。

(2)請求人の主張

　原処分は，次のとおり違法であるから，その全部の取消しを求める。

イ　更正処分について

(イ) 役員報酬

　本件各報酬額は，次に述べるとおり，Hが取締役会長として平成9年9月ないし平成12年4月までの会社業務に従事した度合い及びその業績並びに代表取締役社長及び他の取締役の報酬額等に照らし，総合的に判断して適正であり，不相当に高額であるとは言えない。

　したがって，本件各報酬額を過大とした本件更正処分は取り消されるべきである。

A　Hは，請求人の創業社長及び創業会長であり，請求人の発行済株式総数の54％を自己及び配偶者の親族で保有する実質的な支配株主であることから，請求人の代表取締役社長であるM（以下「M」という。）は，会長であるHの意志に反するような経営を行うことはできず，また，Mは，経営者としての経歴も長くなく，年齢も若かったため，Hから会社経営全般に対して常にその指揮を受けていたなど，Hは，死亡直前まで絶対的な支配権を持っていた。

B　Hは，平成9年9月ないし平成12年4月までにおいて，経営者として，営業，人事労務，資金調達のすべての分野において全般的に関与し，会社経営に関して自ら企画立案をし，又は企画立案を指示し，会社業務の細部まで報告させ，それをチェックするなど，平成5年7月の入院前と変わることなく請求人の経営全般に従事していた。

C　平成9年9月の株主総会において決議された役員報酬の増額については，ここ10年間，極めて優良な業績を安定して上げているなどの請求人の業績に対し，役員報酬の額が相対的に低額になっていることから，取締役の業績に応じて見直したものである。

D　請求人は直前10年間，平成10年7月期を除くすべての期において総額8,850万円もの利益処分による賞与を支給し，また，毎期，配当も行っており，役員報酬を多く支給して節税を図るなどという意志はない。

E　請求人においては，株主総会においても社外株主及び従業員株主によって社内けん制が有効に作用しており，Hだけに過大な役員報酬を支給できる状況にはない。

F　Hは，毎日一定時間会社にいたわけではないが，取締役会長としての勤務状況は

常勤と何ら変わることのない状況であり，比較するのであれば類似法人の常勤取締役の報酬額と比較すべきである。

G　Hは，請求人の借入金に対して連帯保証を行っているが保証料等は一切受け取っていない。当該保証料相当額は役員報酬に反映されてしかるべきであるから，当該保証料相当額の年間360万円程度は保証をしていない役員に比して報酬額が高くなるのは当然であることからも，本件報酬額が過大であるとは言えない。

（ロ）役員賞与

　本件見舞金Aは，次の理由からその全額が福利厚生費に該当する。

A　請求人は，会社規定に基づき保険会社から受領した入院給付金の半額をHに対する見舞として支払い，当該金額を福利厚生費として損金の額に算入しているが，受領した保険金の半額を本人受取りとする当該会社規定の内容は，判例からみても十分合理的である。

　また，Hに付された保障の内容は，他の役員及び従業員と比べて不相当に高額なものではない。

B　保険の加入に関する取締役会決議及び弔慰金・見舞金規定については，その制定の際に全役員及び全従業員に対して説明を行い，新たに入社する者については規定を交付して，その周知徹底を図っており，すべての役員及びすべての従業員が当該規定の存在及び当該規定により保障されることを知っている。

C　請求人がHに支払った見舞金は，会社規定により当然個人が受け取るべきものを支出しただけであり，臨時の給与として支給したものではなく，いわば会社を経由した保険会社からの保険金の支払というべきものである。

D　保険契約が，当初，請求人が望んでいたごとく，特約部分についてのみ被保険者の受取りとする形態であれば，所得税法第9条《非課税所得》第1項第16号，同法施行令第30条《非課税とされる保険金，損害賠償金等》第1号及び法人税基本通達9-3-6の2の規定から，支払った保険料は給与以外の損金となり，受け取った特約部分に係る保険金は被保険者において非課税とされるのに対し，原処分のごとく，法人，個人共に課税されることとなれば，同じ原因によって受け取った金額にあまりにも課税上の違いが大きく，このような更正処分は課税の公平を目的とする法人税法及び所得税法の理念に大きく反している。

（ハ）役員退職給与

A　本件退職給与額は，Hに対する最終月額報酬の額である1,000,000円を基礎として算出しているが，上記（イ）で述べたとおり，当該最終月額報酬の額は不相当に高額であるとは言えないことから，本件退職給与額も不相当に高額であるとは言えない。

B　原処分庁は，役員退職給与の実質的審理を行わず，また，類似法人の役員退職給与の額との比較も行っておらず，本件退職給与額を過大とする根拠はない。

C　本件見舞金Bは，上記（ロ）で述べた理由と同様の理由から福利厚生費に該当する。

　以上のとおり，本件各事業年度の各更正処分はいずれも違法であり，取り消すべきである。

ロ　納税告知処分について

　上記（ロ）で述べたとおり，本件見舞金Aは給与に該当するものではなく違法であるから，源泉徴収に係る所得税の各納税告知処分は取り消されるべきである。

ハ　賦課決定処分について

（イ）過少申告加算税の賦課決定処分

　上記イで述べたとおり，本件各更正処分は取り消されるべきものであり，これに伴い本件各事業年度の過少申告加算税の各賦課決定処分も取り消されるべきである。

（ロ）不納付加算税の賦課決定処分

　上記ロで述べたとおり，源泉徴収に係る所得税の各納税告知処分は取り消されるべきものであり，これに伴い不納付加算税の各賦課決定処分も取り消されるべきである。

**3　判断**

　Hに対する本件各報酬額及び本件退職給与額が過大か否か並びに本件見舞金A及び本件見舞金Bが同人に対する賞与等に該当するか否かに争いがあるので，以下審理する。

(1)更正処分について

イ　認定事実

　原処分関係資料，請求人提出資料及び当審判所の調査によると次の事実が認められる。

（イ）請求人の株主総会において，本件各事業年度の取締役全員に対する報酬限度額は，いずれの事業年度も50,000,000円とする旨，監査役全員に対する報酬限度額はいずれの事業年度も5,000,000円とする旨及び各取締役の報酬の配分方法は取締役会に一任する旨決議されている。

（ロ）請求人の平成 9 年 9 月18日開催の取締役会において，本件各事業年度のHに対する報酬の配分額は，月額1,000,000円とする旨決議されており，平成 9 年 8 月 1 日から実行されている。

（ハ）請求人の平成 3 年 8 月 1 日から平成 4 年 7 月31日まで，平成 4 年 8 月 1 日から平成 5 年 7 月31日まで，平成 5 年 8 月 1 日から平成 6 年 7 月31日まで，平成 6 年 8 月 1 日から平成 7 年 7 月31日まで，平成 7 年 8 月 1 日から平成 8 年 7 月31日まで及び平成 8 年 8 月 1 日から平成 9 年 7 月31日までの各事業年度（以下，順次「平成 4 年 7 月期」，「平成 5 年 7 月期」，「平成 6 年 7 月期」，「平成 7 年 7 月期」，「平成 8 年 7 月期」及び「平成 9 年 7 月期」という。）並びに本件各事業年度の売上額，各役員の報酬額等は別表 4 のとおりであり，これを基にした請求人の収益の状況，報酬等の支払状況等は，次のとおりである。

A　平成 4 年 7 月期，平成 5 年 7 月期，平成 6 年 7 月期，平成 7 年 7 月期，平成 8 年 7 月期，平成 9 年 7 月期，平成10年 7 月期，平成11年 7 月期及び平成12年 7 月期の各事業年度（以下，これらを「平成 3 年 8 月 1 日から平成12年 7 月31日までの各事業年度」という。）の売上額の平均は1,059,683,861円であり，税引前利益額の平均は64,651,873円である。

B　平成10年 7 月期に増額された役員報酬の額は，H及びM共に月額500,000円であり，これにより両名の役員報酬の年額はHが12,000,000円，Mが21,550,000円となっている。

　また，平成10年 7 月期とHが長期入院する以前の平成 5 年 7 月期の各役員の報酬額を比較すると，Hは100パーセント，Mは199.5パーセント，Nは120パーセント，Pは125パーセントとなっている。

C 平成10年7月期の使用人の人数は65名で，使用人一人当たりの給与の額は3,027,604円，平成5年7月期の使用人の人数は46名で，使用人一人当たりの給与の額は2,399,235円であり，平成10年7月期の使用人一人当たりの給与の額は，平成5年7月期の使用人一人当たりの給与の額の126パーセントとなっている。

D 利益処分による配当は，平成3年8月1日から平成12年7月31日までの各事業年度において，いずれの事業年度とも行われている。

E 利益処分による賞与は，平成3年8月1日から平成12年7月31日までの各事業年度において，平成10年7月期を除くすべての事業年度において支給されている。

（ニ）Hが，医療法人社団Q病院（以下「Q病院」という。）等に入退院等した状況は，別表5のとおりである。

（ホ）Q病院に備え付けられている平成9年8月分及び平成9年9月分の「外出・外泊届け」には，要旨別表6のとおり記載されている。

（ヘ）Hは，請求人が開催した，平成5年9月15日，平成6年9月17日，平成7年9月14日，平成8年9月18日，平成9年9月17日及び平成10年9月24日の定時株主総会の各議事録並びに平成5年7月27日及び平成10年11月18日の臨時株主総会の各議事録並びに平成5年7月8日，平成5年7月27日，平成5年8月28日，平成5年9月15日，平成6年7月15日，平成6年9月17日，平成7年8月31日，平成7年9月14日，平成8年9月2日，平成8年9月18日，平成9年8月30日，平成9年9月18日，平成10年9月1日，平成10年9月24日，平成10年11月3日及び平成11年9月2日の取締役会の各議事録にそれぞれ出席取締役として押印している。

（ト）Hは，平成7年11月15日付の株式会社R銀行との「金銭消費貸借契約証書」並びに平成8年1月31日付及び平成8年11月25日付のS信用金庫との「限定保証約定書」にそれぞれ署名押印している。

（チ）Hは，平成10年12月26日に行われた請求人の忘年会に出席し，挨拶をしている。

（リ）Hは，平成11年8月10日に業務用の名刺100枚を発注している。

（ヌ）請求人の弔慰金・見舞金規定には，全役員及び全従業員に関する死亡，入院障害の弔慰金及び見舞金に関する事項が規定されており，役員に関しては保険給付金の受取りは一旦会社が行い，その半額を死亡，入院障害の弔慰金及び見舞金として被保険者若しくはその家族に給付する旨規定されている。

（ル）請求人は，T生命保険相互会社との間で，契約者及び保険受取人を請求人，被保険者をHとする定期保険契約を締結しており，その契約内容は別表7のとおりである。

なお，請求人は，H以外の全役員及び全従業員を対象に特約付の定期保険に加入している。

（ヲ）請求人は，被保険者Hの保険事故により，T生命保険相互会社から入院給付金等として，平成9年8月28日に，平成6年5月12日から平成6年10月8日まで，平成7年1月9日から平成7年2月21日まで，平成7年2月22日から平成7年4月8日まで，平成8年1月11日から平成8年2月29日まで及び平成9年4月23日から平成9年5月13日までの入院回数5回分としての3,540,000円，平成9年10月27日に，平成9年4月16日から平成9年4月22日まで及び平成9年5月15日から平成9年10月1日までの入院回数2回分としての2,920,000円，平成10年4月28日に，平成9年10月20日から平成9年12月30日まで及び平成10年1月5日から平成10年3月30日までの入院回数2回分としての1,530,000円，また，平成12年5月26日に，平成10年10月1日から平成10

年11月24日まで，平成11年1月20日から平成11年7月2日まで及び平成11年8月18日から平成12年4月21日までの入院回数3回分として2,381,960円を受領し，それぞれ雑収入として経理処理している。

（ワ）請求人は，Hに見舞金として，平成9年8月29日に1,770,000円，平成9年10月29日に1,460,000円及び平成10年5月1日に765,000円を同人に支払い，また，同人の妻であるUに対して平成12年5月31日にHに対する見舞金として1,190,980円を支払っており，それぞれ福利厚生費として損金の額に算入している。

（カ）請求人は，請求人の役員退職功労金支給規定に基づき，平成12年7月17日にHに対する退職慰労金として18,900,000円，功労金として10,500,000円及び弔慰金として6,000,000円をUに支払っており，役員退職金及び弔慰金として損金の額に算入している。

（ヨ）請求人は，Q病院でHの付添婦をしていたV，請求人の営業部長であるW及びQ病院の院長でありHの主治医であったYの申述書を当審判所に提出しており，それぞれの申述書には，要旨，次のとおり記載されている。

A　Vの申述書

　私は，平成10年8月，平成10年10月及び平成11年10月から平成12年4月までHの付添婦をしていた。

　私の仕事は，来客への接待，食料品等の買い物や身の回りのお世話であり，平成12年ごろからは，これらのほかリハビリのお世話や食事の介助等も行った。

　Hは，平成10年ごろはよく外出していた。同人が外出している以外の日は，毎日のようにM社長，○○部長，Z部長，○○専務，○○課長らが病室に面会に来ていた。

　Hは，M社長らと経営状態，人事の問題，社会情勢等について話をしていた。会社のことで，報告，相談を受け，それに対して指示を出していた。内容によっては，私は退室していたのですべてのことまでは分からない。

　また，Hの様子は，治療以外の時は，普通の様子で穏やかなものであった。

B　Wの申述書

　Hは，平成7年9月から平成11年12月ごろまでよく会社に来ていた。特に，平成7年から平成9年ごろにかけては，頻繁に会社に来ていた。同人が会社に来たときは営業上の報告をし，指示を受けていた。

　また，病室を訪ねて報告をしたこともある。私以外にもZ部長がしばしば病室を訪ねており，その他の課長等も数度は訪ねていると思う。

C　Yの申述書

　入院中のHの意識レベル及び判断能力については，手術前後，一過性の意識障害を認めたが，退院時にはほぼ回復していた。その後，病いの進展による呼吸不全を来す平成12年4月までの間は，特に変化は認めていない。

　また，身体能力については，病いによる右麻痺は軽度で退院後歩行に支障はなかったが，平成12年病いの進行時から疼痛，神経圧迫等による歩行困難が進行した。

　なお，平成7年9月からの入院は点滴及び検査のみの目的であったため，点滴以外の時間の運動制限は不要であった。もちろん，病いの進行時点では運動制限を余儀なくした。

　Hの外出については，おおむね本人の意思に任せていた。病室は個室であり，Hの話では，各社の役員が連日仕事の報告，相談に訪れているとのことであった。

ロ　役員報酬
（イ）原処分庁は，Hは長期入院が継続し通常の勤務ができなかったことから，同人は非常勤の取締役である旨主張する。

　しかしながら，上記1の(3)の関係法令等及び(4)の基礎事実並びに上記イの認定事実を基にHの勤務状況について判断すると，次のとおりである。

　なお，上記イの（ヨ）の各申述書についてその適否を検討したところ，当該各申述書に記載されている内容は，当審判所が調査したHの入院状況及び治療状況に照らし信ぴょう性が認められ，また，当該各申述書を不合理ならしめる証拠もない。

　Hは，平成5年6月28日にQ病院に入院して以来，平成12年4月21日に死亡するまでの間，入退院を繰り返しているが，Hに対する報酬が増額された平成9年8月1日以後は，入院時においても，毎日ではないものの請求人の所在地に出向いており，その際，請求人の職務に従事しているほか，請求人の業務に関連して病院から外出しており，外出していない時も病室で請求人の役員等から報告を受け指示をしていた事実が認められ，また，入院の状況が免疫療法及び物理療法であったことを考え合わせると，Hは，かなりの頻度で請求人の職務に従事していたと認めるのが相当である。

　さらに，Hが正規の手続により非常勤の取締役となった事実も認められない。そうすると，Hは請求人の常勤の取締役と認められ，この点に関する原処分庁の主張には理由がない。
（ロ）また，原処分庁は，請求人がその確定申告書の添付書類においてHは非常勤であるとの表示を行っている旨主張する。

　しかしながら，役員が非常勤役員となるか常勤役員となるかの判断をするに当たっては，当該役員の勤務状況の実態に基づいて判断すべきであり，確定申告書の添付書類の表示だけを基に当該役員が非常勤役員であるとするのは相当でない。

　したがって，この点に関する原処分庁の主張には理由がない。
（ハ）原処分庁は，Hの職務に対する対価として相当と認められる金額は，平成10年7月期及び平成11年7月期については，それぞれ6,000,000円並びに平成12年7月期については4,500,000円と認められることから，当該金額を超える部分の金額は不相当に高額な部分の金額に当たる旨主張する。

　そこで，本件各報酬額の適否について判断すると次のとおりである。
A　Hの職務の状況
　Hは，上記（イ）のとおり請求人の常勤の取締役と認められるところ，上記1の(4)の基礎事実及び上記イの認定事実から判断すると，その職務の内容は，請求人の営業，人事，資金調達等，請求人の業務全般に及んでおり，実質的には同人が病気治療を始める以前とほぼ同様で，請求人の経営に直接関与していたと認められ，かつ，その影響力は代表取締役に匹敵するほどであったと推認される。
B　請求人の収益の状況
　請求人の収益の状況は，上記イの（ハ）のAの認定事実のとおり，売上額の平均は1,059,683,861円及び税引前利益額の平均は64,651,873円であり，平成10年7月期を除きほぼ平均しており，また，すべての事業年度において利益処分による配当を行い，さらに，平成10年7月期を除くいずれの事業年度においても利益処分による賞与を支給しているなど，良好な経営状態であったと認められる。

　C　請求人の役員報酬及び使用人に対する給与の支給の状況

（A）本件各事業年度のHとMの役員報酬の月額は，Hが1,000,000円，Mが1,800,000
円であり，代表権を持つMの報酬額は，代表権を持たないHの報酬額の1.8倍となっ
ている。

（B）平成10年7月期と平成5年7月期の各役員に対する報酬及び使用人に対する給
与の支給状況は上記イの（ハ）のB及びCの認定事実のとおりであり，平成10年7月
期と平成5年7月期における役員報酬の額及び使用人に対する給与の額を比較すると，
役員報酬の額が平均で146パーセント，使用人1人当たりの給与の額が126パーセント
となる。

　D　類似法人の役員報酬の支給の状況

　当審判所において，原処分関係資料を検討したところ，原処分庁は，類似法人の役
員に対して支払われた報酬の額との比較検討において，類似法人の選定に当たり，
〔1〕請求人の所在地を管轄するX税務署並びに近隣署のJ税務署，K税務署及びL
税務署の管内に本店が所在する法人であること，〔2〕建設業を営んでいる法人であ
ること，〔3〕売上金額が請求人の売上金額の0.5倍以上2倍以内の法人であること，
〔4〕非常勤役員に対する報酬が支払われている法人であることを抽出基準としてい
ることが認められるところ，〔1〕，〔2〕及び〔3〕の抽出基準については，これを不
相当とする理由は特に認められないものの，〔4〕の抽出基準については上記（イ）の
とおりHが常勤の役員と認められることから，原処分庁の採用した類似法人は，採用
することができない。

　そこで，当審判所において，請求人の所在地を管轄するX税務署管内に本店が所在
する法人で，建設業を営んでおり，かつ，売上金額が請求人の売上金額の0.5倍以上2
倍以内である法人（以下「改定類似法人」という。）のうち常勤の取締役会長に対して
支払っている3社についてその報酬の支給状況を検討したところ，別表8のとおり，
その平均報酬額は，平成9年4月以降開始事業年度が12,026,666円，平成10年4月以
降開始事業年度が11,771,000円及び平成11年4月以降開始事業年度が11,760,000円と
なっている。

　E　本件各報酬額は，上記イの（イ）及び（ロ）の認定事実のとおり，請求人の株主
総会及び取締役会において決議されたHに対する報酬限度額の範囲内である。

　F　以上のことから，本件各報酬額は，Hの職務の状況，請求人の収益，請求人の各
役員に対する報酬の支給状況及び請求人の使用人に対する給与の支給状況並びに改定
類似法人の役員に対する報酬の支給状況等に照らし判断すると，不相当に高額な部分
の金額は認められない。

　したがって，この点に関する原処分庁の主張には理由がない。

（二）なお，請求人は，Hが請求人の借入金に対する連帯保証に係る保証料を受け取
っていないことから，保証料相当額は役員報酬に反映されてしかるべきであり，この
ことからも，本件報酬額が過大であるとはいえない旨主張する。

　しかしながら，保証したことによる危険負担の対価である保証料と役員の職務執行
の対価である報酬とは全く別個のものであり，また，保証料の受領のいかんは役員報
酬の額が過大か否かの判定の要件となるものではない。

　したがって，この点に関する請求人の主張は採用できない。

ハ　役員賞与

（イ）請求人は，本件見舞金Ａは，合理的な会社規定に基づき支払われており，不相当に高額なものではない旨主張する。

　ところで，法人がその役員や使用人の慶弔，禍福に際し一定の基準に従って支給する金品に要する費用は，福利厚生費として取り扱われることとされ，役員に対する病気見舞金も，その金額が社会通念上相当なものであれば福利厚生費として損金経理できるものと解されている。

　また，法人税基本通達9-2-10《債務の免除による利益その他の経済的な利益》によると，役員に支払われた見舞金のうち社会通念上相当な金額を超える部分の金額については，同人に対して給与を支給したと同様の経済的効果をもたらすものとして，同人に対する給与に該当すると取り扱われており，当審判所においてもその取り扱いは相当と認められる。

　これを本件についてみると，上記イの（ヌ）ないし（ワ）の認定事実のとおり，Ｈの入院を原因に請求人の弔意金・見舞金規定に基づき，保険会社から受領した入院給付金の半額である本件見舞金Ａが支払われたものであり，この点に関しては請求人及び原処分庁双方に争いはないものの，原処分庁は，本件見舞金Ａの額について，病気等入院に係る見舞金等の福利厚生費の規定が存するＸ税務署管内の法人の役員に対する見舞金等の支給状況を検討し，見舞金の社会通念上相当である金額として入院一回当たり30,000円を認定していることが認められる。

　一般に，慶弔，禍福に際し支払われる金品に要する費用の額は，地域性及びその法人の営む業種，規模により影響されると判断されることから，当審判所においては，改定類似法人のうち見舞金等の福利厚生費の規定が存する8社についてその役員に対する見舞金等の支給状況を検討したところ，別表9のとおり，株式会社ａにおいてはその規定で見舞金の上限を50,000円としており，株式会社ｃにおいては役員に対して50,000円の支払例があり，株式会社ｆにおいてはその規定において代表取締役社長を除く役員に対する見舞金の上限を50,000円としており，株式会社ｇにおいては代表取締役社長に見舞金として入院給付金の全額を支払った際その全額を同人に対する給与として処理しており，また，他の改定類似法人においてはその規定している額及び支払例において見舞金の額が50,000円を超えていないことから，法人の役員に対して支払われる福利厚生費としての見舞金の額は，入院一回当たり50,000円が社会通念上相当である金額の上限と認められる。

　したがって，この点に関する請求人の主張には理由がなく，また，入院一回当たり30,000円が社会通念上相当である金額とした原処分庁の主張も採用できない。

（ロ）請求人は，Ｈに支払った見舞金は，会社規定により当然個人が受け取るべきものを支出しただけであり，いわば会社を経由した保険金の支払というべきものである旨主張する。

　しかしながら，請求人が保険金を受領することと，見舞金の引き当てとして保険に加入し，これを原資として見舞金を支払うこととは本来全く別個の問題であると解すべきである。

　また，法人税法上，福利厚生費としての見舞金が損金の額に算入されるか否かは，当該見舞金の額が社会通念上相当であるか否かにより判断されるものであり，会社規定に従って支払われたものかどうか及び保険金の原資のいかん並びに会社規定の作成

過程及び保険契約の締結過程のいかんによって左右されるものではない。

　したがって，この点に関する請求人の主張は請求人独自の見解と言わざるを得ず，その主張は採用できない。

（ハ）さらに，請求人は，請求人が望んでいたごとく，特約部分についてのみ被保険者の受取りとする保険契約の形態であれば，支払った保険料は請求人の給与以外の損金となり，受け取った保険金は被保険者において非課税とされるのに対し，原処分のごとく，法人，個人共に課税されることとなれば，同じ原因により受け取った金額にあまりにも課税上の違いが大きく，このような更正処分は課税の公平を目的とする法人税法及び所得税法の理念に大きく反している旨主張する。

　しかしながら，請求人が主張する場合の保険金と本件の場合の福利厚生費としての見舞金は，受け取ることとなった原因が入院という同一のことではあるものの，支払目的，支払内容及び支払形態をそれぞれ異にするものであり，その結果，各々の課税関係が異なったとしても何ら課税の公平を欠くものではない。

　したがって，この点に関する請求人の主張は採用できない。

（ニ）以上のことから，社会通念上相当であると認められる見舞金の額は，入院一回当たり50,000円と認められることから，本件見舞金Aのうち当該金額を上回っている部分の金額は社会通念上相当な金額を超える部分の金額に該当し，Hに支払われた見舞金は，同人に対して給与を支給したと同様の経済的効果をもたらすものというべきものであり，同人に対する給与に該当する。

　また，当該給与は，あらかじめ定められた支給基準に基づいて支払われたものではなく，他に定期の給与を受けていない者に対し継続して毎年所定の時期に定額を支給する旨の定めに基づいて支給されるもの及び退職給与ではないことから，Hに対する賞与に該当する。

　そうすると，本件見舞金Aのうち，平成 9 年 8 月29日に請求人がHに支払われた1,770,000円については50,000円の入院 5 回分である250,000円を超える1,520,000円が，平成 9 年10月29日に支払われた1,460,000円については50,000円の入院 2 回分である100,000円を超える1,360,000円が，平成10年 5 月 1 日に支払われた765,000円については50,000円の入院 2 回分である100,000円を超える665,000円が同人に対する賞与となり，同人が請求人の役員であることから，当該賞与の額は，法人税法第35条第 1 項の規定により請求人の所得金額の計算上，損金の額に算入することはできない。

二　役員退職給与

（イ）原処分庁は，本件退職給与額はその計算の基となった最終月額報酬額が不相当に高額であるから，Hに対する退職給与として相当であると認められる金額を超える部分の金額は損金の額に算入できない旨主張する。

　ところで，本件退職給与額は，請求人の役員退職功労金支給規定に基づき，退職慰労金については退職時の最終月額報酬額にHの役員在任年数及び功績倍率をそれぞれ乗じ，功労金については退職時の最終月額報酬額にHの役員の在任年数を乗じ及び弔慰金については退職時の最終月額報酬額の 6 ヶ月分として算出し，これらの合計額であるところ，Hの退職時の最終月額報酬額を除き，算出方法並びにHの役員在任年数及び功績倍率については，請求人及び原処分庁双方に争いがなく，当審判所の調査においても適正であると認められる。

　また，争いのあるHの退職時の最終月額報酬額については，上記ロの判断から請求人の主張する月額1,000,000円が不相当に高額であるとは認められない。

　そうすると，当該最終月額報酬額を基礎として算出された本件退職給与額については，相当であると認められる金額を超える部分の金額は認められない。

（ロ）原処分庁は，本件見舞金Bは同人に対する退職給与である旨主張する。

　しかしながら，本件見舞金Bは，Hが死亡した平成12年4月21日以降に支払われてはいるものの，請求人の役員に対する退職給与は，その定める「役員退職功労金支給規定」によって支給することとされ，当該支給規定に基づき平成12年7月17日に同人に対して退職功労金等が既に支給されていること，株主総会等において本件見舞金Bを役員退職功労金として支給する旨の決議がされていないことから，当該支給規定に基づかない見舞金をHの退職に起因して支払われた退職給与と認めるのは相当でなく，本件見舞金Bは，その支払いがHの入院を原因として，請求人の「弔慰金・見舞金規定」に基づき支払われたものであると認められるから，一義的には請求人が主張するように本件見舞金Aと同様に福利厚生費としての見舞金であるとするのが相当である。

　そうすると，上記ハのとおり，福利厚生費としての見舞金の社会通念上相当な額は入院一回当たり50,000円と認められるところ，本件見舞金Bは3回分の入院に対する見舞金と認められるから，本件見舞金Bの額である1,190,980円のうち50,000円の3回分である150,000円を超える1,040,980円がHに対する賞与となる。

　したがって，役員退職給与に関する原処分庁の主張にはいずれも理由がない。

ホ　以上のことから，本件各事業年度の請求人の所得金額は，別表10の「審判所認定額」欄のとおり，平成10年7月期については○○○円，平成11年7月期については○○○円及び平成12年7月期については○○○円となる。

　したがって，平成11年7月期の請求人の事業年度の所得金額及び納付すべき税額は，申告に係る所得金額及び納付すべき税額をいずれも下回るから，本件更正処分はその全部を取り消すべきである。

　また，平成10年7月期及び平成12年7月期の請求人の各事業年度の所得金額は，いずれも本件更正処分の額を下回るから，本件更正処分は，いずれもその一部を取り消すべきである。

　なお，平成11年7月期の所得金額は請求人の確定申告に係る所得金額と同額になることから，平成12年7月期において損金の額に算入される事業税の額に異動は生じない。

(2)納税告知処分について

　請求人は，本件見舞金Aは，給与に該当するものではないから，源泉徴収に係る所得税の本件各納税告知処分は取り消されるべきである旨主張する。

　しかしながら，上記(1)のハのとおり，本件見舞金Aに関し，平成9年8月29日支払分のうち1,520,000円，平成9年10月29日支払分のうち1,360,000円及び平成10年5月1日支払分のうち665,000円はHに対する賞与と認められることから，源泉徴収すべき税額を計算すると，別表11のとおり，平成9年8月分については304,000円，平成9年10月分については639,200円及び平成10年5月分については312,550円となる。

　したがって，徴収すべき源泉所得税の額は納税告知処分の額を下回るから，源泉徴収に係る所得税の各納税告知処分は，いずれもその一部を取り消すべきである。

(3)賦課決定処分について

イ　過少申告加算税の賦課決定処分

　平成11年7月期の過少申告加算税の賦課決定処分については，上記(1)のホのとおり，更正処分の全部の取消しに伴い，その全部を取り消すべきである。

　また，平成10年7月期及び平成12年7月期の過少申告加算税の各賦課決定処分については，上記(1)のホのとおり，更正処分がいずれもその一部を取り消されることに伴い，その基礎となる税額は，平成10年7月期については1,310,000円及び平成12年7月期については250,000円となる。

　また，この税額の計算の基礎となった事実については，国税通則法第65条第4項に規定する正当な理由があるとは認められない。

　したがって，平成10年7月期及び平成12年7月期の過少申告加算税の額は，平成10年7月期については131,000円及び平成12年7月期については25,000円となり，賦課決定処分の額に満たないから，いずれもその一部を取り消すべきである。

ロ　不納付加算税の賦課決定処分

　不納付加算税の各賦課決定処分については，上記(2)のとおり，源泉徴収に係る所得税の各納税告知処分がいずれもその一部を取り消されることに伴い，その基礎となる税額は，平成9年8月分については300,000円，平成9年10月分については630,000円及び平成10年5月分については310,000円となる。

　また，この税額の計算の基礎となった事実については，国税通則法第67条第1項ただし書きに規定する正当な理由があるとは認められない。

　したがって，源泉所得税の不納付加算税の額は，平成9年8月分については30,000円，平成9年10月分については63,000円及び平成10年5月分については31,000円となり，賦課決定処分の額に満たないから，いずれもその一部を取り消すべきである。

(4)　原処分のその他の部分については，請求人は争わず，当審判所に提出された証拠資料等によっても，これを不相当とする理由は認められない。

別表1　審査請求に至る経緯等（法人税）　　　　　　　　　　　（単位　円）

| 事業年度 | 項目 | | 確定申告 | 更正及び賦課決定処分 | 審査請求 |
|---|---|---|---|---|---|
| 平成10年7月期 | 年　月　日 | | 期　限　内 | 平成13年5月29日 | 平成13年7月23日 |
| | 所得金額 | | ○○○ | ○○○ | 確定申告のとおり |
| | 納付すべき税額 | | 2,287,600 | 5,888,800 | |
| | 過少申告加算税の額 | | — | 422,000 | |
| 平成11年7月期 | 年　月　日 | | 期　限　内 | 平成13年5月29日 | 平成13年7月23日 |
| | 所得金額 | | ○○○ | ○○○ | 確定申告のとおり |
| | 納付すべき税額 | | 13,974,700 | 15,647,300 | |
| | 過少申告加算税の額 | | — | 167,000 | |
| 平成12年7月期 | 年　月　日 | | 期　限　内 | 平成13年5月29日 | 平成13年7月23日 |
| | 所得金額 | | ○○○ | ○○○ | 確定申告のとおり |
| | 納付すべき税額 | | 27,603,500 | 33,371,600 | |
| | 過少申告加算税の額 | | — | 576,000 | |

**別表2　審査請求に至る経緯等（源泉所得税）**　　　　　　　　　（単位　円）

| 区　分<br>年　月 | 所得の<br>種類 | 納税告知処分<br>（源泉所得税の額）<br>平成13年5月29日 | 賦課決定処分<br>（不納付加算税の額）<br>平成13年5月29日 | 審査請求<br>平成13年7月23日 |
|---|---|---|---|---|
| 平成9年8月分 | 給　与 | 324,000 | 32,000 | 納税告知処分及び賦課決定処分の全部取消し。 |
| 平成9年10月分 | 給　与 | 658,000 | 65,000 | |
| 平成10年5月分 | 給　与 | 331,350 | 33,000 | |

**別表3　同族会社の判定基準となる出資金額の明細**　　　　　（単位　円，％）

| 区　分 | | 平成10年7月期 | | 平成11年7月期 | | 平成12年7月期 | |
|---|---|---|---|---|---|---|---|
| 氏　名 | 続　柄 | 金　額 | 割　合 | 金　額 | 割　合 | 金　額 | 割　合 |
| H | 本人 | 4,500,000 | 22.5 | 4,500,000 | 22.5 | 4,500,000 | 22.5 |
| U | 妻 | 1,500,000 | 7.5 | 1,900,000 | 9.5 | 1,900,000 | 9.5 |
| ○○○ | 子 | 1,600,000 | 8.0 | 1,600,000 | 8.0 | 1,600,000 | 8.0 |
| ○○○ | 母 | 100,000 | 0.5 | — | — | — | — |
| Y | 弟 | 800,000 | 4.0 | 800,000 | 4.0 | 800,000 | 4.0 |
| P | 弟 | 300,000 | 1.5 | — | — | — | — |
| M | 従弟 | 4,050,000 | 20.2 | 4,050,000 | 20.2 | 4,550,000 | 22.7 |
| ○○○ | 従弟の妻 | 400,000 | 2.0 | 400,000 | 2.0 | 400,000 | 2.0 |
| ○○○ | 従弟の子 | 300,000 | 1.5 | 300,000 | 1.5 | 300,000 | 1.5 |
| ○○○ | 従弟の子 | 300,000 | 1.5 | 300,000 | 1.5 | 300,000 | 1.5 |
| ○○○ | 妻の妹 | 500,000 | 2.5 | 500,000 | 2.5 | 500,000 | 2.5 |
| N | 妻の妹の夫 | 1,500,000 | 7.5 | 1,500,000 | 7.5 | 1,500,000 | 7.5 |

（注）「割合」欄は，請求人の出資金の総額20,000,000円に対する比率を示す。

**別表 4　各事業年度の売上額等の明細**　　　　　　　　　　　　　　（単位　円）

| 項　目 | | 平成 4 年 7 月期 | 平成 5 年 7 月期 | 平成 6 年 7 月期 | 平成 7 年 7 月期 | 平成 8 年 7 月期 |
|---|---|---|---|---|---|---|
| 売上額 | | 778,946,389 | 1,036,465,082 | 1,042,937,391 | 1,116,250,092 | 1,239,364,607 |
| 売上総利益額 | | 175,547,505 | 212,412,285 | 226,964,555 | 246,195,485 | 227,478,577 |
| 営業利益額 | | 55,302,295 | 84,606,419 | 87,079,629 | 75,822,577 | 45,449,115 |
| 税引前利益額 | | 56,654,604 | 50,172,720 | 57,426,595 | 158,512,556 | 56,349,439 |
| 利益処分による配当金額 | | 5,000,000 | 5,000,000 | 5,000,000 | 6,000,000 | 5,000,000 |
| 利益処分による賞与額 | | 6,500,000 | 6,500,000 | 10,000,000 | 18,000,000 | 11,000,000 |
| 役員報酬額 | | 27,640,000 | 30,760,000 | 24,280,000 | 30,270,000 | 30,720,000 |
| 役員報酬額の内訳 | H | 10,800,000 | 12,000,000 | 6,000,000 | 6,000,000 | 6,000,000 |
| | M | 9,600,000 | 10,800,000 | 10,800,000 | 15,300,000 | 15,600,000 |
| | Z | — | — | — | — | — |
| | W | — | — | — | — | — |
| | Y | — | — | — | — | — |
| | U | — | — | — | 960,000 | 960,000 |
| | ○○ | — | — | — | 960,000 | 960,000 |
| | N | 5,280,000 | 6,000,000 | 6,000,000 | 6,450,000 | 6,600,000 |
| | P | 480,000 | 480,000 | 480,000 | 600,000 | 600,000 |
| | ○○ | 1,000,000 | 1,000,000 | 1,000,000 | — | — |
| | ○○ | 480,000 | 480,000 | — | — | — |
| 使用人給与の額の合計 | | 101,873,301 | 110,364,808 | 132,407,615 | 134,194,483 | 169,803,358 |

| 項　目 | | 平成 9 年 7 月期 | 平成10年 7 月期 | 平成11年 7 月期 | 平成12年 7 月期 |
|---|---|---|---|---|---|
| 売上額 | | 1,073,360,576 | 1,064,608,847 | 1,093,355,823 | 1,091,865,942 |
| 売上総利益額 | | 221,631,868 | 171,925,167 | 222,316,309 | 199,872,663 |
| 営業利益額 | | 42,607,850 | △32,293,250 | 31,722,379 | 22,777,038 |
| 税引前利益額 | | 59,792,494 | 7,339,336 | 43,502,405 | 92,116,709 |
| 利益処分による配当金額 | | 5,000,000 | 2,000,000 | 3,000,000 | 5,000,000 |
| 利益処分による賞与額 | | 13,000,000 | — | 10,000,000 | 10,000,000 |
| 役員報酬額 | | 31,320,000 | 44,950,000 | 39,600,000 | 35,700,000 |
| 役員報酬額の内訳 | H | 6,000,000 | 12,000,000 | 12,000,000 | 9,000,000 |
| | M | 15,600,000 | 21,550,000 | 21,600,000 | 21,600,000 |
| | Z | — | — | 500,000 | 600,000 |
| | W | — | — | 400,000 | 600,000 |
| | Y | 600,000 | 600,000 | 600,000 | 600,000 |
| | U | 960,000 | 1,200,000 | 1,200,000 | 1,500,000 |
| | ○○ | 960,000 | 1,800,000 | 1,800,000 | 1,800,000 |
| | N | 6,600,000 | 7,200,000 | 1,500,000 | — |
| | P | 600,000 | 600,000 | — | — |
| | ○○ | — | — | — | — |
| | ○○ | — | — | — | — |
| 使用人給与の額の合計 | | 186,077,814 | 196,794,271 | 192,306,837 | 199,912,975 |

（注）「使用人給与の額の合計」には，製造原価に計上されている労務費は含まない。

**別表 5　Hの入退院等の状況**

| 入院年月日 | 退院年月日 | 病院名 | 治療内容等 |
|---|---|---|---|
| 平成 5 年 6 月28日 | 平成 5 年 7 月 8 日 | Q病院 | ○○○精査 |
| 平成 5 年 7 月 9 日 | 平成 5 年 8 月30日 | ○○大学付属病院 | ○○手術 |
| 平成 5 年 8 月30日 | 平成 5 年 9 月25日 | Q病院 | 検査・免疫療法 |
| 平成 6 年 5 月12日 | 平成 6 年 6 月 2 日 | ○○大学付属病院 | ○○手術 |
| 平成 6 年 6 月 2 日 | 平成 6 年10月 8 日 | Q病院 | 検査・免疫療法 |
| 平成 6 年10月19日 | 平成 6 年10月20日 | Q病院 | 定期検査・免疫治療 |
| 平成 6 年11月 9 日 | 平成 6 年11月10日 | Q病院 | 定期検査・免疫治療 |
| 平成 6 年12月14日 | 平成 6 年12月15日 | Q病院 | 定期検査・免疫治療 |
| 平成 7 年 1 月 9 日 | 平成 7 年 2 月21日 | ○○大学付属病院 | ○○手術 |
| 平成 7 年 2 月22日 | 平成 7 年 4 月 8 日 | Q病院 | 検査・免疫療法 |
| 平成 7 年 4 月26日 | 平成 7 年 4 月27日 | Q病院 | 定期検査・免疫治療 |
| 平成 7 年 6 月21日 | 平成 7 年 6 月22日 | Q病院 | 定期検査・免疫治療 |
| 平成 7 年 7 月19日 | 平成 7 年 7 月20日 | Q病院 | 定期検査・免疫治療 |
| 平成 7 年 9 月20日 | 平成 7 年 9 月21日 | Q病院 | 定期検査・免疫治療 |
| 平成 7 年11月29日 | 平成 7 年11月30日 | Q病院 | 定期検査・免疫治療 |
| 平成 8 年 1 月11日 | 平成 8 年 2 月29日 | Q病院 | ○○切除 |
| 平成 8 年 4 月25日 | 平成 8 年 4 月25日 | Q病院 | 定期検査・免疫治療 |
| 平成 8 年 6 月27日 | 平成 8 年 6 月28日 | Q病院 | 定期検査・免疫治療 |
| 平成 8 年 8 月22日 | 平成 8 年 8 月23日 | Q病院 | 定期検査・免疫治療 |
| 平成 8 年10月 3 日 | 平成 8 年10月 4 日 | Q病院 | 定期検査・免疫治療 |
| 平成 8 年12月19日 | 平成 8 年12月20日 | Q病院 | 定期検査・免疫治療 |
| 平成 9 年 1 月 3 日 | 平成 9 年 3 月18日 | Q病院 | ○○のリハビリ |
| 平成 9 年 4 月 9 日 | 平成 9 年 4 月10日 | Q病院 | 定期検査・免疫治療 |
| 平成 9 年 4 月16日 | 平成 9 年 4 月22日 | Q病院 | 術前検査 |
| 平成 9 年 4 月23日 | 平成 9 年 5 月13日 | ○○大学○○付属病院 | ○○手術 |
| 平成 9 年 5 月14日 | ― | ○○病院 | ガンマナイフ治療 |
| 平成 9 年 5 月15日 | 平成 9 年10月 1 日 | Q病院 | 免疫治療・理学，物理療法 |
| 平成 9 年10月20日 | 平成 9 年12月29日 | Q病院 | 免疫治療・理学，物理療法 |
| 平成10年 1 月 5 日 | 平成10年 3 月30日 | Q病院 | 免疫治療・理学，物理療法 |
| 平成10年 4 月 4 日 | 平成10年 6 月 2 日 | Q病院 | 免疫治療・理学，物理療法 |
| 平成10年 6 月 7 日 | 平成10年11月24日 | Q病院 | 免疫治療・理学，物理療法 |
| 平成11年 1 月20日 | 平成11年 7 月 2 日 | Q病院 | 免疫治療・理学，物理療法 |
| 平成11年 8 月18日 | 平成12年 4 月21日 | Q病院 | 4 月21日死亡 |

**別表6　Hの外出・外泊届けの明細**

| 月　日 | 時　間 | 外出先（事由） | 月　日 | 時　間 | 外出先（事由） |
|---|---|---|---|---|---|
| 8月1日 | 8：15～10：05 | 自宅 | 9月1日 | 9：15～10：00 | ○○○，○○ |
| 8月1日 | 12：40～13：20 | ○○○ | 9月2日 | 9：00～11：30 | ○○○ |
| 8月2日 | 18：00～20：40 | ○○地 | 9月3日 | 9：00～10：00 | ○○○ |
| 8月3日 | 14：00～21：40 | リハビリ | 9月3日 | 16：00～20：05 | ○○ |
| 8月9日 | 9：30～12：00 | ○町○○床屋 | 9月10日 | 9：00～ 9：30 | ○○ |
| 8月10日 | 8：15～10：33 | 自宅 | 9月10日 | 17：00～20：00 | 散髪 |
| 8月11日 | 8：00～15：30 | ○○付属病院・検査 | 9月11日 | 18：10～21：54 | ○○グランド（ソフト応援） |
| 8月12日 | 17：20～20：00 | 初盆参り | 9月12日 | 9：00～12：00 | ○○○他 |
| 8月13日 | 10：00～外泊 | 自宅 | 9月13日 | 13：20～15：00 | 自宅 |
| 8月15日 | ～10：00 | 自宅 | 9月16日 | 16：00～17：50 | ○○○・○○ |
| 8月19日 | 10：00～11：30 | 散髪 | 9月17日 | 13：40～16：25 | 散髪 |
| 8月20日 | 9：00～11：00 | ○○○，○○ | 9月17日 | 16：30～19：35 | ○○○（株主総会） |
| 8月21日 | 17：30～21：30 | ○○グランド | 9月18日 | 9：00～11：10 | ○○○他 |
| 8月22日 | 10：00～20：10 | ○○県（会議） | 9月19日 | 9：00～11：50 | ○○ |
| 8月23日 | 10：00～11：00 | ○○ | 9月20日 | 17：00～20：30 | ○○○ |
| 8月25日 | 8：40～11：20 | ○○○ | 9月22日 | 16：30～18：00 | ○○ |
| 8月25日 | 19：15～21：20 | ○○グランド（ソフト試合） | 9月22日 | 19：00～21：00 | 寿司 |
| 8月26日 | 9：00～11：00 | ○○ | 9月25日 | 15：45～20：30 | ○○町○○ビル（会議） |
| 8月26日 | 18：30～21：40 | ○○グランド（ソフト試合） | 9月26日 | 16：20～17：30 | ○○ |
| 8月27日 | 9：00～ 9：43 | ○○○・○○ | 9月29日 | 16：30～18：00 | ○○○ |
| 8月27日 | 15：55～18：00 | ○○○ | 9月30日 | 8：20～10：10 | ○○○ |
| 8月28日 | 9：00～15：10 | ○○ | 9月30日 | 19：00～21：30 | ○○グランド（ソフト試合） |
| 8月29日 | 9：00～10：20 | ○○○ | | | |
| 8月29日 | 18：00～20：07 | いけす料理（ソフト反省会） | | | |
| 8月30日 | 10：00～13：08 | ○○○・○○ | | | |

**別表 7　被保険者 H に係る保険内容**

| 保障の対象 | | 5 日目から124日まで | 125日目から184日まで | 274日以上入院 | 274日以上入院 |
|---|---|---|---|---|---|
| 入院保障 | 成人病で入院の場合 | 日額20,000円 | 日額20,000円 | 90日分180万円 | 60万円 |
| | 上記以外の病気で入院の場合 | 日額10,000円 | 日額10,000円 | 90日分 90万円 | 30万円 |
| | 事故で入院の場合 | 日額10,000円 | | | |
| 手術保障 | 所定の手術を受けた場合 | 手術の種類により一回につき20万円から50万円 | | | |
| 看護保障 | 所定の看護を受けた場合 | 5 日目以後の看護日数×10,000円 | | | |

**別表 8　改定類似法人の常勤取締役会長に対する報酬の支給状況**　　　　　（単位　円）

| 期間 法人名等 | 平成 9 年 6 月以降開始事業年度 | 平成10年 6 月以降開始事業年度 | 平成11年 6 月以降開始事業年度 |
|---|---|---|---|
| 株式会社 a（5 月決算） | 14,400,000 | 14,400,000 | 14,400,000 |
| 株式会社 b（5 月決算） | 7,280,000 | 6,513,000 | 6,480,000 |
| 株式会社 c（5 月決算） | 14,400,000 | 14,400,000 | 14,400,000 |
| 平均報酬額 | 12,026,666 | 11,771,000 | 11,760,000 |

（注）各法人とも取締役会長は 1 名である。

**別表 9　改定類似法人の見舞金の支払状況**

| 法 人 名 | 見舞金の額（円） | 参　考　事　項 |
|---|---|---|
| 株式会社 a | 5,000円から50,000円 | 支給例はなし。 |
| 株式会社 b | 5,000円から20,000円 | 見舞金規定は従業員のみ |
| 株式会社 c | 5,000円以上 | 役員はその都度検討し（過去，50,000円の支給例あり。），従業員には20,000円を支払っている。 |
| 株式会社 d | 30,000円 | 役員は一律30,000円 |
| 株式会社 e | 10,000円 | 一律10,000円 |
| 株式会社 f | 150,000円以内 | 社長150,000円以内，役員50,000円以内，従業員30,000円以内 |
| 株式会社 g | 10,000円 | 社長が長期入院した際，入院給付金を会社が受領し，その全額を同人に支払い，同人に対する給与として処理した。 |
| 株式会社 h | 10,000円 | 10日以上の入院で一律10,000円 |

**別表10　所得金額の計算**　　　　　　　　　　　　　　　　（単位　円）

| 区　　分 | | 原処分庁認定額 | 審判所認定額 | 差引増減額 |
|---|---|---|---|---|
| 平成10年7月期 | 申 告 所 得 金 額 ① | ○○○ | ○○○ | 0 |
| | 加算減算額　過 大 役 員 報 酬 | 6,000,000 | 0 | △6,000,000 |
| | 加算減算額　役 員 賞 与 | 3,725,000 | 3,545,000 | △180,000 |
| | 加算減算額　寄 付 金 | ○○○ | ○○○ | 77,250 |
| | 加算減算額　計 ② | ○○○ | ○○○ | △6,102,750 |
| | 差 引 所 得 金 額 ① ＋ ② | ○○○ | ○○○ | △6,102,750 |
| | 差 引 納 付 す べ き 税 額 | 5,888,800 | 3,600,500 | △2,288,300 |
| | 過 少 申 告 加 算 税 の 額 | 422,000 | 131,000 | △291,000 |
| 平成11年7月期 | 申 告 所 得 金 額 ① | ○○○ | ○○○ | 0 |
| | 加算減算額　過 大 役 員 報 酬 | 6,000,000 | 0 | △6,000,000 |
| | 加算減算額　事 業 税 | ○○○ | ○○○ | 732,300 |
| | 加算減算額　計 ② | ○○○ | ○○○ | △5,267,700 |
| | 差 引 所 得 金 額 ① ＋ ② | ○○○ | ○○○ | △5,267,700 |
| | 差 引 納 付 す べ き 税 額 | 15,647,300 | 13,829,800 | △1,817,500 |
| | 過 少 申 告 加 算 税 の 額 | 167,000 | 0 | △167,000 |
| 平成12年7月期 | 申 告 所 得 金 額 ① | ○○○ | ○○○ | 0 |
| | 加算減算額　過 大 役 員 報 酬 | 4,500,000 | 0 | △4,500,000 |
| | 加算減算額　役 員 賞 与 | 0 | 1,040,980 | 1,040,980 |
| | 加算減算額　過 大 役 員 退 職 給 与 | 18,890,980 | 0 | △18,890,980 |
| | 加算減算額　事 業 税 | ○○○ | ○○○ | 533,300 |
| | 加算減算額　計 ② | ○○○ | ○○○ | △21,816,700 |
| | 差 引 所 得 金 額 ① ＋ ② | ○○○ | ○○○ | △21,816,700 |
| | 課 税 留 保 金 額 に 対 す る 税 額 | 0 | 1,014,800 | 1,014,800 |
| | 差 引 納 付 す べ き 税 額 | 33,371,600 | 27,841,600 | △5,530,000 |
| | 過 少 申 告 加 算 税 の 額 | 576,000 | 23,000 | △553,000 |

**別表11　源泉所得税額の計算**　　　　　　　　　　　　　（単位　円）

| 区　　分 | 原処分庁認定額 | 審判所認定額 | 差引増減額 |
|---|---|---|---|
| 平成9年8月分 | 324,000 | 304,000 | △20,000 |
| 平成9年10月分 | 658,000 | 639,200 | △18,800 |
| 平成10年5月分 | 331,350 | 312,550 | △18,800 |

（出所）国税不服審判所ホームページ

## ⑸　契約者変更後に解約した場合の一時所得の計算（平成27年4月21日東京国税不服審判所裁決）

（平成27年4月21日裁決）

《裁決書（抄）》

### 1　事実

⑴　事案の概要

　本件は，複数の法人の代表取締役である審査請求人（以下「請求人」という。）が，当該各法人から契約上の地位を譲り受けた各生命保険契約を解約したことにより受領した解約払戻金に係る所得について申告せず，他の所得のみを申告したところ，原処分庁が，当該解約払戻金に係る一時所得の金額が生じるとして，所得税の更正処分等を行ったのに対し，請求人が，当該各法人が支払った保険料を含む当該各生命保険契約に係る保険料の総額を一時所得の金額の計算上控除すべきであり，そうすると当該解約払戻金に係る一時所得の金額は生じないとして，当該更正処分等の全部の取消しを求めた事案である。

⑵　審査請求に至る経緯

イ　請求人は，平成22年分の所得税について，別表1の「確定申告」欄のとおり記載した青色の確定申告書を原処分庁に提出して，法定申告期限までに確定申告をした。

ロ　次いで，請求人は，別表1の「修正申告」欄のとおりとする修正申告書を平成26年1月17日に提出した。

ハ　原処分庁は，これに対し，その調査に基づき，平成26年3月7日付で，別表1の「更正処分等」欄のとおりの更正処分（以下「本件更正処分」という。）及び過少申告加算税の賦課決定処分（以下「本件賦課決定処分」といい，本件更正処分と併せて「本件更正処分等」という。）をした。

ニ　請求人は，平成26年4月28日，本件更正処分等に不服があるとして，その全部の取消しを求めて異議申立てをしたところ，異議審理庁は，同年7月2日付で，いずれも棄却の異議決定をした。

ホ　請求人は，平成26年7月29日，上記ニの異議決定を経た後の本件更正処分等になお不服があるとして，その全部の取消しを求めて審査請求をした。

⑶　関係法令等の要旨

イ　所得税法第34条《一時所得》第2項は，一時所得の金額は，その年中の一時所得に係る総収入金額からその収入を得るために支出した金額（その収入を生じた行為をするため，又はその収入を生じた原因の発生に伴い直接要した金額に限る。）の合計額を控除し，その残額から一時所得の特別控除額を控除した金額とする旨規定している。

ロ　平成23年6月政令第195号による改正前の所得税法施行令（以下「平成23年6月改正前施行令」という。）第183条《生命保険契約等に基づく年金に係る雑所得の金額の計算上控除する保険料等》第2項第2号は，生命保険契約等に基づく一時金の支払を受ける居住者のその支払を受ける年分の当該一時金に係る一時所得の金額の計算について，当該生命保険契約等に係る保険料又は掛金の総額は，その年分の一時所得の金額の計算上，支出した金額に算入する旨規定している。

　なお，平成23年6月政令第195号による改正により，所得税法施行令第183条第4項に新たに第3号が追加され（以下，同改正後の所得税法施行令を「平成23年6月改正後施行令」という。），上記の同条第2項に規定する保険料又は掛金の総額について，当該生命保険契約等に係る保険料又は掛金の総額から，事業を営む個人又は法人が当該個人のその事業に係る使用人又は当該法人の使用人（役員を含む。）のために支出した当該生命保険契約等に係る保険料又は掛金で当該個人のその事業に係る不動産所得の金額，事業所得の金額若しくは山林所得の金額又は当該法人の各事業年度の所得の金額の計算上必要経費又は損金の額に算入されるもののうち，これらの使用人の給与所得に係る収入金額に含まれないものの額を控除して計算する旨規定された。

ハ　平成24年2月10日付課個2-11・課審4-8による改正前の所得税基本通達34-4《生命保険契約等に基づく一時金又は損害保険契約等に基づく満期返戻金等に係る所得金額の計算上控除する保険料等》（以下「平成24年改正前通達」という。）は，平成23年6月改正前施行令第183条第2項第2号に規定する保険料又は掛金の総額には，その一時金又は満期返戻金等の支払を受ける者以外の者が負担した保険料又は掛金の額（これらの金額のうち，相続税法の規定により相続，遺贈又は贈与により取得したものとみなされる一時金又は満期返戻金等に係る部分の金額を除く。）も含まれる旨定めている。

　なお，平成24年2月10日付課個2-11・課審4-8による改正後の所得税基本通達34-4（以下「平成24年改正後通達」という。）は，平成23年6月改正後施行令第183条第2項第2号に規定する保険料又は掛金の総額は，①平成23年6月改正後施行令第183条第4項の規定の適用後のものをいう旨定めた上で，②㋑その一時金又は満期返戻金等の支払を受ける者が自ら支出した保険料又は掛金及び㋺当該支払を受ける者以外の者が支出した保険料又は掛金であって，当該支払を受ける者が自ら負担して支出したものと認められるものを含む旨定めている。

(4)　基礎事実
　以下の事実は，請求人と原処分庁との間に争いがなく，当審判所の調査の結果によっても，その事実が認められる。

イ　請求人について
　請求人は，遅くとも平成19年以降現在に至るまで，M社（平成19年10月○日にN社から商号変更。）及びP社（以下，M社と併せて「本件各社」という。）の各代表取締役の地位にある者である。

ロ　本件各社による生命保険契約の締結
（イ）　M社は，平成19年3月15日，Q生命（以下「本件保険会社」という。）との間で，次の内容の保険契約（保険証券番号○○○○。以下「本件保険契約1」という。）を締結した。

A　保険種類　　　　　　　　　　○○定期保険
B　保険契約者及び死亡保険金受取人　M社
C　被保険者　　　　　　　　　　請求人
D　保険期間の始期（契約日）　　平成19年3月15日
E　保険期間の終期　　　　　　　平成35年3月14日
F　主契約　　　　　　　　　　　基本保険金額　○○○○円
G　特約　　　　　　　　　　　　○○特約

H　保険料の払込方法・払込期月　　　年払・毎年3月
I　支払保険料　　　　　　　　　　　10,966,800円
J　解約払戻金額　　　　　　　　　　別表2のとおり
（ロ）　P社は，平成19年5月30日，本件保険会社との間で，次の内容の保険契約（保険証券番号○○○○。以下「本件保険契約2」といい，本件保険契約1と併せて「本件各保険契約」という。）を締結した。
A　保険種類　　　　　　　　　　　○○定期保険
B　保険契約者及び死亡保険金受取人　P社
C　被保険者　　　　　　　　　　　請求人
D　保険期間の始期（契約日）　　　　平成19年5月30日
E　保険期間の終期　　　　　　　　平成35年5月29日
F　主契約　　　　　　　　　　　　基本保険金額　○○○○円
G　特約　　　　　　　　　　　　　○○特約
H　保険料の払込方法・払込期月　　　年払・毎年5月
I　支払保険料　　　　　　　　　　4,477,800円
J　解約払戻金額　　　　　　　　　別表3のとおり
（ハ）　本件各保険契約に付加された特約である「○○特約」の内容は，要旨，契約日から3年間の解約払戻金について，当該特約を付加しなかった場合の解約払戻金に対して，第1保険年度（契約日から直後の年単位の契約応当日の前日までをいう。以下同じ。）は○％，第2保険年度（第1保険年度の満了日の翌日に1年を加えて計算したものをいう。以下同じ。）は○％，第3保険年度（第2保険年度の満了日の翌日に1年を加えて計算したものをいう。以下同じ。）は○％とするものであった。
ハ　本件各社による本件各保険契約に係る保険料の支払等
（イ）　M社は，その名義により，本件保険会社に対して，本件保険契約1に係る第1保険年度，第2保険年度及び第3保険年度の各保険料10,966,800円（合計32,900,400円）をそれぞれ支払った。
　なお，M社は，これら支払った保険料の経理処理について，それぞれ平成19年3月15日，平成20年3月21日及び平成21年3月27日の属する事業年度の保険料として，その全額を損金処理した。
（ロ）　P社は，その名義により，本件保険会社に対して，本件保険契約2に係る第1保険年度，第2保険年度及び第3保険年度の各保険料4,477,800円（合計13,433,400円。以下，M社が本件保険契約1に基づいて支払った保険料32,900,400円と併せた46,333,800円を「本件法人支払保険料」という。）をそれぞれ支払った。
　なお，P社は，これら支払った保険料の経理処理について，それぞれ平成19年5月30日，平成20年5月30日及び平成21年5月29日の属する事業年度の保険料として，その全額を損金処理した。
ニ　本件各社から請求人への本件各保険契約に係る契約上の地位の譲渡等
（イ）　M社及び請求人は，平成22年2月5日，M社が請求人に対して本件保険契約1に係る保険証券及び同証券に係る権利義務の全て（本件保険契約1に係る契約上の地位）を代金5,907,000円で譲渡する旨の契約を締結し，請求人は，同月23日，M社に対して，上記代金を支払った（なお，上記代金の額は，その時の本件保険契約1に係る解約払戻金額と同額である（別表2）。）。

　また，M社は，平成22年2月5日付で，被保険者である請求人の同意を得て，本件保険会社に対して，保険契約者をM社から請求人に，死亡保険金受取人をM社から請求人の妻に，それぞれ変更する旨を請求したところ，本件保険会社は，当該変更について同意し，同月23日付で，請求人に対して，当該変更手続が完了した旨を通知した。

（ロ）　P社及び請求人は，平成22年4月15日，P社が請求人に対して本件保険契約2に係る保険証券及び同証券に係る権利義務の全て（本件保険契約2に係る契約上の地位）を代金2,362,800円（以下，請求人がM社に支払った本件保険契約1の譲渡に係る代金5,907,000円と併せた8,269,800円を「本件譲受対価」という。）で譲渡する旨の契約を締結し，請求人は，同月21日，P社に対して，上記代金を支払った（なお，上記代金の額は，その時の本件保険契約2に係る解約払戻金額と同額である（別表3）。）。

　また，P社は，平成22年4月15日付で，被保険者である請求人の同意を得て，本件保険会社に対して，保険契約者をP社から請求人に，死亡保険金受取人をP社から請求人の妻に，それぞれ変更する旨を請求したところ，本件保険会社は，当該変更について同意し，同月21日付で，請求人に対して，当該変更手続が完了した旨を通知した。

ホ　請求人による本件各保険契約に係る保険料の支払

（イ）　請求人は，その名義により，平成22年3月中に，本件保険会社に対して，本件保険契約1に係る第4保険年度（第3保険年度の満了日の翌日に1年を加えて計算したものをいう。以下同じ。）の保険料10,966,800円を支払った。

（ロ）　請求人は，その名義により，平成22年5月中に，本件保険会社に対して，本件保険契約2に係る第4保険年度の保険料4,477,800円（以下，請求人が本件保険契約1に基づいて支払った保険料10,966,800円と併せた15,444,600円を「本件請求人支払保険料」という。）を支払った。

ヘ　請求人による本件各保険契約の解約及び解約払戻金の受領

（イ）　請求人は，平成22年3月25日付で，本件保険会社に対して，本件保険契約1の解約を請求し，同年4月1日付で，本件保険会社から，当該解約の手続が完了した旨の通知を受けるとともに，同日，当該解約に基づく解約払戻金として○○○○円を受領した。

（ロ）　請求人は，平成22年5月31日付で，本件保険会社に対して，本件保険契約2の解約を請求し，同年6月7日付で，本件保険会社から，当該解約の手続が完了した旨の通知を受けるとともに，同日，当該解約に基づく解約払戻金として○○○○円（以下，本件保険契約1の解約に係る解約払戻金○○○○円と併せた○○○○円を「本件解約払戻金」という。）を受領した。

ト　本件更正処分における一時所得の金額の計算について

　原処分庁は，本件更正処分において，①一時所得に係る総収入金額は，本件解約払戻金の額○○○○円であり，②当該収入を得るために支出した金額は，㋑本件譲受対価の額8,269,800円及び㋺本件請求人支払保険料の額15,444,600円の合計額23,714,400円であるとして，一時所得の金額を計算した。

## 2　争点

　本件解約払戻金に係る一時所得の金額の計算上，本件法人支払保険料の額を控除することができるか否か。

## 3　主張

| 原処分庁 | 請求人 |
|---|---|
| 次のことから，本件解約払戻金に係る一時所得の金額の計算上，本件法人支払保険料の額を控除することはできない。 | 次のことから，本件解約払戻金に係る一時所得の金額の計算上，本件法人支払保険料の額を控除すべきである。 |
| (1)　所得税法上の各種所得に係る所得金額の計算方法は，個人の収入のうちその者の担税力を増加させる利得に当たる部分を所得とするとの趣旨に基づいて定められたものと解される。そして，一時所得に係る所得金額の計算方法を定めた同法第34条第2項も，一時所得に係る収入を得た個人の担税力に応じた課税を図る趣旨の規定であると解され，同項が「その収入を得るために支出した金額」を一時所得の金額の計算上控除するとしたのは，一時所得に係る収入のうちこのような支出額に相当する部分が上記個人の担税力を増加させるものではないことを考慮したものと解される。したがって，同項にいう「支出した金額」とは，一時所得に係る収入を得た個人が自ら負担して支出したものといえる金額をいうと解するのが上記の趣旨にかなうものである。また，同項の「その収入を得るために支出した金額」という文言も，収入を得る主体と支出をする主体が同一であることを前提としたものというべきである。以上からすると，一時所得に係る支出が同項にいう「その収入を得るために支出した金額」に該当するためには，それが当該収入を得た個人において自ら負担して支出したものといえる場合でなければならないと解するのが相当である。<br>　平成23年6月改正前施行令第183条第2項第2号についても，以上の理解と整合的に解釈されるべきものであり，同号が一時所得の金額の計算において支出した金額に算入すると規定する「生命保険契約等に係る保険料又は掛金の総額」とは，保険金の支払を受けた者が自ら負担して支出したものといえる金額をいうと解すべきである。平成24年改正前通達も，以上の解釈を妨げるものではない。<br>　課税庁は，従前から，所得税法第34条第2項，平成23年6月改正前施行令第183条第2項第2号及び平成24年改正前通達に係る上記法令解釈に基づき課税を行っており，最高裁判所平成24年1月13日第二小法廷判決（平成21年（行ヒ）第404号所得税更正処分等取消請求事件。以下「本件最高裁判決」という。）は，当該解釈を改めて認めたものにすぎないのであって，本件更正処分は，本件最高裁判決，平成23年6月改正後施行令第183条の規定及び平成24年改正後通達の定めを遡及適用したものではない。 | (1)　定期保険契約は，死亡を保険事故として保険金が支払われる保険であり，満期時に被保険者が生存していた場合に満期保険金が支払われる養老保険とは異なり，その保険料はいわゆる掛け捨てとなる。したがって，定期保険契約においては，運用益等の発生はなく，当該契約を解約した場合の解約払戻金は，保険契約の始期から解約までの間の支払保険料の総額から保険会社の諸経費を差し引いて算定した残余金が支払われるものである。<br>　このことからすると，平成22年分の所得税について定期保険契約の解約払戻金に係る一時所得の金額の計算上控除すべき保険料の金額は，当該契約の始期から解約までの保険期間中の支払保険料の総額であると解すべきである。<br>　上記のように解すべきことは，定期保険契約の契約者が保険期間中に法人から個人に変更になった場合であっても異なるものではなく，少なくとも，平成23年3月15日（平成22年分の所得税の法定申告期限）当時の所得税法施行令（注：平成23年6月改正前施行令）第183条第2項第2号の規定によれば，上記のような場合には，保険期間中に法人及び個人が支払った保険料又は掛金の総額が，同号に規定する「生命保険契約等に係る保険料又は掛金の総額」であると解して，これを控除すべきである。<br>　平成23年3月15日当時，生命保険契約等に基づく一時金に係る一時所得の金額の計算上控除すべき金額について上記のとおり解されていたことは，その当時の所得税法施行令（注：平成23年6月改正前施行令）第183条の規定，所得税基本通達34-4（注：平成24年改正前通達）の定め及び書籍（税務研究会出版局発行の「平成22年分（平成23年3月申告用）所得税確定申告の手引」）の記載などからしても明らかというべきであり，本件更正処分において原処分庁がした解釈を採ることは，平成23年3月15日より後に言い渡された本件最高裁判決において示された解釈を遡及して用いるものとして，また，平成23年6月改正後施行令第183条の規定及び平成24年改正後通達の定めを遡及して適用するものとして，不利益遡及を禁じる租税法律主義に反するものである。 |

| | |
|---|---|
| (2)　本件についてみると，本件法人支払保険料の額は，請求人が自ら負担したものとは認められないから，所得税法第34条第2項に規定する「その収入を得るために支出した金額」に該当せず，また，平成23年6月改正前施行令第183条第2項第2号に規定する「生命保険契約等に係る保険料又は掛金の総額」にも該当しない。 | (2)　本件についてみると，本件各保険契約は定期保険契約であるから，本件解約払戻金に係る一時所得の金額の計算においては，本件各保険契約の始期から解約までの保険期間中の支払保険料の総額を控除すべきであり，本件法人支払保険料の額は，平成23年3月15日当時の所得税法施行令（注：平成23年6月改正前施行令）第183条第2項第2号に規定する「生命保険契約等に係る保険料又は掛金の総額」に該当することはもとより，所得税法第34条第2項に規定する「その収入を得るために支出した金額」に該当する。 |

## 4　判断

### (1)　争点について

#### イ　法令解釈

　所得税法は，第23条《利子所得》ないし第35条《雑所得》において，所得をその源泉ないし性質によって10種類に分類し，それぞれについて所得金額の計算方法を定めているところ，これらの計算方法は，個人の収入のうちその者の担税力を増加させる利得に当たる部分を所得とする趣旨に出たものと解される。一時所得についてその所得金額の計算方法を定めた同法第34条第2項もまた，一時所得に係る収入を得た個人の担税力に応じた課税を図る趣旨のものであり，同項が「その収入を得るために支出した金額」を一時所得の金額の計算上控除するとしたのは，一時所得に係る収入のうちこのような支出額に相当する部分が上記個人の担税力を増加させるものではないことを考慮したものと解されるから，ここにいう「支出した金額」とは，一時所得に係る収入を得た個人が自ら負担して支出したものといえる金額をいうと解するのが上記の趣旨にかなうものである。また，同項の「その収入を得るために支出した金額」という文言も，収入を得る主体と支出をする主体が同一であることを前提としたものというべきである。

　したがって，一時所得に係る支出が所得税法第34条第2項にいう「その収入を得るために支出した金額」に該当するためには，それが当該収入を得た個人において自ら負担して支出したものといえる場合でなければならないと解するのが相当である。

　なお，所得税法施行令（注：平成23年6月改正前施行令）第183条第2項第2号についても，以上の理解と整合的に解釈されるべきものであり，同号が一時所得の金額の計算において支出した金額に算入すると定める「保険料…の総額」とは，保険金の支払を受けた者が自ら負担して支出したものといえる金額をいうと解すべきであって，同号が，このようにいえない保険料まで上記金額に算入し得る旨を定めたものということはできない。所得税基本通達34-4（注：平成24年改正前通達）も，以上の解釈を妨げるものではない。

　（以上につき，最高裁平成24年1月13日第二小法廷判決・民集66巻1号1頁（注：本件最高裁判決））

#### ロ　当てはめ

　本件法人支払保険料は，本件各保険契約に係る契約者である本件各社が，その名義により本件保険会社に対して支払った保険料であり，本件各社においては，その支払

保険料の全額が保険料として損金処理されていることが認められることは，上記1の
(4)のロ及びハのとおりであるから，請求人が本件解約払戻金を得るために自ら負担し
て支出したものとはいえず，本件解約払戻金に係る一時所得の金額の計算上，これを
控除することはできない。

ハ　請求人の主張について

（イ）　請求人は，定期保険契約の契約者が保険期間中に法人から個人に変更になった
か否かを問わず，定期保険契約の解約払戻金に係る平成22年分の一時所得の金額の計
算上，保険期間中の支払保険料の総額を控除すべきである旨主張するところ，当該主
張は，所得税法第34条第2項に規定する「その収入を得るために支出した金額」に該
当するためには，それが当該収入を得た個人において自ら負担して支出したものとい
える場合である必要はないとするものである。

　しかしながら，所得税法第34条第2項の文言及び趣旨に照らせば，同項に規定する
「その収入を得るために支出した金額」とは，当該収入を得た個人において自ら負担
して支出したものといえる場合でなければならないことは，上記イのとおりである。
したがって，この点に関する請求人の主張には理由がない。

（ロ）　また，請求人は，平成22年分の所得税の法定申告期限当時における法令等，す
なわち，平成23年6月改正前施行令第183条の規定及び平成24年改正前通達の定め，
更には書籍（税務研究会出版局発行の「平成22年分（平成23年3月申告用）所得税確
定申告の手引」）の記載などからすれば，定期保険契約の契約者が保険期間中に法人
から個人に変更になった場合であっても，保険期間中に当該法人及び個人が支払った
保険料又は掛金の総額が，平成23年6月改正前施行令第183条第2項第2号に規定す
る「生命保険契約等に係る保険料又は掛金の総額」であると解されていたのであり，
本件更正処分において原処分庁がした解釈を採ることは，請求人が平成22年中に受領
した本件解約払戻金に係る一時所得の金額の計算において，平成23年3月15日より後
に言い渡された本件最高裁判決における解釈を遡及して用いるものとして，また，平
成23年6月改正後施行令第183条の規定及び平成24年改正後通達の定めを遡及して適
用するものとして，租税法律主義に反する旨主張する。

　しかしながら，一時所得に係る支出が所得税法第34条第2項に規定する「その収入
を得るために支出した金額」に該当するためには，それが当該収入を得た個人におい
て自ら負担して支出したものといえる場合でなければならないと解するのが相当であ
り，平成23年6月改正前施行令第183条第2項第2号についても，以上の理解と整合
的に解釈されるべきものであることは，上記イのとおりである。したがって，平成23
年6月改正前施行令第183条第2項第2号が一時所得の金額の計算において支出した
金額に算入すると定める「保険料…の総額」とは，保険金の支払を受けた者が自ら負
担して支出したものといえる金額をいうと解すべきであって，同号が，このようにい
えない保険料まで上記金額に算入し得る旨を定めたものということはできない。また，
平成24年改正前通達も，以上の解釈を妨げるものではない。

　また，本件最高裁判決によれば，所得税法第34条第2項に規定する「その収入を得
るために支出した金額」についての課税庁の解釈は，本件最高裁判決の前から一貫し
ていたものであったと認められるから，平成23年3月15日当時，これと異なる解釈が
されていた旨の請求人の主張には理由がない。

　そして，本件最高裁判決は，所得税法第34条第2項に規定する「その収入を得るた

めに支出した金額」の解釈を公権的に確定したものであり，それ以前にこれと異なる確定解釈があったわけではないから，本件更正処分において原処分庁のした解釈を採ることが本件最高裁判決において示された解釈を遡及的に用いるものである旨の請求人の主張は，相当でない。

　なお，平成23年6月政令第195号による所得税法施行令第183条の改正は，一時所得の金額の計算上控除する保険料について明確化したものにすぎず，当該改正によって，平成23年6月改正前施行令の解釈を変更したものではない。また，このことは，平成24年改正前通達と平成24年改正後通達の関係においても同様に妥当する。

　以上によれば，本件更正処分は，所得税法第34条第2項に規定する「その収入を得るために支出した金額」を，それが当該収入を得た個人において自ら負担して支出したものといえる場合でなければならないと解した上で，本件法人支払保険料がこれに該当しないとしてされたものであるから，平成23年6月改正後施行令第183条の規定及び平成24年改正後通達の定めを遡及して用いたものではないというべきである。以上については，請求人が主張する書籍の記載によって，その結論が左右されるものではない。

　したがって，この点に関する請求人の主張にも理由はない。

(2)　本件更正処分について

　本件解約払戻金に係る一時所得の金額の計算上，総収入金額である本件解約払戻金の額○○○○円（上記1の(4)のへの（ロ））から，本件法人支払保険料の額46,333,800円（同ハの（ロ））を控除することはできない（上記(1)）が，他方において，①本件譲受対価の額8,269,800円（上記1の(4)のニの（ロ））及び②本件請求人支払保険料の額15,444,600円（同ホの（ロ））の合計額23,714,400円を所得税法第34条第2項に規定する「その収入を得るために支出した金額」として控除すべきものと認められるので，これに基づき請求人の平成22年分の総所得金額及び納付すべき税額を計算すると，それぞれ○○○○円及び○○○○円となり，いずれも別表1の「更正処分等」欄記載の金額と同額となるから，本件更正処分は適法である。

(3)　本件賦課決定処分について

　上記(2)のとおり，本件更正処分は適法であり，また，本件更正処分により納付すべき税額の計算の基礎となった事実が本件更正処分前の税額の計算の基礎とされていなかったことについて，国税通則法第65条《過少申告加算税》第4項に規定する正当な理由があるとは認められないから，同条第1項の規定に基づいて行われた本件賦課決定処分は適法である。

(4)　その他

　原処分のその他の部分については，当審判所に提出された証拠資料等によっても，これを不相当とする理由は認められない。

　　別表1　審査請求に至る経緯（省略）
　　別表2　本件保険契約1に係る解約払戻金額（省略）
　　別表3　本件保険契約2に係る解約払戻金額（省略）

（出所）国税不服審判所ホームページ

280

# 事項索引

# 裁判例・裁決索引

**【参考文献等】**

一般社団法人生命保険協会『一般課程テキスト』(生命保険協会2020)

一般社団法人生命保険協会『継続教育制度標準テキスト』(生命保険協会2020)

公益財団法人生命保険文化センターホームページ

公益社団法人日本アクチュアリー会ホームページ

裁判所ホームページ

財務省ホームページ

総務省ホームページ

国税庁ホームページ

中小企業庁ホームページ

榊原正則編『令和3年度版保険税務のすべて』(新日本保険新聞社2021)

《著者紹介》

【著者】

村井　志郎

エヌエヌ生命保険株式会社

〔主な著書等〕

『クローズアップ保険税務』〔共著〕（財経詳報社2017），『クローズアップ事業承継税制』〔共著〕（財経詳報社2019），『裁判例からみる保険税務』〔共著〕（大蔵財務協会2021）（以上，酒井克彦編著・監修）。「相続・事業承継と生命保険～よくある誤解～」（2017），「新しい事業承継税制と生命保険」（2018），「相続法改正と生命保険」（2019）（以上，日本相続学会学会誌）。「相続・事業承継へのアプローチ」（新日本保険新聞連載2020年4月～）。

【編集協力】

榊原　正則

株式会社新日本保険新聞社 取締役 企画部長
「保険税務のすべて」編集長

### 事業保険の基礎

令和4年2月25日　初版発行

著　　者　村 井 志 郎
監　　修　エヌエヌ生命
発 行 者　宮 本 弘 明

発行所　株式会社　財経詳報社

〒103-0013　東京都中央区日本橋人形町1-7-10
電　話　03（3661）5266（代）
ＦＡＸ　03（3661）5268
http://www.zaik.jp
振替口座　00170-8-26500

印刷・製本　創栄図書印刷
Printed in Japan

ISBN　978-4-88177-487-8